U0519096

ZHUANLI XINGZHENG SUSONG ANJIAN
FALÜ CHONGSHU YU PINGLUN

专利行政诉讼案件
法律重述与评论

任晓兰 / 著

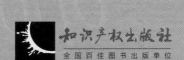
知识产权出版社
全国百佳图书出版单位

图书在版编目（CIP）数据

专利行政诉讼案件法律重述与评论/任晓兰著. —北京：知识产权出版社，2016.7

ISBN 978 - 7 - 5130 - 4320 - 5

Ⅰ.①专… Ⅱ.①任… Ⅲ.①专利权法—民事诉讼—研究—中国 Ⅳ.①D923.424

中国版本图书馆 CIP 数据核字（2016）第 163495 号

责任编辑：汤腊冬　崔开丽　　　　　　　责任校对：潘凤越

装帧设计：SUN 工作室　　　　　　　　　责任出版：刘译文

专利行政诉讼案件法律重述与评论

任晓兰　著

出版发行：知识产权出版社 有限责任公司	网　　址：http：//www.ipph.cn
社　　址：北京市海淀区西外太平庄 55 号	邮　　编：100081
责编电话：010 - 82000860 转 8377	责编邮箱：cui_kaili@sina.com
发行电话：010 - 82000860 转 8101/8102	发行传真：010 - 82000893/82005070/82000270
印　　刷：北京科信印刷有限公司	经　　销：各大网上书店、新华书店及相关专业书店
开　　本：720mm×1000mm　1/16	印　　张：16.25
版　　次：2016 年 7 月第 1 版	印　　次：2016 年 7 月第 1 次印刷
字　　数：250 千字	定　　价：58.00 元

ISBN 978 - 7 - 5130 - 4320 - 5

序

案例指导制度作为成文法法律适用的有效补充，近些年在我国特别是知识产权案件的行政、司法审查中发挥着越来越重要的作用。尤其专利案件，具有技术复杂、专业性强、领域跨度大，审查标准相对抽象、概括的特点，在案件审理的具体法律适用中，辅以典型案例作为指导，更有利于统一审查标准的执行，能更好地满足当事人和社会公众对案件结果的合理预期，实现公正审理。

我和晓兰于专利复审委员会工作相识多年，更有机会一起在最高人民法院知识产权庭交流学习，同一室工作、同一庭合议，知其精于业务、善于学习、肯于钻研、勤于总结。晓兰历经五年，对专利行政诉讼各类典型案件边收集、边整理、边思考，积少成多、水到渠成，完成了本书。能在本书出版前作为第一批读者阅读并为之写序是我的荣幸。

本书精心挑选了近几年最高人民法院专利行政再审和提审案件近200件，囊括专利法保护的发明、实用新型和外观设计三种发明创造类型，既涉及驳回专利申请的复审请求案件，也涉及专利权无效宣告请求案件。全书主要内容分为两大部分，第一部分体现在第一章至第十四章，作者以专利法律体系的内在逻辑为大致框架，从专利保护的核心——权利要求要求保护的技术方案开始，围绕权利要求的解释、专利保护的客体的审查、实用性的审查、充分公开的审查、权利要求是否清楚的审查、现有技术公开内容的认定、新颖性的审查、创造性的审查、权利要求是否得到说明书的支持的审查、权利要求是否缺少必要技术特征的审查、修改是否超范围的审查、程序问题以及外观设计等相关法律问题一一展开。每一章均细化到数个具体焦点问题，每一焦点问题均采取具体案例的法律重述方式，呈现给读者专利授权确权案件审理过程中专利复审委员会、两级司法机构的各自观点以及最高人民法院给出的最终意见。第二部分体现在后七章，作者在总结第一部分案件之后，以其扎实的业务研究功底和丰富的审查实践经验，就当前热点、难点和仍存在争议的法律问题，例如权利要求解释、充分公开的审查、权利要求是否清楚、修改是否超范围以及复审程序和无效程序的依职权审查等提出自己的学术观点和意见建议，其中在权利要求是否清楚的问题上作者还引入大量美国联邦巡回上诉法院和美国最高法院的判例进行对比分析，论述充分。

本书在目前知识产权行政和司法机构均重视案例指导的大背景下整理出版，及时又实用，是业界一本难得的好书，可借鉴参考性强。

马昊*

2016 年 4 月

---

* 马昊，国家知识产权专利局审查业务管理部副部长。

前　言

近些年来，最高人民法院知识产权庭立案受理和审结的知识产权案件呈逐年上升趋势，其中专利行政案件也明显增长。据不完全统计，2010 年全年审结专利行政案件 31 件，到 2015 年达到峰值，全年共审结 62 件。①

从 2008 年起，最高人民法院每年都通过年度报告的形式，将当年审结的有指导意见的典型案件向社会发布，这些案件虽然不像英美法系国家最高法院的判决那样具有当然的效力，但是对于下级法院具有很强的指导意见，其社会影响不容小觑。2015 年 4 月，最高人民法院知识产权案例指导研究（北京）基地在北京知识产权法院揭牌成立，旨在"通过汇集、编撰、整理指导性案例，及时总结知识产权审判规则和经验并以适当方式公开，进一步规范司法行为、深化司法公开、凝聚司法智慧，以生动鲜活的方式推进法律适用统一，提升司法公信力"。② 在这一大背景下，研究最高人民法院的裁判文书对于预判案件的处理结果将大有裨益。

然而，笔者发现，除了入选年度报告中的案件之外，最高人民法院在其他一些案件中所秉承的审判规则，对于专利复委审员会乃至社会各界也具有较强的借鉴和参考作用。尤其是，如果将同一类型案件整理在一起，可以清晰地看出最高人民法院针对该类型问题所持观点的脉络和发展演变过程，这对研究分析最高人民法院在该类问题上未来的发展方

---

① 以笔者收集的裁判文书计算，共计 273 件。其中，2009 年 3 件，2010 年 31 件，2011 年 41 件，2012 年 33 件，2013 年 52 件，2014 年 51 件，2015 年 62 件。

② 《人民法院报》，2015 年 4 月 24 日讯。

向也将起到积极的作用。

这些年，笔者一直在通过各种渠道收集学习最高人民法院的判决和裁定，每每碰到有借鉴意义的裁判文书，就习惯性地进行摘要形成学习笔记，供空闲时翻阅体会。无意当中发现，积累的关于约 200 份裁判文书的学习笔记竟然有 10 万字之多。以一定的逻辑顺序对这些案件进行编辑整理后，似乎能从整体上还原并展现最高人民法院的审理思路。

"独乐乐"不如"众乐乐"。笔者希望，这些裁判文书学习笔记能对读者有所启迪。笔者虽然希望能够更加客观地再现裁判文书的观点，尽量避免带入笔者的个人观点，在整理形成本书的过程中，尽可能通过引用的方式，将裁判文书中的论述和观点原汁原味地加以再现；但针对同一个裁判文书的解读，不同的人必然会因站位和认识的差异而从不同的角度切入，所以本书解读出的要点仅代表个人的认识，可能与最高人民法院的官方解读不一致。另外，为了便于读者更好地理解所摘引的要旨，在必要的时候，笔者还对案件中与相关论述有关的案情进行了补充介绍。原则上，笔者按照专利审查的逻辑顺序对各个专题进行排序，各级标题的索引仅是为了方便读者查找和阅读，未严格区分各标题之间的逻辑关系。

除了法律重述部分之外，笔者也对部分主题，结合自己的粗浅认识进行了评论，或支持或商榷，都仅代表笔者的个人观点。

总 目 录

第一部分 法律重述

第二部分　法律评论

第一部分　法律重述

本部分是对笔者收集的2009—2015年最高人民法院知识产权庭审结的130余件专利行政诉讼案件，依照基本的审查逻辑顺序，就其中涉及的法律要点，以重述的形式进行的总结和归纳。

第一部分目录

第一章　权利要求的解释

权利要求的解释是专利法的核心内容，贯穿专利审查和侵权判定的始终。根据《专利法》第59条第1款的规定："发明或者实用新型的保护范围以其权利要求的内容为准，说明书及附图可以用于解释权利要求的内容。"

一、最大合理解释原则

"专利授权确权程序中，权利要求解释的目的在于通过明确权利要求的含义及其保护范围，对权利要求是否符合专利授权条件或者其效力如何作出判断。基于此目的，在解释权利要求用语的含义时，必须顾及专利法关于说明书应该充分公开发明的技术方案、权利要求书应当得到说明书支持、专利申请文件的修改不得超出原说明书和权利要求书记载的范围等法定要求。**通常情况下，在专利授权确权程序中，对权利要求中技术特征的解释应当采取最大合理解释原则，即如果说明书未对权利要求中争议技术特征的含义作特别界定，原则上应采取所属领域普通技术人员在阅读权利要求书、说明书和附图之后对该技术特征所能理解的通常含义，尽量避免利用说明书或者审查档案对该术语作出不适当的限制，以便对权利要求是否符合授权条件和效力问题作出更清晰的结论，从而促使申请人修改和完善专利申请文件，提高专利授权确权质量。**"这是最高人民法院在（**2014**）行提字第**17**号一案[①]中总结的裁判要点，

---

① 专利号为03123304.X的发明专利，无效决定号为WX14794，维持专利权有效。一审判决号为（2010）一中知行初字第3093号，二审判决号为（2011）高行终字第1106号，均维持无效决定。无效宣告请求人申请再审，最高人民法院裁定提审后，撤销了无效决定和一、二审判决。

是对权利要求解释的目的和基本原则的诠释。该案涉及一种反射式萨格奈克干涉仪型全光纤电流互感器，权利要求 1 中记载，"全光纤电流互感器至少由光电单元和光纤电流感应单元连接构成"，并没有记载"反射膜"的技术特征（该特征出现在从属权利要求 10 中）。最高人民法院认为，"说明书中既没有将具有'反射膜'的技术方案作为背景技术描述，也没有用'反射膜'这一技术特征对权利要求 1 所述的'全光纤电流互感器'作出特别界定……无效决定在对权利要求 1 中的'全光纤电流互感器'进行界定时，引入其从属权利要求的附加技术特征和说明书的内容对其进行限缩性解释，适用法律错误。"

二、以权利要求的内容为准

解释权利要求的一个首要条件是"以权利要求的内容为准"，其含义是，要以权利要求中限定的技术特征为基础，避免将权利要求中没有限定而仅在说明书中予以描述的内容解释到权利要求中，从而不恰当地限缩权利要求的范围。在（2012）知行字第 59 号一案①中，涉案专利涉及一种强化木地板，权利要求 1 与对比文件相比存在一个区别特征"耐磨纸层"。专利权人认为，权利要求 1 中明确限定了耐磨纸层是在原纸上喷涂三氧化二铝后再经过三聚氰胺胶液浸渍后制得，二审判决中认定"权利要求 1 未具体描述相关材料信息"是错误的。对于这一争议点，最高人民法院认为，"本专利权利要求 1 对'耐磨纸层'的具体材料并未限定，不能依据方法权利要求及说明书实施例的记载将产品权利要求 1 的'耐磨纸层'限缩解释为'本专利中的耐磨纸层是由原纸浸渍过三

---

① 申请号为 03112761.4 的发明专利，无效决定号为 WX14220，宣告权利要求 9、10 无效，在权利要求 1—5 的基础上维持专利权有效；一审判决号为（2010）一中行初字第 2023 号，维持无效决定；二审判决号为（2011）高行终字第 911 号，撤销无效决定及一审判决。专利权人提起再审，最高人民法院裁定驳回再审申请。

聚氰胺胶液后制得'"。（2011）知行字第 29 号一案①也涉及类似问题。该案专利保护一种无轨电动伸缩门，其中权利要求 1 限定所述伸缩门包括"多根连接于主框架上的横杆（2），连接各主框架的连接管（3）……"。专利权人主张，为了区别于背景技术中"每根横杆上要铰接 2—4 根连接管"，应当将权利要求 1 解释为包含特征"每根横杆上仅铰接 1 根连接管"。对此，最高人民法院认为，根据《专利法》第 56 条的规定，"说明书及附图可以用于解释权利要求。但为了区别于现有技术，或者直接概括说明书中的具体实施方式，而将权利要求中未予保护的特征直接纳入权利要求的保护范围，则不属于权利要求解释的范畴。权利要求1 中根本未要求保护每根横杆铰接连接管的结构连接关系，也没有相关的文字表述，因此'每根横杆上铰接一根连接管'不属于对权利要求 1的解释"。

"以权利要求的内容为准"并不意味着一定要拘泥于权利要求中的措辞而不能使用说明书中的用语或描述，而是要避免用说明书的内容对权利要求进行事实上的修改。在（2011）知行字第 91 号一案②中，最高人民法院强调："当对权利要求中的技术术语的含义存在不同理解时，可以以说明书、附图中有关该技术术语的定义或者描述为依据，对权利要求进行解释。在解释权利要求时，不得将未在权利要求中记载的技术特征读入权利要求，对权利要求进行事实上的修改，损害权利要求的公示作用。"该案专利权利要求 1，"仅限定了在'陶瓷砖表面层设置有孔洞和/或裂沟'，并没有记载任何有关孔洞和/或裂沟的制造方法特征，二审判决以仅在涉案专利说明书中记载的相关制造方法为依据，将权利要求 1 中的孔洞和/或裂沟解释为'经抛光后呈现出加入成孔剂烧制发

---

① 专利号为 01107559.7 的发明专利，无效决定号为 WX13794，宣告权利要求 1、3、4 和 6 无效，在权利要求 2 和 5 的基础上维持专利权有效。一审判决号为（2010）一中行初字第 485 号，维持无效决定；二审判决号为（2010）高行终字第 1234 号，维持一审判决。专利权人申请再审，最高人民法院裁定驳回再审申请。

② 申请号为 200620154970.8 的实用新型专利，无效决定号为 WX13991，宣告专利权全部无效；一审判决号为（2010）一中行初字第 483 号，维持无效决定；二审判决号为（2010）高行终字第 918 号，撤销无效决定及一审判决。无效宣告请求人提起再审，最高人民法院裁定驳回。

泡而成的大大小小的孔洞和/或裂沟'，认定事实和适用法律均有错误"。在（2011）行提字第 8 号一案①中，最高人民法院再次明确了这一观点。该案专利要求保护一种由舒巴坦与氧哌嗪青霉素或者头孢氨噻肟制成的复方制剂，湘北威尔曼公司主张，权利要求 1 中的复方制剂是指（冻干）粉针剂。对此，最高人民法院认定，"从权利要求 1 中记载的全部技术特征来看，其仅仅限定了将舒巴坦与氧哌嗪青霉素或者头孢氨噻肟以特定比例混合制成复方制剂，并没有限定复方制剂的具体剂型。复方制剂是本领域中具有确定含义的上位概念，其范围涵盖了包括（冻干）粉针剂在内的各种具体剂型。湘北威尔曼公司有关根据权利要求 1 的封闭式撰写方式以及涉案专利说明书，只能将权利要求 1 中的复方制剂解释为（冻干）粉针剂的主张，实质上是将权利要求中具有确定含义的上位概念，限制为仅在说明书中记载的具体下位概念，是对权利要求进行事实上的修改，而不是解释权利要求"。据此，最高人民法院驳回了湘北威尔曼公司针对权利要求 1 进行限缩性解释的主张。

三、利用说明书的内容对权利要求的技术特征予以解释

对权利要求进行解释的最重要的载体是说明书及其附图。利用说明书和附图解释权利要求时，应当以说明书为依据，使权利要求的保护范围与说明书公开的范围相适应。最高人民法院在（2012）行提字第 29 号一案②中强调了这一点。该案的争议焦点是涉案专利权利要求 1 中"电池负极片"的含义，即能否用说明书中有关电池负极片的结构及成型方法对"电池负极片"进行解释。针对该焦点问题，最高人民法院解

---

① 申请号为 97108942.6 的发明专利，无效决定号为 WX8113，宣告专利权全部无效；一审判决号为（2006）一中行初字第 786 号，维持无效决定；二审判决号为（2007）高行终字第 146 号，撤销无效决定及一审判决。无效宣告请求人提起再审，最高人民法院裁定撤销二审判决，维持无效决定。

② 申请号为 01234722.1 的实用新型专利，无效决定号为 WX13560，宣告专利权全部无效；一审判决号为（2009）一中行初字第 2300 号，撤销无效决定；二审判决号为（2011）高行终字第 676 号，维持一审判决。无效宣告请求人提起再审，最高人民法院裁定撤销一、二审判决，维持无效决定。

释称，"根据通常的理解，电池负极片是指用作电池负极的片状物，其不仅覆盖了单层的片状物，也覆盖了多层的片状物；不仅覆盖通过电镀方式形成的多层片状物，也覆盖了通过诸如层压的其他方式形成的多层片状物。**利用说明书和附图解释权利要求时，应当以说明书为依据，使其保护范围与说明书公开的范围相适应**"。为进一步解释"电池负极片"的含义，最高人民法院考察了涉案专利说明书的内容。首先，根据涉案专利说明书背景技术部分的记载可以看出，"涉案专利的申请人从产生发明动机开始直到申请专利之时也未认识到层压结构的电池负极片与电镀结构的电池负极片孰优孰劣，而是认识到水银之所以能够防止漏液，是因为其能够在锌与其他原料或金属之间形成隔离，防止它们之间接触。故其认为解决钮形电池无汞化问题旨在找到一种能够代替汞的材料，使其亦能够在锌与其他原料或金属之间形成隔离，而未认识到要对电池负极片本身的结构作出专门的改进"。其次，根据涉案专利说明书发明内容部分的记载，"涉案专利的申请人在探索涉案专利的过程中，所做的工作主要是探索负极片上电镀哪种金属能够成功地控制电池负极锌膏和负极片的接触，而并未针对电池负极片本身的结构变化进行任何尝试性的探索"。同时，"涉案专利的申请人认为在电池的负极片上镀上铟或锡，就可以防止锌与负极片接触而产生气体膨胀，就已经完成了其发明的任务，而没有认识到其已经完成的该项发明是否还有待进一步的改进，诸如要对电池负极片本身的结构作进一步的改进并为此付出了创造性的劳动"。在涉案专利中，"制成的负极片既可以是未镀镍或铜之前的金属裸片也可以是镀完铟或锡的最终产物。故涉案专利的申请人即使在申请专利之时亦未想到要对负极片的概念加以区分以体现其针对电池负极片的结构作出过改进"。因此，涉案专利并非是针对电池负极片的结构作出的改进，新利达德庆公司和肇庆新利达公司认为涉案专利权利要求1的电池负极片特指电镀结构的主张均没有事实和法律依据。

利用说明书的内容对权利要求中的争议术语或特征进行解释时，首先要看权利要求和/或说明书中是否对争议术语或特征存在特定的解释，如果权利要求和/或说明书未对其作特别的定义，一般应将其解释为所属领域通用的含义，然后再看说明书的整体内容是否支持这样的含义。

例如，在（2013）知行字第103、104号两案①中，针对权利要求1中争议的"与总线相连"一词的含义，最高人民法院认为，说明书中没有对这一措辞给予进一步的说明，本领域技术人员通常会将其理解为"直接相连"，从说明书的附图2来看，也是直接相连的，因此，"与总线相连"一词应当被解释为"直接相连"。又如，在（2012）知行字第57号一案②中，涉案专利权利要求1请求保护一种不含结晶水的氧化镍矿经高炉冶炼镍铁工艺。双方当事人就何谓"氧化镍矿"产生争议。最高人民法院在判决书中解释道："何谓氧化镍矿，涉案专利说明书未对其作特别定义。根据一般理解，含有氧化镍的矿均属于氧化镍矿，氧化镍矿覆盖了含有氧化铬的氧化镍矿和不含有氧化铬的氧化镍矿。尽管涉案专利说明书中提到'但由于红土镍矿常伴生有 Cr_2O_3 成分，而铬的熔点很高，使融化后的铁水粘度大，含镍铬铁水不能顺利流出，造成冻炉、毁炉的严重后果'和'本发明所提供的镍铬铁矿冶炼镍铁工艺中加入萤石可以有效降低铬对炉温的影响，提高铁水流动性，同时，因为本发明所提供的冶炼工艺中所加入萤石的量经过严格计算，可以有效避免因为萤石加入量过高导致炉缸烧穿等事故发生'等，但是涉案专利说明书中并未记载任何有关萤石添加量、氧化铬含量以及铁水流动性三者之间关系的内容，未记载申请再审人在解决铁水流动性方面针对氧化铬的特殊性付出了哪些创造性的劳动。利用说明书和附图解释权利要求时，也应当以说明书为依据，使其保护范围与说明书公开的范围相适应。从这个意义上讲，也不应将涉案专利权利要求1中的氧化镍矿解释为仅限于含有氧化铬的氧化镍矿并将其中的萤石添加量解释为限于根据氧化镍矿中氧化铬的含量计算得到的。综合这两个方面，涉案专利权利要求1的保护

---

① 申请号分别为 200620047703.0 和 200620047704.5 的实用新型专利，无效决定号为 WX13862 和 WX13861，均维持专利权有效；一审判决号为（2010）一中行初字第1837号和1936号，维持无效决定；二审判决号为（2011）高行终字第842号和840号，维持一审判决。无效宣告请求人提起再审，最高人民法院裁定驳回再审申请。

② 申请号为 200510102984.5 的发明专利，无效决定号为 WX12819，宣告权利要求1、2和权利要求4—7中引用权利要求1的技术方案无效，在权利要求3和权利要求4—7引用权利要求3的技术方案的基础上维持专利权有效。一审判决号为（2009）一中行初字第1138号，维持无效决定；二审判决号为（2010）高行终字第364号，维持一审判决。专利权人提起再审申请，最高人民法院裁定驳回再审申请。

范围覆盖了不含氧化铬的氧化镍矿经高炉冶炼镍铁工艺，其中萤石的添加量也包括了根据其他杂质计算得到的萤石添加量。所以申请再审人认为涉案专利的萤石添加量是根据氧化镍矿中氧化铬的量进行计算的，涉案专利解决了人们一直渴望解决但始终未能获得成功的技术难题，克服了技术偏见，取得预料不到的技术效果的主张没有事实和法律依据，不能成立。"

　　说明书是专利申请不可缺少的一部分，是专利申请人或专利权人的辞典。在解释权利要求的争议术语或特征的含义时，应当将说明书的各部分内容作为一个整体，结合考虑。在（2012）知行字第 23 号一案[①]中，双方的争议焦点是，能否如专利权人所述，将涉案专利权利要求中的"多卡双向收发"手机解释为"多卡同时双向收发"手机。最高人民法院在判决书中这样解释："首先，本专利权利要求书中仅限定了'多卡双向收发'手机，而未明确限定'多卡同时双向收发'手机。其次，本专利说明书所揭示的现有技术存在的问题是，一支手机仅能装一片SIM 卡，对于需要两个以上号码的人来说，需要携带多支手机，而没有涉及'一片 SIM 卡工作，另一片 SIM 卡不工作'带来的技术问题。为了解决说明书所记载的技术问题，本专利发明了一种具有双向收发功能的、可容纳多片 SIM 卡的手机。本专利说明书的具体实施方式部分记载了 4 段内容。其中，第 1、2 段记载了本专利的基本硬件结构，并没有记载可以支持手机'同时'进行双向收发的结构，第 3 段涉及手机中一片SIM 卡来电时的操作，第 4 段涉及以某一特定 SIM 卡拨打电话的操作。以上均不涉及特定 SIM 卡与其他 SIM 卡'同时'双向收发操作的内容。因此，原二审判决认为本专利的权利要求书中仅限定'多卡双向收发'，并未明确限定多卡是'同时'收发还是'非同时'双向收发，而本专利说明书中也仅提到'多卡双向收发'，并未公开任何关于多卡同时双向收发的具体技术方案，并以此为基础认定本专利权利要求 1 不具备新颖性……并无不当。"

　　[①]　申请号为 200320102652.3 的实用新型专利，无效决定为 WX14276，宣告专利权全部无效。一审判决号为（2010）一中行初字第 1168 号，撤销无效决定；二审判决号为（2010）高行终字第 1422 号，撤销一审判决。专利权人提起再审，最高人民法院裁定驳回再审申请。

说明书的背景技术部分作为说明书的一部分，也可以作为解释权利要求的基础。在（2015）知行字第 7 号一案[①]中，在将涉案专利与对比文件进行对比时，涉及要对权利要求 1 中"钟形轮廓的轮毂"一词作出解释。最高人民法院认为，该专利说明书背景技术部分对钟形结构进行了介绍，尽管这一介绍，"位于说明书背景技术部分，但记载在说明书背景技术部分的内容并不必然是已经公开的技术，不能被想当然地当作现有技术，本案中并没有相应的证据支持。而且在本案中，就钟形轮廓的轮毂来讲，本专利并没有在背景技术所公开的轮毂形状的基础上进一步作出改变，即由专利说明书的内容来看，本专利采用了背景技术部分所介绍的钟形轮廓的轮毂。因此，本专利说明书中记载在背景技术部分的内容可用于解释权利要求……'钟形轮廓的轮毂'这一技术特征可以解释为所有具有近似钟形结构的轮毂"。

解释权利要求，是对权利要求中术语或者特征固有含义的澄清，说明书中载明的发明目的、技术效果等均可以用于解释争议术语或者特征的含义。对于技术特征或术语的解释应当符合涉案专利的发明目的，且不得与所属领域的公知常识相矛盾。就作符合发明目的的解释而言，最高人民法院有几个案子涉及这个问题。其中有（2013）知行字第 109、110 号两案[②]。这两个案件的争议点均涉及一个部件"上从动轮"，权利要求 1 的限定为，"分别设置在上述左侧和右侧滚轮架（T）上的与环形履带（11）的上侧接触能限制环形履带（11）下沉的上从动轮（9）……而且设定上述上从动轮（9）的直径，使得当从侧面看时，该上从动轮（9）的外周缘的下侧比滚轮架（T）的下面更向下张出"。当事人双方

① 专利号为 200820139377.5 的实用新型专利，无效决定为 WX20200，维持专利权有效。一审判决号为（2013）一中行初字第 2289 号，撤销无效决定；二审判决号为（2014）高行终字第 1126 号，维持一审判决。专利权人提起再审，最高人民法院裁定驳回再审申请。

② （2013）知行字第 109 号裁定涉及申请号为 99110929.5 号发明专利，无效决定号为 WX16929，维持专利权有效。一审判决号为（2012）一中行初字第 272 号，维持无效决定；二审判决号为（2012）高行终字第 1076 号，维持一审判决。无效宣告请求人提起再审，最高人民法院裁定驳回再审申请。（2013）知行字第 110 号裁定涉及同一发明专利，无效决定号为 WX13733，宣告专利权全部无效。一审判决号为（2009）一中行初字第 2684 号，维持无效决定；二审判决号为（2010）高行终字第 383 号，撤销一审判决及无效决定。无效宣告请求人提起再审，最高人民法院裁定驳回再审申请。

的争议在于，上从动轮的下侧是否与环形履带接触。最高人民法院认为：从权利要求 1 的记载来看，逻辑上包括向下张出直至与环形履带接触的情形。但是，从从动轮设置的目的和技术效果可以看出，如果上从动轮的上侧、下侧同时与履带接触，"显然不存在遇到突起物时供突起物进入的容纳空间，不符合本专利的发明目的，无法解决本专利所要解决的技术问题，难以取得本专利所欲取得的技术效果。二审判决关于'从本专利权利要求书、说明书及附图中均得不出上从动轮下侧也包括与环形履带接触的情形'的认定正确。这种认定并非将仅反映在说明书及附图中的技术特征读入到权利要求中，用于限制专利权的保护范围，或者直接以仅在说明书附图中所反映的具体结构来限定权利要求中相应技术特征的含义，而是结合说明书和附图来解释权利要求的内容，符合法律规定"。另外一个案件是（2013）行提字第 17 号一案①，在该案中，最高人民法院强调："对于字面含义存在歧义的技术特征，应当结合说明书及其附图中的有关内容，对技术特征进行权利要求解释。对技术特征的解释应当符合涉案专利的发明目的，不得与本领域的公知常识相矛盾。"该案的争议点之一在于，如何理解权利要求 1 中的特征"键盘、鼠标、显示器、网卡和电源通过整体插头和整体插座连接"的含义。无效决定认为，电源是键盘、鼠标、显示器和网卡的连接对象，即通过整体插头、整体插座将键盘、鼠标、显示器和网卡与电源连接在一起；而专利权人则认为，电源与键盘、鼠标、显示器、网卡为并列关系，所述部件均通过整体插头和整体插座连接。对此，最高人民法院认定，争议的技术特征使用了"和……和……连接"的表述，其字面含义存在歧义，至少具有无效决定与专利权人所持的两种解释方式。但是，根据说明书中有关发明目的和技术效果的记载、本发明的改进以及本领域的常识，将该技术特征理解为"电源与键盘、鼠标、显示器、网卡为并列关系，所述部件均通过整体插头和整体插座连接"更为合适，因为如果像无效决定那样，仅理解为通过整体插头和整体插座的连接使得键盘、鼠

---

① 专利号为 01106125.1 的发明专利。无效决定号为 WX13610，宣告专利权全部无效。一审判决号为（2009）一中行初字第 2215 号，二审判决号为（2012）高行终字第 293 号，均维持无效决定。专利权人申请再审，最高人民法院提审后，撤销了无效决定和一、二审判决。

标、显示器、网卡和电源相连接，既不能实现涉案专利所要解决的"一次插拔"的目的，也有悖于本领域的公知常识。

四、基于本领域技术人员的通常理解

本领域技术人员是对权利要求作出解释的主体。当专利整体上未对争议术语或特征进行特别界定时，应当基于本领域技术人员阅读专利说明书和附图后对权利要求的通常理解对争议术语或特征作出解释。最高人民法院在（2010）知行字第9号一案①中对此规则予以明确。该案的争议点在于，如何理解权利要求3附加技术特征"所述的有彩色印刷薄片贴面的木板，在木基板的底面贴合有一层适合彩色印刷或烫金的塑胶薄膜"中的"底面"一词。最高人民法院在裁定书中认为："对于'底面'一词，本专利并未对其进行特别界定，其附图和实施例中也未对此进行特别说明，因此对该词的解释应当基于本领域技术人员阅读本专利说明书和附图后对权利要求的通常理解。权利要求2、3分别限定了在木基板的表面和底面贴合有一层适合彩色印刷的贴面。按照本领域技术人员的通常理解，出于本专利的发明目的（包括美观等），权利要求2、3分别限定了在木板盒的外表面和内表面贴合有一层适合彩色印刷的贴面。因此，权利要求2中的表面是指木板盒的外表面，权利要求3中的底面是与权利要求2中的表面相对应的另一面，即木板盒的内表面。欧阳宣强调，权利要求3中的底面是指木板盒的外表面，当其引用权利要求2时木板盒的外表面有两层适合彩色印刷的贴面。该解释不符合本领域技术人员的通常理解。本领域技术人员在阅读本专利后并不能清楚地理解出权利要求3是要限定木板盒的外表面有两层适合彩色印刷的贴面的意图。"

---

① 申请号为200420015152.0的实用新型专利。无效决定号为WX12310，宣告专利权全部无效。一审判决号为（2009）一中行初字第487号，维持无效决定；二审判决号为（2009）高行终字第1114号，维持一审判决和无效决定。专利权人提起再审，最高人民法院驳回再审申请。

五、方法定义的产品权利要求的解释

从权利要求所保护的主题类型看，权利要求包括两类：产品权利要求和方法权利要求。根据《专利审查指南》第二部分第二章 3.1.1 节的规定，"通常情况下，在确定权利要求的保护范围时，权利要求中的所有特征均应当予以考虑，而每一个特征的实际限定作用应当最终体现在该权利要求所要求保护的主题上"。在（2012）行提字第 24 号一案[①]中，最高人民法院明确，"对于产品权利要求而言，即使其中采用方法特征对一个或多个技术特征进行限定，在确定权利要求的保护范围时，仍然要看该方法特征最终是否导致产品具有某种特定的结构和/或组成。在将包括方法特征的产品权利要求所要求保护的技术方案与现有技术进行对比时，应当以权利要求所要求保护的产品的最终形态与现有技术进行比较，如果由于方法特征的引入使产品具有不同于现有技术的特定的结构和/或组成，则需要考虑该方法特征所起到的限定，如果该方法特征的引入未能使产品的结构和/或组成与现有技术区分开，则无需考虑该方法特征的限定的作用"。该案中，权利要求 2 与对比文件 2 的区别在于，对比文件 2 通过冲压形成突部（23），而权利要求 2 中则是通过折叠形成垫片，二者在形状和形成方式上存在区别。最高人民法院认为，"权利要求 2 中的垫片在最终产品中的作用仅为使散热器片隔开预定角度，对比文件 2 中的突部在最终产品中的作用也是使散热器片隔开预定角度，二者作用相同"。因此，形成方式上的不同并未导致二者存在实质性差异，无效决定和一审判决认定二者属于所属技术领域惯用手段的认定并无不当。

---

① 申请号为 02800004.8 的发明专利。无效决定号为 WX14134，宣告专利权全部无效，一审判决号为（2010）一中行初字第 1283 号，维持无效决定；二审判决号为（2011）高行终字第 784 号，撤销一审判决和无效决定。无效宣告请求人提起再审，最高人民法院裁定提审后，在提审判决中撤销二审判决，维持一审判决及无效决定。

六、效果特征的解释

所谓效果特征，是指用一项技术方案所能产生的技术效果而非结构、组成或者方法等来表征技术内容的特征。在（2013）知行字第31号一案①中，涉案专利权利要求 1 中限定，"其中对至少一种杂草的药效百分比为 70% 至 100%"。最高人民法院认为："这一特征是本发明所要达到的效果特征，是该发明所限定的技术方案解决技术问题带来的技术效果，在评价创造性时，应当将该效果特征与导致该效果的其他技术特征综合考虑，不能割裂技术特征之间关系。不能简单地以该药效百分比的两个端值没有被完全公开就认为其具有创造性。阿瑞斯塔公司以'药效百分比'技术特征的限定作用主张本专利权利要求 1 具有创造性的申诉理由……不予采纳。"

七、给药特征、药品副作用特征对制药用途权利要求的限定作用

在我国，由于根据《专利法》第 25 条的规定，对疾病的诊断和治疗方法不授予专利权，因此，对于发明点在于发现药物新用途的发明创造，只能以制药用途的"瑞士型"权利要求的形式加以保护。实践中存在一种情况，即某些已知物质已经被发现能够用于某一医药用途，但因副作用过大等原因无法得到实际应用，发明人通过对给药方式、剂量等的研究，发现通过控制特定的给药方式、给药剂量等，可以使该物质某一方面的副作用得到控制。此时，给药方式、给药剂量、不具有毒副作用的特征是否对制药用途权利要求产生限定作用？

---

① 申请号为 99811707.2 的发明专利申请。复审决定号为 FS11964，维持驳回。一审判决号为（2008）一中行初字第 628 号，维持无效决定；二审判决号为（2009）高行终字第 719 号，维持一审判决和无效决定。专利申请人提起再审，最高人民法院裁定驳回再审申请。

最高人民法院在（2012）知行字第 75 号一案①中阐明了针对这一问题的观点。首先，如果发明的实质及其对现有技术的改进在于物质的医药用途，申请专利权保护时，应当将权利要求撰写为制药方法类型权利要求，并以与制药相关的技术特征对权利要求的保护范围进行限定；其次，如果权利要求中不产生特定毒副作用的特征没有改变药物已知的治疗对象和适应症，也未发现药物的新性能，不足以与已知用途相区别，则其对权利要求请求保护的医药用途发明不具有限定作用；再者，用药过程的特征对药物制备过程的影响需要具体判断和分析，仅体现于用药行为中的特征不是制药用途的技术特征，对权利要求请求保护的制药方法本身不具有限定作用。

该案涉及潜霉素的制药用途。现有技术中已知，潜霉素是一种已知的抗生素，可用于治疗和预防细菌感染。涉案专利发明人发现，潜霉素在高剂量下使用时会产生骨骼肌毒素，通过涉案专利特定的给药方式和剂量，潜霉素在实际应用时将"不产生骨骼肌毒性"，这使得潜霉素在针对严重革兰氏阳性菌感染的治疗中，具备了真正的用药安全性及工业实用性。于是，提出了涉案专利申请，在权利要求中使用给药特征和药品毒副作用特征同时对制药用途权利要求进行限定。涉案专利权利要求 1 为："潜霉素在制备用于治疗有此需要的患者细菌感染而不产生骨骼肌毒性的药剂中的用途，其中用于所述治疗的剂量是 3—75mg/kg 的潜霉素，其中重复给予所述的剂量，其中所述的剂量间隔是每隔 24 小时一次至每 48 小时一次……"专利权人认为，一方面，"不产生骨骼肌毒性"是本案专利区别于现有技术的关键功能和效果特征，使得本案专利与现有技术的制药用途实质不同；另一方面，给药剂量、时间间隔特征是体现在制药过程中药品说明书中的特征，对制药用途权利要求具有限定作用。

针对"不产生骨骼肌毒性"特征是否有限定作用的问题，最高人民

①　申请号为 99812498.2 的发明专利。无效决定号为 WX13188，宣告专利权全部无效。一审判决号为（2009）一中行初字第 1847 号，维持无效决定；二审判决号为（2010）高行终字第 547 号，维持一审判决和无效决定。专利权人提起再审，最高人民法院裁定驳回再审申请。

法院在裁定书中这样解释："'不产生骨骼肌毒性'不是患者在潜霉素施用之前呈现的症状，而是患者在施用潜霉素之后身体中某些指标发生变化的结果，体现的是药物本身是否具有毒副作用。本案专利'不产生骨骼肌毒性'仅是改善了潜霉素的不良反应，使得骨骼肌毒性降低，并没有改变潜霉素本身的治疗对象和适应症，更没有发现药物的新性能。使用潜霉素后不产生骨骼肌毒性，其针对的适应症是细菌感染，使用潜霉素后产生了骨骼肌毒性，其针对的适应症也是细菌感染。就潜霉素本身的用途而言，二者并没有任何区别。本专利在撰写中采用'不产生骨骼肌毒性'的限定，没有使其与现有技术公开的已知用途产生区别，对药物用途本身不具有限定作用，对本专利权利要求并未产生限定作用。"

针对给药特征是否有限定作用的问题，最高人民法院在裁定书中这样解释："在实践中，给药对象、给药形式、给药剂量、时间间隔等是制药方法权利要求中经常出现的特征。分析各个技术特征体现的是制药行为还是用药行为，以及新用途与已知用途是否实质不同，对判定所要求保护的技术方案与现有技术相比是否具备新颖性非常关键。由于制药方法权利要求约束的是制造某一用途药品的制造商的制造行为，所以仍应从方法权利要求的角度来分析其技术特征。通常能直接对其起到限定作用的是原料、制备步骤和工艺条件、药物产品形态或成分以及设备等。专利法意义上的制药过程通常是指以特定步骤、工艺、条件、原料等制备特定药物本身的行为，并不包括药品的说明书、标签和包装的撰写等药品出厂包装前的工序。对于仅涉及药物使用方法的特征，例如药物的给药剂量、时间间隔等，如果这些特征与制药方法之间并不存在直接关联，其实质上属于在实施制药方法并获得药物后，将药物施用于人体的具体用药方法，与制药方法没有直接、必然的关联性。这种仅体现于用药行为中的特征不是制药用途的技术特征，对权利要求请求保护的制药方法本身不具有限定作用。给药剂量与单位剂量是不同的概念：单位剂量通常是指每一药物单位中所含药物量，该含量取决于配制药物时加入的药量；给药剂量是指每次或者每日的服药量，指药物的使用份量，可由药物的使用者自行决定，如一天两次或一天三次的给药，属于对药物的使用方法。临床实践中，若单位剂量的药物含量没有达到用药量，可通过服用多个单位剂量的药物实现，若药物含量大于用药剂量，则减量服用。本案专利权利要求 1 记载的所述治疗的剂量是 3—75mg/kg，并没有限定是单位剂量还是给药剂量。本案专利说明书也没有记载该剂量对制药过程及制药用途种类具有影响。作为本领域的技术人员，对于本案专利权利要求 1 中记载的所述治疗的剂量是 3—75mg/kg，通常理解为是每千克的活性成分为 3—75mg，所限定的是给药剂量。针对患者个体修改服用方式，选择服用的药物剂量，从而达到药品的最佳治疗效果是用药过程中使用药物治病的行为。给药剂量的改变并不必然影响药物的制备过程，导致药物含量的变化。同样，本案专利通过时间间隔形成的给药方案是用药过程中如何使用该药物的方法特征，属于体现在用药过程，不体现在制药阶段的医学实践活动。该用药过程的特征与药物生产的制备本身并没有必然的联系，没有对潜霉素的制备方法产生改变，从而影响药物本身，对制药过程不具有限定作用，不能使该制药用途具备新颖性。"

八、专利授权、确权程序与专利民事侵权程序权利要求解释的异同

专利授权程序、确权程序与民事侵权程序虽然都涉及对权利要求内容的认知、对权利要求范围的解读，但由于三个程序各自的定位和职能不同，权利要求解释的方法既存在很强的一致性，又存在一定的差异性。

在（2010）知行字第 53－1 号一案[①]中，最高人民法院首先分析了专利授权、确权程序与专利民事侵权程序中权利要求解释方法的一致性，即"至少体现在如下两个方面：一是，权利要求的解释属于文本解释的一种，无论是专利授权、确权程序还是专利民事侵权程序中对权利

① 专利号为 00131800.4 的发明专利。无效决定号为 WX11291，宣告专利权全部无效。一审判决号为（2008）一中行初字第 1030 号，维持无效决定；二审判决号为（2009）高行终字第 327 号，撤销一审判决和无效决定。专利权人提起再审，最高人民法院裁定驳回再审申请。

要求的解释，均需遵循文本解释的一般规则；二是，无论是专利授权、确权程序还是专利民事侵权程序中对权利要求的解释，均应遵循权利要求解释的一般规则"。

接着，基于不同程序中权利要求解释的目的不同，最高人民法院认为，两者的解释方法在特殊场合下存在一定的差异："**在专利授权确权程序中，解释权利要求的目的在于通过明确权利要求的含义及其保护范围，对专利权利要求是否符合专利授权条件或者其效力如何作出判断。**基于此目的，在解释权利要求用语的含义时，必须顾及专利法关于说明书应该充分公开发明的技术方案、权利要求书应当得到说明书支持、专利申请文件的修改不得超出原说明书和权利要求书记载的范围等法定要求。若说明书对该用语的含义未作特别界定，原则上应采用本领域普通技术人员在阅读权利要求书、说明书和附图之后对该术语所能理解的通常含义，尽量避免利用说明书或者审查档案对该术语作不适当的限制，以便对权利要求是否符合授权条件和效力问题作出更清晰的结论，从而促使申请人修改和完善专利申请文件，提高专利授权确权质量。**在专利民事侵权程序中，解释权利要求的目的在于通过明确权利要求的含义及其保护范围，对被诉侵权技术方案是否落入专利保护范围作出认定。**在这一程序中，如果专利保护范围字面含义界定过宽，出现权利要求得不到说明书支持、将现有技术包含在内或者专利审查档案对该术语的含义作出过限制解释因而可能导致适用禁止反悔原则等情形时，可以利用说明书、审查档案等对保护范围予以限制，从而对被诉侵权技术方案是否落入保护范围作出更客观公正的结论。"

最后，最高人民法院认为，**专利权利要求的解释方法在专利授权确权程序与专利民事侵权程序中的这种差异"突出体现在当事人意见陈述的作用上。在专利授权确权程序中解释权利要求时，意见陈述书的作用在特定的场合下要受到专利法明文规定的限制。**例如，我国专利法规定了说明书应当对发明作出清楚完整的说明、权利要求书应当得到说明书的支持、专利申请文件的修改不得超出原说明书和权利要求书记载的范围等法定要求。在审查某项专利或者专利申请是否符合上述法定要求时，当然应该以说明书或者原说明书和权利要求书为依据，当事人意见陈述不能也不应该起到决定作用。相反，如果将当事人的意见陈述作为判断某项专利或者专利申请是否符合上述法定要求的决定性依据，则无法促使专利申请人将相关内容尽量写入说明书，专利法的前述法定要求也将无法得到实现。因此，**在专利授权确权程序中，申请人在审查档案中的意见陈述在通常情况下只能作为理解说明书以及权利要求书含义的参考，而不是决定性依据。而在专利民事侵权程序中解释权利要求的保护范围时，只要当事人在专利申请或者授权程序中通过意见陈述放弃了某个技术方案，一般情况下应该根据当事人的意见陈述对专利保护范围进行限缩解释"**。

第二章 专利保护客体的审查

《专利法》第 2 条第 2 款规定了发明、实用新型的基本定义。其中，发明是对产品、方法或者其改进所提出的新的技术方案；实用新型是对产品的形状、构造或者其结合所提出的适于实用的新的技术方案。**一项发明创造，无论是作为发明专利还是实用新型专利保护，能获得专利保护的共同的前提条件是，该发明创造必须是一项技术方案。所谓"技术方案"，根据《专利审查指南》第一部分第二章 6.3 节、第二部分第一章 2 节的规定，是指对要解决的技术问题所采取的利用了自然规律的技术手段的集合。技术手段通常由技术特征来体现。**

一、技术问题、技术手段和技术效果三要素

实践中，判断付诸专利保护的主题是否属于技术方案，往往是这类案件的争议焦点。最高人民法院在**（2013）知行字第 67 号**一案[①]中指出："《专利法实施细则》第 2 条第 1 款（即现行《专利法》第 2 条第 1 款）是对可申请专利保护的发明客体的原则性要求，如果权利要求请求保护的方案未采用技术手段或者利用自然规律，也未解决技术问题和产生技术效果，则该方案就不构成技术方案，不属于可授予专利权的客体。"该案中，权利要求 1 请求保护一种"由模拟现实人生社会游戏环

[①] 申请号为 200610061959.1 的发明专利申请，复审决定号为 FS40583，以不符合《专利法》第 2 条第 2 款为由维持驳回决定。一审判决号为（2012）一中知行初字第 3315 号，二审判决号为（2013）高行终字第 998 号，均维持复审决定。专利申请人提起再审申请，最高人民法院裁定驳回。

境的游戏图形、代表游戏者的棋子、确定游戏者移动步数的骰子以及包括学士证书、硕士证书、博士证书、专利证书、奖章证书、奖状等游戏道具辅助用品组成的成功路游戏的游戏图形构成及其构成方法，其特征是所述模拟现实人生社会游戏环境的游戏图形是由作为主游戏区域使用的包括幼儿阶段、小学阶段、中学阶段、大学阶段、工作阶段、创业阶段、终点——成功新起点等组成的人生基本历程和作为辅助游戏区域使用的包括表征医疗体系的医院、表征奖惩体系的奖惩中心、表征司法体系的法庭及表征成人教育体系的进修学院等现实社会形态构成的"。最高人民法院认为，权利要求 1 的方案"所要解决的问题是按照一种人为设定的包括社会形态和人生成长基本历程的游戏环境来完成游戏，不构成技术问题；采用的手段是根据人为设定的规则对游戏所使用的棋盘进行区域划分，并且人为制定关于棋子或图形在游戏区域移动相应的骰子的游戏规则，仅仅依赖于人的思维活动，不构成技术手段；获得的效果也只是以进行公民思想品德教育为主要目的，不构成技术效果"。因此，权利要求 1 请求保护的方案不是一种技术方案，不属于可以授予专利权的客体。

在另外一个案件，即（2011）知行字第 68 号一案①中，最高人民法院也是从技术问题、技术手段、技术效果三个维度对是否属于技术方案进行分析，进而得出涉案专利申请不符合《专利法》第 2 条第 2 款的规定。该案专利申请涉及一种手机付费服务系统，该系统包括付费方、移动运营商、收费方、银行四方，其特征在于移动运营商、收费方、付费方、银行四方合作：移动运营商中建立收费方账户，并管理移动电话用户的手机卡账户，同时在银行中为移动运营商建立账户；移动电话用户通过在移动运营商银行账户内存款置换移动用户手机卡内的预存款，当移动电话用户消费时，向移动运营商申请支付，即从该用户手机卡内预存款部分划转到收费方，然后移动运营商通知银行将该移动运营商账户

---

① 申请号为 200710120845.4 的发明专利申请，复审决定号为 FS22835，以不符合《专利法》第 2 条第 2 款为由维持驳回决定。一审判决号为（2010）一中知行初字第 2703 号，二审判决号为（2011）高行终字第 473 号，均维持复审决定。专利申请人提起再审申请，最高人民法院裁定驳回。

中划转相应金额给收费方账户号码，收费方通过移动信号接收装置或其他类似装置从移动运营商接收划转支付费用的信息；当移动电话用户需要存取现金或交纳本机费用时，通过无线通信方式与 ATM 机进行交互从而实现存取款或交纳本机费用。最高人民法院认为，"该方案实质上是通过现有的移动通信网络技术整合公知的计算机设备和网络，实现移动运营商、收费方、付费方、银行四方事先约定的转账规则。四方按照该约定的方式在各个账户间划转款项，为移动电话用户提供一种实现消费或存取款的渠道。在这个过程中，并没有对现有的设备和网络的内部性能或构造进行技术性改造，所解决的问题和达到的效果是实现了四方的商业合作。由于该方案未采用技术手段解决技术问题，以获得符合自然规律的技术效果，所以不属于专利法意义上的技术方案，不是发明专利权保护的客体"。

在（2014）知行字第 73 号一案①中，最高人民法院再次明确，**如果权利要求请求保护的方案仅为将现有公知设备进行人为规则的确定，"未采用技术手段解决技术问题，以获得符合自然规律的技术效果，则该方案就不构成技术方案，也即不属于可授予专利权的客体"**。该案所涉专利申请请求保护一种电子货币数据存取系统，其包括银行电脑中心、硬币卡、收款机、充值机、硬币卡电脑中心等装置，利用硬币卡对零钱交易的数据进行存取、通过收款机与硬币卡电脑中心以网络来传输硬币卡的数据信息等操作，来实现将现金交易中产生的零钱以存入硬币卡中的方式支付给用户，用户再通过充值机将硬币卡中存入的零钱转换成可进行支付的钱款，从而达到避免将零钱兑换给用户而产生的零钱携带不便和不卫生等问题。最高人民法院认为，从权利要求 1 记载的方案来看，"其所解决的问题是将现金交易中产生的零钱作为电子交易的对象，将零钱存入硬币卡，用户再通过硬币卡进行支付或取现，从而避免因将零钱兑换给用户而产生的零钱携带不便和不卫生等问题，该方案是

---

① 申请号为 200410027344.8 的发明专利申请，复审决定号为 FS40616，以不符合《专利法》第 2 条第 2 款为由维持驳回决定。一审判决号为（2012）一中知行初字第 2341 号，二审判决号为（2013）高行终字第 671 号，均维持复审决定。专利申请人提起再审申请，最高人民法院裁定驳回。

人为设定的货币交易支付规则，不是利用自然规律的技术手段，因此不构成技术问题"，不符合《专利法》第 2 条第 2 款的规定。

二、商业方法的可专利性问题

有关商业方法的专利申请所共同具有特点是：以计算机和网络技术为手段，以商业活动所采用的经营模式或者进行商务活动的方法为主题，目的是排除或禁止他人在没有正当权利来源或事由的情况下实施专利申请所请求保护的特定的方案或构思。在我国专利审查实践中，对于商业方法的审查一直适用《专利法》第 2 条，从不属于技术方案的角度对其拒绝授予专利权；或者选择适用《专利法》第 25 条，将其归属于"智力活动的规则和方法"，不授予专利权。

在（2015）知行字第 21 号裁定[①]中，最高人民法院对于要求保护"一种利用互联网和中转设施实现零售生鲜农产品类电子商务物流配送管理方法"的专利申请，认为其不属于《专利法》第 2 条第 2 款可以授予专利权的客体。原因是，"涉案专利申请权利要求 1 所述注册消费者通过确定中转设施位置采用一次中转运输，实现配送中心与生鲜农产品最终目的地之间的销售物流和回收物流等内容，属于针对特定商业活动制度的管理方法或实施方案"。首先，"尽管制定或执行方案不可避免地遵循或受制于自然规律，需要运用相应的技术设备并对技术设备的配备或使用作出一定限定，但方案主要体现的是人对商业活动参与各方及其他相关要素的主观要求，属于人为拟制商业活动规则的范畴"。其次，"涉案专利申请方案所拟解决的问题，也是克服原有管理模式存在的订单分散、装卸不便、配送效率低、运转成本高等商业运作方面的缺陷，实现的是降低成本、提高效率等商业效果"。再者，"方案中虽然也涉及软硬件设备和信息数据处理过程，但上述设备及数据处理均服从和服务

---

① 申请号为 201110024602.7 的发明专利申请，复审决定号为 FS58291，以不符合《专利法》第 2 条第 2 款为由维持驳回决定。一审判决号为（2014）一中知行初字第 450 号，二审判决号为（2014）高行终字第 1227 号，均维持复审决定。专利申请人提起再审申请，最高人民法院裁定驳回。

于商业管理意义上的总体操作方案，属于实施商业方案的具体手段和措施。这些设备和信息数据处理，并未因应用于该商业方案而发生结构、性能等方面的技术改进，没有改变涉案专利申请作为商业管理方案的本质属性"。

第三章　实用性的审查

实用性，是指发明或者实用新型专利申请的产品或方法必须在产业上制造或使用，并能够解决技术问题。根据《专利审查指南》第二部分第五章3.2节的规定，能够制造或使用，是指发明或者实用新型的技术方案具有在产业中被制造或使用的可能性。不具备实用性是由技术方案本身固有的缺陷引起的。

一、违反能量守恒定律

如果一项技术方案违背自然规律，导致其无法在产业上付诸实施，则这一技术方案将因不具备实用性而不能得到授权。在（2010）知行字第10号一案①中，最高人民法院维持了专利复审委员会关于权利要求1不具备实用性的认定。该案涉及一种"不用能源动力的自压吸水装置"。最高人民法院认为，"根据专利申请文件记载的技术方案，自压吸水装置一旦进入工作状态，可以不停地将低水位的水送往高处，在没有任何其他能源提供能量的前提下，提高水位，对外做功。显然，该技术方案

---

① 申请号为02100209.6的发明专利申请，复审决定号为FS10155，以不符合《专利法》第22条第4款为由维持驳回决定。一审判决号为（2007）一中知行初字第705号，二审判决号为（2007）高行终字第519号，均维持复审决定。专利申请人提起再审申请，最高人民法院裁定驳回。

有违能量守恒定律，不具有实用性"。在（2015）知行字第 48 号一案①中，最高人民法院认为，权利要求 1 所要求保护的水浮力转换机不符合《专利法》第 22 条第 4 款的规定。具体理由是，权利要求 1 的技术方案中，"环形传动软带管道浮于水中，其所受浮力和重力平衡，在没有其他外力作用的情况下，环形传动软带管道不会发生位移，水对环形传动软带管道产生的浮力也就不会做功，环形传动软带管道浮于水中的浮力势能不会改变，不能转换为源源不断的动能输送到传动轮上"。即使如专利申请人主张的"环形传动软带管道可以转动，但环形传动软带管道整体上并没有发生位置的移动，其浮力势能与重力势能均未改变，无法产生能量的输出。在无外界能量供给的情况下，环形传动软带管道将因水中的运动阻力、阻隔双轮的磨擦阻力等而停止运动，也不会产生源源不断的能量输出"。因此该方案明显违背能量守恒定律。

实践中，磁电能量转换技术是最容易引发有关实用性争议的案件类型。这类案件所遵循的一个普遍规则是，"**如果申请专利的发明或者实用新型违背公认的、经实践证明的能量守恒定律，不能制造或者使用，则不属于《专利法》第 22 条规定的能授予专利权的发明或者实用新型**"。这是最高人民法院在（2015）知行字第 53 号一案②中强调的观点。该案专利申请要求保护的磁动力机"在活塞传动机构的缸盖上设有电磁铁，对应活塞上设有永久磁铁。电磁铁通过电瓶启动，通过电流换向器，使得电磁铁 N、S 级交替变换，而活塞上的磁铁为永久磁铁，极性固定不变，利用磁铁同性相斥、异性相吸的原理，实现活塞往复运动。活塞动力输出可以接发电机发电等"。最高人民法院认为，"上述磁动力机在电瓶启动后，没有外界能量的输入，但能为外界持续输出额外的能

---

① 申请号为 200910147641.9 的发明专利申请，复审决定号为 FS42529，以不符合《专利法》第 22 条第 4 款为由维持驳回决定。一审判决号为（2012）一中知行初字第 3061 号，二审判决号为（2013）高行终字第 53 号，均维持复审决定。专利申请人提起再审申请，最高人民法院裁定驳回。

② 申请号为 201110056234.4 的发明专利申请，复审决定号为 FS66342，以不符合《专利法》第 22 条第 4 款为由维持驳回决定。一审判决号为（2014）一中知行初字第 6105 号，二审判决号为（2014）高行知终字第 3328 号，均维持复审决定。专利申请人提起再审申请，最高人民法院裁定驳回。

量，违反了能量守恒定律，不能制造或使用，不符合《专利法》第22条第4款规定的实用性"。在涉及一种自然发电专利的**（2010）知行字第11号**一案①中，最高人民法院也认为，"权利要求1请求保护的技术方案的实质是，不需要其他形式的能量输入，而仅仅依靠'磁铁天然力量'就能像现有技术中的发电机一样发电，持续输出电能。而根据能量守恒定律可知，在没有其他能量输入，也没有外部能量对磁铁进行反复充磁或磁化的条件下，仅靠消耗有限的'磁铁天然力量'，不可能输出持续的电能。因此，原一、二审判决关于本案专利申请不符合《专利法》第22条第4款规定的认定是正确的"。另外，**（2015）知行字第90号**一案②也涉及磁电转换技术。该案中，最高人民法院认为，"电机技术领域中的一般技术人员通常都能够认识到，发电机是通过电机磁路作为媒介将动能转换为电能，而电动机则是通过电机磁路作为媒介将电能转换为动能，电机磁路的作用仅仅是完成能量转换"。涉案专利申请的发电机—电动机联动动力装置的技术方案，"在无外界持续供给能量的情况下，还能有多余的电能供给其他设备使用，显然违背了能量守恒定律，不具备实用性"。

是否违背自然规律，要根据申请日时提交的专利申请文件的整体内容加以判断。（2013）**知行字第44号**一案③的焦点问题就在于，判断专利申请的技术方案是否符合能量守恒定律。该案的权利要求涉及一种提高输电线输出效率的方法，专利复审委员会认为，"在输电线的输入能量一定的情况下，为增加输出功率以提高输电线的输出效率，（要）不

---

①　申请号为97118378.3的发明专利申请，复审决定号为FS10945，以不符合《专利法》第22条第4款为由维持驳回决定。一审判决号为（2007）一中知行初字第1371号，二审判决号为（2008）高行终字第140号，均维持复审决定。专利申请人提起再审申请，最高人民法院裁定驳回。

②　申请号为200610137229.5的发明专利申请，复审决定号为FS36836，以不符合《专利法》第22条第4款为由维持驳回决定。一审判决号为（2012）一中知行初字第1300号，二审判决号为（2013）高行终字第271号，均维持复审决定。专利申请人提起再审申请，最高人民法院裁定驳回。

③　申请号为200510064778.X的发明专利申请，复审决定号为FS21594，以不符合《专利法》第22条第4款为由维持驳回决定。一审判决号为（2010）一中知行初字第1425号，二审判决号为（2011）高行终字第67号，均撤销复审决定。专利复审委员会提起再审申请，最高人民法院裁定驳回。

断增加负载侧的并联灯丝的数量，如果要使并联的灯丝均处于其额定功率，必然使得本申请中输电线的输出能量增大，按照本申请的记载，在输入功率不变的情况下可以使输出功率提高到 12 倍，并可以大于输入能量……显然违背了能量守恒定律"。因此以不具备实用性为由维持了驳回决定。最高人民法院对此认定未予支持，其在裁定书中解释道："根据能量守恒定律，作为物质运动的一般能量既不能创生也不能消灭，只能从一种形式转换成另一种形式；能量不能自行消灭和创生，宇宙中总的能量不变。"专利复审委员会之所以认为本申请的技术方案不符合能量守恒定律，主要是基于说明书中所述的图 2 中输出功率 P2 提高 12 倍是相对于图 1 中输出功率 P2 来说的，只有当二者的输入功率 P1 相同时才具有可比性。但是，将图 1 和图 2 的输入功率理解为相同的推定缺乏事实基础。最高人民法院完全同意专利复审委员会所提出的"是否具备实用性的评判应当基于申请日提交的说明书和权利要求书的整体内容为依据，应依据申请人的设计思路而不应仅根据说明书附图予以评价"。但是，本案中，专利复审委员会"恰恰违反了该原则。从说明书和权利要求书记载的整体内容看，专利申请人是想通过现有技术的输入功率和输出功率的比值与本发明的输入功率和输出功率的比值二者之间的比较，来说明本发明的节能效果，而并非如专利复审委员会所理解的是假设在现有技术与本发明的输入功率都相同的情况下，以现有技术的输出功率与本发明的输出功率之间的比较来说明本发明的节能效果"。

二、实用性与充分公开的关系

根据《专利审查指南》的有关规定，所谓"发明或者实用新型能够制造或者使用"，是指发明或者实用新型的技术方案具有在产业中被制造或使用的可能性，与所申请的发明或者实用新型是怎样创造出来的或者是否已经实施无关。所谓的"能够产生积极效果"，是指发明或者实用新型专利申请在提出申请之日，其产生的经济、技术和社会的效果是所属技术领域的技术人员可以预料到的，这些效果应当是积极的和有益的。满足实用性要求的技术方案不能违背自然规律并且应当具有可再现性。

　　因不能制造或者使用而不具备实用性是由技术方案本身固有的缺陷引起的，与说明书公开的程度无关。在（2011）行提字第 4 号一案①中，涉案专利要求保护一种能够适应燃煤、油、气三用的双层炉排反烧锅炉。无效宣告请求人认为说明书未公开实现这种三用锅炉的技术方案，因此不满足实用性的要求。对此理由，最高人民法院认为，一则"根据本专利说明书公开的内容，这种三用锅炉并非不可能制造和使用"；二则"在对锅炉本体无需做大的改造、变动情况下即能够实现多种燃料的互换使用，能够产生积极的效果"；三则无效宣告请求人在再审中也明确表示其并无证据可以证明本专利不能够实现互换三用。因此，本案符合《专利法》第 22 条第 4 款规定的实用性。至于说明书是否清楚、完整地披露了实现这种三用锅炉的技术方案，属于说明书公开是否充分的问题，并非实用性的审查范畴。

---

　　① 专利号为 99219875.5 的发明专利。无效决定号为 WX3974，维持专利权有效。一审判决号为（2001）一中知初字第 309 号，维持无效决定；二审判决号为（2002）高民终字第 202 号，撤销一审判决。专利复审委员会提起再审申请，最高人民法院裁定提审后，撤销了二审判决，维持无效决定。

第四章　充分公开的审查

根据《专利法》第 26 条第 3 款的规定，对于要求保护的发明或者实用新型，说明书应当对其予以清楚、完整的说明，以使本领域技术人员按照说明书记载的内容，就能够实用该发明或者实用新型的技术方案，解决其技术问题，并且产生预期的技术效果。

一、判断是否充分公开的主体

判断说明书是否清楚、完整地公开了要求保护的技术方案，并使得所属技术领域的技术人员能够实现，应当考虑所属领域技术人员的知识水平和认知能力。在**（2014）知行字第 119 号**一案[①]中，最高人民法院强调，"**所属领域技术人员不仅应该熟读专利申请文件，还应当具备本领域技术人员应具有的良好技术背景，可以根据公知常识补充专利文件记载信息。对于具有上述知识水平和认知能力的所属领域技术人员而言，如果说明书及其附图、权利要求整体具体、清楚地公开了实施发明所必不可少的技术内容，使得所属领域技术人员无需付出创造性劳动或者过度劳动即能够实现发明的技术方案，解决发明的技术问题并产生预期的技术效果，则应当认为专利说明书符合《专利法》第 26 条第 3 款规定的要求**"。该案涉及一种箱型桥梁的桥式盾构施工方法，包括 7 个步骤：（1）根据箱型桥梁的设计高度，在需要建设箱型桥梁的路段侧进

---

① 专利号为 200510100795.4 的发明专利，无效决定号为 WX19287，维持专利权有效。一审判决号为（2013）一中知行初字第 2209 号，二审判决号为（2013）高行终字第 2257 号，均维持无效决定。无效宣告请求人申请再审，最高人民法院裁定驳回再审申请。

行基坑开挖；（2）根据桥梁的长度制作滑板；（3）根据设计要求进行箱型桥梁预制；（4）根据箱型桥梁高度、宽度制作盾构并进行盾构安装；（5）根据需要对线路进行加固处理；（6）按子盾构掘进、中心土挖运、轴线测量、箱型桥梁顶进、顶进纠偏、线路养护的顺序进行循环箱型桥梁顶进操作；（7）箱型桥梁顶进就位后恢复线路正常运行并拆除盾构。其中，在权利要求1中进一步限定，"前置的第一榀梁下设置盾构爬升纠偏板，子盾构箱安装在盾构母体的主梁前端，在各子盾构顶部后端连接着一条与其等宽度的减阻薄铁板"。该案的争议点在于，权利要求1中包含"盾构爬升纠偏板"的技术在说明书中是否被充分公开。无效宣告请求人提出再审申请时认为，依据申请日的认识和理解能力，本领域普通技术人员无法理解和实施该特征，专利权人对该特征的陈述系申请日后的事后陈述，本领域技术人员不可能从本专利说明书的全部相关内容中直接地、毫无疑义地确定，因此不应被无效决定所接受。对此，最高人民法院认为，首先，专利说明书给出了"盾构爬升纠偏板"的位置及其与其他部件的连接关系；其次，根据无效宣告程序中提交的证据1—4可知，顶进纠偏控制是盾构施工方法中的常见工艺；再者，本领域技术人员在阅读说明书给出的技术信息后，应该能够轻易地补充关于盾构顶进纠偏的公知常识，进而理解"盾构爬升纠偏板"中的"爬升纠偏"是指高程方向上为防止地面下沉以及防止盾构悬臂结构下垂而采取的向上纠偏措施，故盾构爬升纠偏板必然带有一定的向上倾角。因此，本领域技术人员可以清楚地理解"盾构爬升纠偏板"的含义，同时实现本发明的技术方案，解决相应的技术问题并实现其技术效果。争议技术方案符合《专利法》第26条第3款的规定。

二、判断是否充分公开的步骤

根据《专利法》第26条第3款的规定，判断说明书对于要求保护的发明创造是否充分公开，有两个要件：一是"作出清楚、完整的说明"，二是"达到所属领域技术人员能够实现的程度"，二者所针对的对象都是要求保护的发明或者实用新型。因此，**在具体作出判断时，应该**

首先明确发明或实用新型是什么，然后再看说明书是否对该发明或实用新型作出了清楚、完整的说明，所属领域技术人员根据说明书的内容是否能够实现该发明或实用新型。这是最高人民法院在（2014）行提字第8号判决书①中明确的观点。该案请求保护的主题是"含1—8摩尔水的Ⅰ型结晶阿托伐他汀水合物"，在权利要求1中除了限定Ⅰ型结晶水合物的水含量为1—8摩尔水之外，还用XPRD数据对水合物的微观结构进行限定。但是，说明书中没有提供证据表明任何水含量的结晶都能显示权利要求1中所定义的XPRD图样。无效决定认为说明书对于要求保护的产品公开不充分，二审判决撤销无效决定时认为，"判断一项发明是否满足充分公开的要求，应包括确定该发明要解决的技术问题……本发明要解决的技术问题是要获得阿托伐他汀的结晶形式，具体是Ⅰ型结晶阿托伐他汀，用以克服无定形阿托伐他汀不适合大规模生产中的过滤和干燥的技术问题"，无效决定得出专利说明书没有满足充分公开要求的结论，但是"并没有确定本发明要解决的技术问题，也没有明确哪些参数是与要解决的技术问题相关的化学、物理性能参数，因此，在未对本发明要解决的技术问题进行整体考虑的情况下，作出本专利公开不充分的相关认定显属不当。"最高人民法院在判决中纠正了二审法院的这一观点。最高人民法院认为，"在判断是否符合《专利法》第26条第3款的规定时，需要考虑发明解决的技术问题，如果说明书给出了技术手段，但本领域技术人员采用该手段不能解决发明所要解决的技术问题，同样不符合《专利法》第26条第3款的规定。但需要考虑发明解决的技术问题不意味着首先且必须考虑发明解决的技术问题，如果一个发明的技术方案本身都无法实现，显然已经不符合《专利法》第26条第3款的规定，这时候再考虑发明要解决的技术问题已经没有实际意义。因此，**技术方案的再现和是否解决了技术问题、产生了技术效果的评价之间，存在着先后顺序上的逻辑关系，应首先确认本领域技术人员根据说**

① 专利号为96195564.3的发明专利。无效决定号为WX13582，宣告专利权全部无效。一审判决号为（2009）一中行初字第2710号，维持无效决定；二审判决号为（2010）高行终字第1489号，撤销一审判决和无效决定。专利复审委员会和无效宣告请求人提起再审，最高人民法院提审后，撤销了二审判决，维持一审判决和无效决定。

明书公开的内容是否能够实现该技术方案，然后再确认是否解决了技术问题、产生了技术效果，在不对技术方案本身是否可以实现作出确认的前提下，其与现有技术相比是否能够解决相应的技术问题，并实现有益的技术效果均无从谈起。本案中，二审法院实际并没有考虑本专利权利要求限定的技术方案的可实现性，而是首先考虑发明要解决的技术问题，进而考虑与要解决的技术问题相关的化学物理性能参数，该审理思路不当，予以纠正"。

三、技术手段模糊不清

如果说明书中给出了技术手段，但对本领域技术人员来说，这些手段是含糊不清的，本领域技术人员无法予以实施，则说明书对于发明创造的公开不满足《专利法》第 26 条第 3 款的要求。(2011) 知行字第 71号一案[①]的争议点之一就在于，涉案专利说明书公开的技术信息是否足以使本领域技术人员实现所述发明。该案专利公开了一种二氧化碳动态减压提纯工艺，主要有如下步骤：原料气经过两级气水分离→增压、冷却→两级气水分离→高效除杂系统→高效净化器→粗、精细过滤器→液化器→动态减压提纯系统，从而获得产品气。根据说明书的记载，该专利所要解决的问题是将二氧化碳产品的纯度从 99.95% 提高到 99.999%，同时大大降低能耗。最高人民法院认为，"本专利说明书虽对工艺流程进行了描述，但具体到该工艺流程的每一步骤则不够清楚、完整，使本领域技术人员无法依照说明书去具体实施该工艺，也无法获知该工艺中通过何种手段达到了提高二氧化碳产品纯度和降低能耗的效果。具体讲，原料气在经过增压、冷却前后经历了两次两级气水分离，在这两次两级气水分离后，'高效'除杂系统和'高效'净化器仍能进一步除去原料气中的水分，而且该除杂系统和净化器在滤除有机物杂质方面也具有相似性，结合涉案专利所要解决的提高气体纯度的技术问题来看，该

---

① 专利号为 00126685.3 的发明专利。无效决定号为 WX12482，宣告专利权全部无效。一审判决号为 (2009) 一中行初字第 687 号，二审判决号为 (2010) 高行终字第 785 号，均维持无效决定。专利权人提起再审，最高人民法院裁定驳回再审申请。

工艺流程中采用多个步骤来除去水分及有机物杂质显然是为了提高纯度，但是这些步骤中具体使用何种除杂系统、净化器才能做到相继不断地除去水分及有机物杂质从而提高纯度，并且这些所谓的'高效'除杂系统和'高效'净化器与普通的装置在结构和效果上有何不同，在说明书中均未记载。除此之外，说明书中与提高最终气体产品纯度相关的粗过滤器和精细过滤器、动态减压提纯系统等均未给出具体的实施方式。而且，按照常理，为了提高最终产品的纯度，如采用增加过滤步骤和过滤装置等手段，通常会使整个工艺的能耗增加，然而本专利中却在提高纯度的同时实现了能耗的减少，这就更需要在说明书中将实现该技术效果的具体技术手段予以清楚、完整的说明。由此可见，说明书中虽给出了技术手段，但这些手段均是含糊不清的，本领域技术人员无法予以实施"。另外，针对凯美特公司认为涉案专利的工艺中，各个步骤及所采用的工具和装置均为本领域技术人员根据具体情况而采取的惯用技术或者在 111 号欧洲专利这篇现有技术中有过记载的主张，最高人民法院认为，"首先，凯美特公司并未举证证明工艺中的步骤或采用的工具和装置为惯用技术手段，其次，即使这些手段确为惯用技术手段，那么本专利是对诸多惯用技术手段进行了何种变化或组合，才实现了提高产品气纯度同时又降低能耗的效果，凯美特公司也并未能予以澄清。111 号欧洲专利所公开的技术方案、技术效果均与本专利不同，而且专利文献也并非教科书、技术手册等被公众普遍认为内容准确的技术文件，难以用于证明本专利技术方案的可实现性"。

四、无法解决声称的技术问题

如果说明书中给出了具体的技术方案，但是，本领域技术人员根据现有技术无法预期所述技术方案能够解决当事人声称的技术问题，同时说明书中又未给出实验证据，则说明书对该技术方案的公开不满足《专利法》第 26 条第 3 款的要求。在（2011）知行字第 23 号一案①中，最高人民法院认为，"本申请所要解决的技术问题之一是将胰岛素敏感性增强剂结合使用双胍，实现比单独给药明显的协同作用，以用于糖尿病的预防和治疗。然而，本领域普通技术人员根据现有技术无法预测联合使用胰岛素敏感性增强剂和双胍能否实现本申请所述明显的协同作用，根据《专利法》和《审查指南》的相关规定，本申请的说明书应当记载相关的实验数据。虽然说明书实施例 1 记载了吡格列酮作为胰岛素敏感性增强剂的一种与 α-葡萄糖激酶抑制剂的优选例 voglibose 联用时具有协同作用。但是，酶抑制剂的作用机理是抑制消化酶，而双胍的作用机理包括抑制。在尚无充分证据证明 α-葡萄糖激酶抑制剂与双胍均是通过完全相同的方式实现上述抑制效果的情况下，仅仅根据说明书的记载并不能得出 α-葡萄糖激酶抑制剂与双胍作用机理相同的结论。因此，原二审判决认为，所属技术领域的技术人员无法预测联合使用胰岛素敏感性增强剂和双胍能否实现本申请所述明显的协同作用，从而认定本申请说明书不符合《专利法》第 26 条第 3 款的规定，并无不当"。

五、需要实验证据加以证实但未提供实验证据

如果说明书中给出了具体的技术方案，但是未给出实验证据，而所属技术领域的技术人员必须依赖实验结果才能预期所述技术方案的技术效果，则说明书无法达到能够实现的要求，不符合《专利法》第 26 条第 3 款的规定。在（2014）知行字第 123 号一案②中，涉案专利申请要求保护一种基本粒子精细结构背景干涉方法，在国家知识产权局以不具备实用性为由作出驳回决定之后，专利复审委员会以涉案专利申请不符合《专利法》第 26 条第 3 款为由维持驳回决定。复审决定认为，所述

---

① 专利号为 02149132.1 的发明专利申请。复审决定号为 FS15379，维持驳回决定。一审判决号为（2009）一中行初字第 1096 号，二审判决号为（2010）高行终字第 857 号，均维持无效决定。专利申请人提起再审，最高人民法院裁定驳回再审申请。

② 专利号为 200610075959.7 的发明专利申请。复审决定号为 FS57456，维持驳回决定。一审判决号为（2013）一中行初字第 3711 号，二审判决号为（2014）高行终字第 1112 号，均维持无效决定。专利申请人提起再审，最高人民法院裁定驳回再审申请。

技术方案不是建立在现有科学理论的基础上，而是建立在请求人自创的终极分割理论基础上的。由于说明书没有提供任何实验结果来证实通过人工磁场确实能够干涉工作空间的背景磁场，从而干预中子衰变，因而，所属技术领域的技术人员在实施本申请请求保护的技术方案时，无法预期并确认是否能够达到以人工磁场干预工作空间背景磁场，从而干预中子衰变的这一技术效果。对此，最高人民法院予以支持。在判决书中，最高人民法院提到，"说明书没有提供任何科学实验得出的数据，使得本领域技术人员确信涉案专利申请要求保护的技术方案能够实现说明书中公开的技术效果"；另外，说明书也没有公开"其利用了哪些自然规律，采取了哪些技术手段，专利申请人提交的三份所谓的实验证据不能作为证明涉案申请说明书充分公开的证据"。因此，无效决定和一、二审判决有关公开不充分的认定并无不当。

需要提供实验证据对技术方案的效果加以验证的情形，在化学医药领域最为常见：一种是新产品的发明，一种是已知产品的新用途发明。在（**2015**）**知行字第 340 号一案**[①]和（**2015**）**知行字第 342 号一案**[②]中，争议焦点集中在，当说明书中使用"本发明化合物的 IC_{50} 从小于 1nM 至 50mM"的表达方式对化合物的使用效果予以描述时，针对新化合物的发明是否符合《专利法》第 26 条第 3 款。对于这一问题，最高人民法院指出，"**当本领域技术人员根据现有技术无法预测要求保护的化合物中至少有一部分化合物能够实现专利申请文件所述的用途或者使用效果时，其会对该用途或者使用效果的真实性提出合理怀疑。因此，说明书中应当记载相应的实验数据，以证明发明人在申请日之前对要求保护的至少一个具体分析化合物具有专利申请文件所述的用途或者使用效果进行了实验确认，并且能够使本领域技术人员事后验证该实验是否真实。否则该专利申请文件将被认为不满足《专利法》第 26 条第 3 款关于说**

---

①　专利号为 200480026458.9 的发明专利申请。复审决定号为 FS45152，维持驳回决定。一审判决号为（2013）一中行初字第 751 号，二审判决号为（2013）高行终字第 1602 号，均维持无效决定。专利申请人提起再审，最高人民法院裁定驳回再审申请。

②　专利号为 200580043628.9 的发明专利申请。复审决定号为 FS45016，维持驳回决定。一审判决号为（2013）一中行初字第 604 号，二审判决号为（2013）高行终字第 1604 号，均维持无效决定。专利申请人提起再审，最高人民法院裁定驳回再审申请。

明书充分公开的要求"。其中，（2015）知行字第 340 号一案的涉案专利申请要求保护一种通式化合物，说明书提供的效果实验中记载了 EGFR/ErbB2 酶促试验的方法步骤，并表达"本发明化合物的 IC_{50} 从小于 1nM 至 50mM"，但没有说明实验所采用的具体化合物。专利申请人认为，本申请中使用的术语"本发明的化合物"包括通过通式表达的实施例中制备的化合物以及它们的等价形式，生物学试验实施例中描述的"本发明化合物的 IC_{50} 从小于 1nM 至 50mM"必然来自实施例中制备的化合物。根据说明书公开的试验方法，本领域技术人员通过简单的常规实验就可以确定这些化合物的活性值确实在以上数值范围内。对此理由，最高人民法院未予认可，其认为，首先，说明书没有清楚说明"实验所采用的是哪个或哪些具体化合物，本领域技术人员无法获知实验结果具体由哪个或哪些化合物获得，因而无法确信要求保护的化合物具有请求人声称的用途或者使用效果"。其次，"本发明的化合物是以通式结构来表述的，这些众多化合物之间在结构上存在较大差异，实验结果给出的 IC_{50} 值也涵盖了较广的范围，在现有信息的基础上，本领域技术人员无法确信所述实验结果，该实验结果无法用于证明本申请要求保护的具体化合物具有所述活性"。在本领域技术人员无法根据现有技术预测本发明化合物的所述用途或者使用效果的情况下，无效决定认定本申请说明书未充分公开权利要求 1—3 要求保护的技术方案并无不当。

六、用于证明充分公开的申请日后提交的证据

《专利法》第 26 条第 3 款是对表明要求保护的技术方案的载体的要求，要求本领域技术人员根据说明书充分公开的内容就可以实现发明。亦即，原则上，判断说明书是否充分公开，应当以申请日时本领域技术人员的能力与认知水平为基础，主要以说明书和权利要求书的内容为基础。由于申请日后补充的实验证据一般是以事后验证的方式来证明说明书达到了上述要求，因此，《专利审查指南》第二部分第十章第 3.4 节规定，判断说明书是否充分公开，应当以说明书和权利要求书记载的内容为准，申请日之后补交的实施例和实验数据不予考虑。

　　对于这一规定，最高人民法院在（**2014**）**行提字第 8 号**一案①中给予了修正。最高人民法院认为，"**在专利申请日后提交的用于证明说明书充分公开的实验性证据，如果可以证明以本领域技术人员在申请日前的知识水平和认知能力，通过说明书公开的内容可以实现该发明，那么该实验性证据应当予以考虑，不宜仅仅因为该证据是申请日后提交而不予接受。在考虑实验性证据是否采纳的时候应严格审查时间和主体两个条件。首先，实验性证据涉及的实验条件、方法等在时间上应该是申请日或优先权日前本领域技术人员通过阅读说明书直接得到或容易想到的；其次，在主体上，应立足于本领域技术人员的知识水平和认知能力**"。该案中，双方当事人在诉讼程序中均提交了实验性证据。其中，专利权人提交的实验证据中，实验条件和方法与涉案专利说明书不符，尤其是加热时间和冷却方式；而且这种不同的实验条件和方法并不是本领域技术人员在本专利优先权日之前从说明书中容易想到的。另外，该案还涉及申请日后提交的公知常识性证据问题。最高人民法院认为，"对于可以证明本专利优先权日之前本领域公知常识的证据，本院予以考虑"。

---

　　① 专利号为 96195564.3 的发明专利。无效决定号为 WX13582，宣告专利权全部无效。一审判决号为（2009）一中行初字第 2710 号，维持无效决定；二审判决号为（2010）高行终字第 1489 号，撤销一审判决和无效决定。专利复审委员会和无效宣告请求人提起再审，最高人民法院提审后，撤销了二审判决，维持一审判决和无效决定。

第五章　权利要求是否清楚的审查

清楚地表达和限定要求专利保护的范围是专利获得保护的基本要求。就权利要求是否清楚而言，实践中最常碰到的是权利要求中使用的词语含义是否清楚引发的争议。

权利要求的保护范围应该根据其所用词语的含义来理解。一般情况下，权利要求中的用语应当理解为相关技术领域通常具有的含义。在特定情况下，如果说明书中指明了某词具有特定的含义，并且权利要求的保护范围由于说明书中对该词的说明而被限定得足够清楚，这种情况也是允许的。在（2012）知行字第 81 号一案①中，导气装置是涉案专利的关键设备。涉案专利权利要求 1 对导气装置的结构描述为："在至少一对相邻的喷嘴平面（L1－L2，L2－L3）之间设置一导气装置（3），该导气装置沿罐（1）的圆周延伸，用于将最靠近罐壁的气流基本垂直于主气流方向（P）地引向罐的内部，所述导气装置（3）从罐壁伸入罐（1）内一个距离，该距离在罐壁圆周的大部分的每一点上是位置最接近所述有关点的喷嘴（2）和罐壁之间距离的 10%—90%。"最高人民法院认为，"确定导气装置结构的关键在于确定罐壁伸入罐内的距离。该距离的确定分为两部分：一部分是'罐壁圆周的大部分的每一点上是位置最接近所述有关点的喷嘴（2）和罐壁之间距离的 10%—90%'；另一部分是除了上述'罐壁圆周的大部分的每一点'之外的罐壁圆周的其他点所对应的由罐壁伸入罐内的距离。但是，从权利要求 1 的描述中难

---

① 专利号为 98802322.9 的发明专利。无效决定号为 WX13177，宣告专利权全部无效。一审判决号为（2009）一中行初字第 2001 号，二审判决号为（2010）高行终字第 642 号，均维持无效决定。专利权人提起再审，最高人民法院裁定驳回再审申请。

以确定该距离：首先，'罐壁圆周的大部分的每一点'是一种不确定的描述，其在涉案专利所属领域并无公认含义，说明书对此也没有作出解释和说明，本领域的技术人员无法根据说明书的教导或者通过所属技术领域的公认含义清楚而可靠地确定罐壁圆周的哪些点可以纳入'罐壁圆周的大部分的每一点'，或者什么样的点可以被排除在'罐壁圆周的大部分的每一点'之外，从而确定'罐壁圆周的大部分的每一点'伸入罐内的距离。其次，对于'罐壁圆周的大部分的每一点'之外的罐壁圆周的其他点是哪些点，其伸入罐内的距离又如何确定，从权利要求1中亦无从知晓。因此，根据权利要求1的记载，本领域技术人员无法确定导气装置的结构。权利要求1不符合《专利法实施细则》第20条第1款（即现行《专利法》第26条第4款）的规定"。

"**判断权利要求中的术语指代是否清楚，要根据权利要求的记载并结合说明书和附图等进行判定。如果权利要求所记载的技术特征可以从说明书和附图当中获得唯一正确、合理的解释，则应当认定该技术特征的指代清楚、权利要求的保护范围清楚。**"这是最高人民法院在**（2015）知行字第223号**一案①中总结的裁判要点。该案中，权利要求1保护一种缝纫机，其具有切线机构、把驱动马达的旋转驱动力转变为对切线机构的驱动力的第1凸轮、转变为对压脚抬起机构的驱动力的第2凸轮的凸轮机构等。无效宣告请求人认为，权利要求1中使用了"所述驱动凸轮机构"、"第1凸轮"、"第2凸轮"以及"凸轮机构"等术语，但由于"所述驱动凸轮机构"的指代不清楚，导致权利要求1中"空车区间"的概念不清楚。对此，最高人民法院认为，"根据权利要求1中这些术语的逻辑关系、说明书中的相关记载以及附图的相关描述，可以毫无疑义地确定权利要求1中的'所述驱动凸轮机构'是指由'第1凸轮'与'第2凸轮'构成的凸轮机构……'空车区间'是指缝纫机工作时在某段时间内的一种运行状态……含义清楚，本领域普通技术人员可以结合说明书和附图确定权利要求的保护范围"。

---

① 专利号为03103421.7的发明专利。无效决定号为WX20220，维持专利权有效。一审判决号为（2013）一中行初字第2268号，二审判决号为（2014）高行终字第1584号，均维持无效决定。无效宣告请求人提起再审，最高人民法院裁定驳回再审申请。

第六章　现有技术文件公开内容的认定

据不完全统计，在专利审查中有 80% 以上的案件涉及新颖性、创造性的审查，而核实现有技术文件公开的内容则是新颖性、创造性评价的重点。如果说确定涉案专利要求保护的内容多属于权利要求解释的范畴，则现有技术文件公开内容的认定则属于纯粹的事实认定。

一、结合对比文件的整体看对比文件公开的内容

专利审查中的对比文件类型五花八门，既包括专利文献、期刊的论文、书籍等正规出版物，也包括产品样本、产品说明书等非正规印刷品。载体不同，技术信息的表达方式也不同。考察对比文件公开的技术信息，需要将对比文件的各个部分作为一个整体，避免断章取义。(2012) 知行字第 13 号一案①的争议焦点是，证据 8 是否公开了涉案专利权利要求 26 中"管端封口板包裹在空心管管端口内壁"这一技术特征。该案权利要求 26 要求保护一种钢筋砼用空心管，包括空心管体和管端封口板，其中，管端封口板封闭空心管形成封闭空腔，在权利要求 26 中限定，"空心管体有一条沿纵向的管壁胚体的两料浆胚边接合而成的胶结接合缝，管端封口板包裹在空心管管端口内壁"。无效宣告请求

---

① 专利号为 02122558.3 号发明专利。无效决定号为 WX14143，宣告权利要求 1—25、31、57—72、74—82、84、85 无效，在权利要求 26—30、32—55 的基础上维持专利权继续有效。一审判决号为 (2010) 一中行初字第 1404 号，撤销无效决定；二审判决号为 (2010) 高行终字第 1172 号，撤销一审判决，维持无效决定。无效宣告请求人提起再审，最高人民法院裁定驳回再审申请。

人认为，根据证据 8 实施例 1 的制作方法得到的产品必然是涉案专利权利要求 26 的产品，因此权利要求 26 不具备新颖性。但是，从证据 8 实施例 1 的相关文字可以确认，证据 8 实施例 1 的方法中只公开"将两个端盖 1 分别旋转在含有增加材料的胶凝浆料 3 纵向的两个端头处"，并没有清楚地表述"端盖"究竟是在卷好的空心管的管内还是管外。最高人民法院认为，"在上述文字表述不清楚的情况下，（证据 8）说明书中的其他具体描述证据 8 实施例 1 的技术方案的示意图和文字描述可以用于解释实施例 1。证据 8 附图 2 为实施例 1 中 c 步骤的示意图……附图 2 直观准确地显示出，端盖 1 被旋转于外模板 2 上面而不是胶凝料浆 3 上，即不是位于空心管管端口的。因此，结合附图 2 和实施例 1 的 c 步骤，可以认定证据 8 实施例 1 中并没有公开本专利权利要求 26 '管端封口板包裹在空心管管端口内壁'这一技术特征"。

另外，考察对比文件的公开内容，也需要以本领域技术人员为视角，根据本领域技术人员在阅读对比文件后的整体认识确定对比文件公开的内容。在（2012）知行字第 15 号一案[①]中，涉案专利涉及一种地埋式免维护旋转补偿器，在权利要求 1 中限定内管外壁上和外套管内壁上设有"环形台阶"。无效宣告请求人认为，附件 2 的免维护旋转补偿器中的挡块就相当于涉案专利的"环形台阶"。经查，附件 2 的说明书附图 2 公开在钢球 9 的右侧有"⌐"形凸起部件，左侧有挡块，但未明确挡块是如何设置的。专利复审委员会认为，从挡块的字面意思上理解，挡块应该是一个活动的部件，不应当是固定在内管外壁或外管内壁上的。最高人民法院对此认定未予支持，理由是："从旋转补偿器的工作原理来看，附件 2 设置钢球 9 的作用是在旋转补偿器工作时减小界面摩擦；设置挡块的一个作用是与'⌐'形凸起部件共同限定钢球的相对位置，限制内外管间的轴向运动。因此，虽然附件 2 没有说明挡块是如何设置的，也没有限定挡块和'⌐'形凸起部件与内外管壁的连接关系，但本领域技术人员从附件 2 设置挡块和'⌐'形凸起部件以及钢球的功

---

① 专利号为 200720033902.0 号实用新型专利。无效决定号为 WX13158，维持专利权有效。一审判决号为（2009）一中行初字第 1681 号，撤销无效决定；二审判决号为（2010）高行终字第 407 号，维持一审判决。专利权人提起再审，最高人民法院裁定驳回再审申请。

能及位置，容易想到将挡块和'⌐'形凸起部件分别与内外管壁固定连接，从而得到本专利权利要求 1 中的环形台阶技术特征。专利复审委员会关于对比文件没有公开本专利权利要求 1 中的环形台阶技术特征的认定有误。"

二、对比文件的引证文件中公开的内容是否为对比文件的公开内容

当对比文件引证了其他现有技术，所述其他现有技术中公开的内容能否当然作为对比文件的公开内容，要具体问题具体分析。

最高人民法院在（**2013**）知行字第 **57** 号一案[①]中指出："关于引用的文件中引入其他现有技术，能否作为评述涉案专利的对比文件，或仅看成一篇对比文件的问题，需要根据引证文件的作用区别对待。现实状况中，存在着在专利说明书的'背景技术'部分罗列现有技术的文献，或者在说明书的'发明内容'或'具体实施方式'中引用现有技术文献等现象，但引入的目的各不相同。有的是为了说明现有技术中存在的缺陷，有的是为了简便地描述本专利的技术方案，因此不能一概而论。"该案中，用于评价涉案专利创造性的对比文件 1 在其具体实施方式的描述中引入了对比文件 1A，即"图 8B 中所示的过温断开装置是一个GB－A－2194099 中描述的关于 3A、3B、3C 的设备的改进形式"。最高人民法院认为，"对比文件 1 是为了说明其具体实施方式的改进基础而引入该文献，因此是以省略的方式介绍该具体实施方式的部分内容。只有引入以后才能完整地了解该技术方案本来的面目，是合理的。另外，对比文件 1A 与对比文件 1 的申请人均为'OTTER CONTROLS LIMITED'，从还原发明创造过程的角度来看，有可能是同一个公司对于这种加热水壶的进一步改进，在申请专利时，将自己的前一个专利的内容引入并不再

---

① 专利号为 95194418.5 号发明专利。无效决定号为 WX16325，宣告权利要求 1、18 无效，在权利要求 2—17、19—34 的基础上维持专利权继续有效。一审判决号为（2011）一中行初字第 2028 号，维持无效决定；二审判决号为（2012）高行（知）终字第 1215 号，维持一审判决和无效决定。专利权人提起再审，最高人民法院裁定驳回再审申请。

赘述。"除了这一问题之外,该案还存在另外一个争议焦点,即,对比文件1是否公开了涉案专利"加热元件在侧壁"的特征。施特里克斯公司主张,对比文件1引用的对比文件1A公开了这一特征。最高人民法院对该主张未予支持,认为施特里克斯公司提出该主张所依据的对比文件1A的公开内容"是在对比文件1A的专利说明书的'背景技术'部分第一段。然而,发明专利的公开说明书通常包括以下五部分:技术领域、背景技术、发明内容、附图说明以及具体实施方式。其中,'背景技术'顾名思义是写明对发明的理解、检索、审查有用的背景技术,有可能的情况下会引证反映这些背景技术的文件;而'发明内容'才是向社会公众披露的本专利所要解决的技术问题以及解决其技术问题采用的技术方案。而对比文件1A所记载的头位于壁上设置的孔或是附近并非是说明对比文件1A本身的技术方案的内容,而是反映背景技术的引证文件GB-A-1401954的内容,并非构成对比文件1A向公众披露的该发明所要解决的技术问题以及解决该技术问题的技术方案的内容。因此将对比文件1A背景技术部分引证的文献作为对比文件1A公开的发明内容本身的一部分是不合适的"。

最高人民法院在**(2015)知行字第67号**一案①中对该问题进一步作出明确,"**背景技术所公开的内容有助于对发明或实用新型技术方案的理解,但并不当然地包含在实现发明或者实用新型所采用的技术方案中。当背景技术公开的技术内容在专利文件中没有被明确限定、所属领域的技术人员不能从专利文件中直接、毫无疑义确定时,将该部分内容增加到专利文件,成为发明或者实用新型实施方案的一部分,无疑会改变专利文件客观公开的技术内容**"。该案中,对比文件2是对比文件1背景技术中引用的现有技术,对比文件1是针对对比文件2设计的"改良型电镀装置"。无效宣告请求人主张,对比文件1在特征部分记载了与对比文件2的区别,在说明书部分针对对比文件2的改进点作出了文字与附图说明,略去对比文件2不需要改进的其他部分,因此,应当将

---

① 专利号为200920059107.8号实用新型专利。无效决定号为WX19614,维持专利权有效。一审判决号为(2013)一中行初字第1702号,二审判决号为(2014)高行知终字第2243号,均维持无效决定。无效宣告请求人提起再审,最高人民法院裁定驳回再审申请。

对比文件 2 略去的该部分内容增加到对比文件 1，作为对比文件 1 公开的技术方案与涉案专利申请进行新颖性对比。对此，最高人民法院认为，"在说明书中写明背景技术是为了有助于对发明或者实用新型的理解、检索以及进行专利性的审查。《专利审查指南》也要求尽可能引证反映这些背景技术的文件，尤其要引证包含发明或者实用新型权利要求书中的独立权利要求前序部分技术特征的现有技术文件。本案中，对比文件 1 在说明书中引证了背景技术对比文件 2，其撰写符合《专利审查指南》的要求。但对比文件 1 将针对对比文件 2 的改进在特征部分进行限定后，在说明书中没有对对比文件 2 的其他的技术特征是否保留，或所做的改进仅局限于其权利要求 1 特征部分的内容作任何说明……（由于）对比文件 1 所引证的背景技术的内容并不必然属于实现对比文件 1 所采用的技术特征。因此，尚不能得出所谓被省略的对比文件 2 中的未进行改进部分的技术内容属于对比文件 1 的前序部分，属于对比文件 1 公开内容的结论"。

三、对比文件隐含公开的内容

对比文件公开的技术内容不仅包括明确记载在对比文件中的内容，也包括对于本领域技术人员来说，隐含的且可直接地、毫无疑义地确定的技术内容。但是，不得随意将对比文件的内容扩大或缩小。（2012）知行字第 3 号一案①的焦点问题是，证据 1 是否公开了涉案专利权利要求 1 中的技术特征"沿活塞圆周部位设置有单向限流装置"。涉案专利涉及一种快进慢出型弹性阻尼体缓冲器，其中，单向限流装置（单向阀）的作用是调节缓冲器内腔内填充的弹性阻尼体的流量。在压缩行程（正行程）时，由于单向阀打开，阻尼体的流量增大，阻尼力减小；在回复行程（反行程）时，由于单向阀关闭，阻尼体的流量减小，阻尼力增加。通过单向阀的这种调节作用，实现承撞头的快进慢出，达到保护

---

① 专利号为 01274761.0 号实用新型专利。无效决定号为 WX14603，宣告专利权无效。一审判决号为（2010）一中行初字第 2005 号，撤销无效决定；二审判决号为（2011）高行终字第 213 号，维持一审判决。专利复审委员会提起再审，最高人民法院裁定驳回再审申请。

设备和降低噪音的目的。证据 1 公开了一种带单向阀的弹性胶泥缓冲器，从说明书对于附图 1（a）的文字部分可见，虽然附图 1（a）没有公开单向阀的具体形状和设置位置，但其所示为带单向阀的方案，单向阀的作用是使压缩后的活塞杆返回到初始位置。因此最高人民法院认为，证据 1 中单向阀的作用不同于涉案专利权利要求 1 中单向限流装置的作用，不能认为其隐含公开了涉案专利权利要求 1 中"沿活塞圆周部位设置有单向限流装置"的技术特征。

对比文件隐含公开的内容，不仅包括对比文件文字部分隐含的内容，也包括从对比文件附图中直接地、毫无疑义地确定的内容。从附图中推测的内容，或者无文字说明、仅仅是从附图中测量得出的尺寸及其关系，不应当作为对比文件公开的内容。 在（2014）知行字第 89 号一案[①]中，涉案专利包括一个特征"蜗杆的轴向齿距为 5—6mm"。该案的焦点在于，无效宣告请求人在无效程序中提交的证据 3—5 是否公开了该特征。无效宣告请求人认为，从证据 3—5 的说明书以及附图中公开的刻度、调节蜗杆与定位卡刹的相对位置，以及说明书记载的"定位卡刹的宽度应等于调节蜗杆的 1.5 个螺距"、"定位卡刹的位置置于调节蜗杆长度中心线上"、证据 5 中"计量单位是毫米"等内容，无须使用任何测量工具通过对附图进行测量或推测来得到相关部件的尺寸，就可以直接地、毫无疑义地确定蜗杆的轴向齿距为 5—6mm，因此，证据 3—5 公开了涉案专利的这一特征。对此，专利复审委员会认为，"在证据 3—5 说明书附图所示的扳手已经明确标注刻度范围时，本领域技术人员可以直接地、毫无疑义地确定涡轮轴向两相邻螺纹间的距离大致为 5—6mm，这并非属于推测出的内容，而是属于现有技术明确公开的技术特征"。对此观点，最高人民法院未予认可。其在裁定书中认定，**"附图的作用在于用图形补充说明书文字部分的描述，使人能够直观地、形象地理解实用新型的每个技术特征和整体技术方案。只有能够从附图中直接**

---

① 专利号为 200420090400.8 号发明专利。无效决定号为 WX18323，宣告专利权利要求 1—5 无效。一审判决号为（2012）一中行初字第 2252 号，维持无效决定；二审判决号为（2013）高行终字第 1744 号，撤销一审判决和无效决定。无效宣告请求人提起再审，最高人民法院裁定驳回再审申请。

地、毫无疑义地确定的技术特征才属于公开的内容，由附图中推测的内容，或者无文字说明、仅仅是从附图中测量得出的尺寸及其关系，不应当作为已公开的内容"。本案中，"证据 3—5 的刻度标明的是活络扳手扳口的尺寸，同时没有文字明确定位卡刹以及涡轮的尺寸或者扳口与卡刹的比例关系，除非通过直接测量附图或者猜测，本领域技术人员从扳口的尺寸无法直接地、毫无疑义地确定定位卡刹的尺寸。因此，对于本领域技术人员来说，蜗杆的轴向齿距为 5—6mm 不是能够从附图中直接地、毫无疑义地确定的技术特征"。

外观设计专利文件可以作为发明或者实用新型可专利性的对比文件，在确定外观设计专利公开的技术内容时，应当站在本领域普通技术人员的角度进行观察，结合多面视图来判断产品的三维立体结构。当外观设计专利的某些视图中存在瑕疵时，"除非该瑕疵严重到一般消费者在结合所有视图及其对相关产品的常识性认识仍然无法明确产品结构，否则一般消费者结合对专利申请日之前同类或相近种类产品的外观设计或常用设计手法的常识性了解，通过综合分析各视图，可以明确排除瑕疵，得到确定的产品结构，则应当认为该外观设计专利已经公开了上述一般消费者可以确定的产品结构"。这是最高人民法院在（2011）知行字第 29 号裁定书①中明确的裁判要旨。该案专利要求保护一种无轨电动伸缩门，其中一个争议点是证据 1—2 的外观设计专利是否公开了涉案专利权利要求 1 中的"副框架"。最高人民法院认为，"虽然证据 1—2 某些视图中的部件交叉部分存在制图瑕疵，例如，结合主视图、右视图可见，仰视图中部件 5 的上部不可能被连接管部件 3 遮挡，此处将部件 5 绘制成被部件 3 遮挡存在瑕疵，但一般消费者结合证据 1—2 的六面视图以及涉案专利申请日前对伸缩门的常识性认识可以进一步明确该部件 5 为拱形框架结构。因此，证据 1—2 已经公开了权利要求 1 中的副框架"。

---

① 专利号为 01107559.7 的发明专利，无效决定号为 WX13794，宣告权利要求 1、3、4 和 6 无效，在权利要求 2 和 5 的基础上维持专利权有效。一审判决号为（2010）一中行初字第 485 号，维持无效决定；二审判决号为（2010）高行终字第 1234 号，维持一审判决。专利权人申请再审，最高人民法院裁定驳回再审申请。

四、认定对比文件的公开内容是否需要考虑相应内容的实用性

对专利申请新颖性、创造性的评价需要基于具体的对比文件。在考察一项现有技术文件能否作为对比文件评价发明创造的新颖性和创造性时，是否需要该现有技术必须具备实用性？最高人民法院在（**2015**）**知行字第 75 号**一案①中回答了这个问题。该案涉案专利申请涉及一种电位型漏电保护插头，复审程序中，专利复审委员会引用对比文件 3 和 4 的结合认为权利要求 1—8 不具备创造性。专利申请人提出再审申请时主张，对比文件 3 中的双向可控硅不可能触发，继电器无法工作，不具备实用性，因此不得作为涉案专利申请的现有技术使用。最高人民法院认为，"**新颖性、创造性和实用性是不同的法律问题，认定现有技术时无需考虑其是否具备实用性。在涉案专利申请日以前为公众所知的专利文件，即构成涉案专利申请的现有技术，可以用于评价涉案专利申请的新颖性或者创造性**"。该案中，"对比文件 3、4 的公开日均在涉案专利申请日以前，构成涉案专利申请的现有技术。在对比文件 3 公开了权利要求 1 的相关技术特征的情况下，对比文件 3 是否具备实用性，其中的可控硅具体如何动作，指示灯是否真实有效，与评价涉案专利申请的新颖性或者创造性没有关联"。

---

① 申请号为 200710112701.4 的发明专利申请，复审决定号为 FS44817，维持驳回决定。一审判决号为（2012）一中行初字第 3654 号，二审判决号为（2013）高行终字第 1557 号，均维持复审决定。专利申请人申请再审，最高人民法院裁定驳回再审申请。

第七章　新颖性的审查

不同于现有技术，也不同于在涉案专利的申请日前提交、在涉案专利的申请日后公开的专利申请，是一项发明或者实用新型能够被授予专利权的新颖性要求。根据《专利审查指南》第二部分第三章的规定，如果专利申请与对比文件公开的内容相比，其权利要求所限定的技术方案与对比文件公开的技术方案实质上相同，所属技术领域的技术人员根据二者的技术方案可以确定二者能够适用于相同的技术领域，解决相同的技术问题，并具有相同的预期效果，则认为二者为同样的发明或者实用新型。

最高人民法院在（2015）知行字第158号裁定书①中指出，"在认定权利要求是否具备新颖性时，应当以现有技术是否公开了与权利要求相同或者实质相同的技术方案作为基本标准。关于涉案专利与现有技术的技术领域、技术问题和预期效果，由于涉案专利对于这些方面的描述，一般均属于专利申请人基于其主观认识在涉案专利说明书中作出的主观描述，因此，不应苛求在现有技术中公开与涉案专利完全相同的技术领域、技术问题和预期效果。在二者属于同样的技术领域，且现有技术公开了与权利要求相同或者实质相同的技术方案的情况下，如果本领域技术人员能够合理确定现有技术亦可解决涉案专利声称解决的技术问题，取得同样的预期效果的，应当认定权利要求不具备新颖性"。该案中，

---

① 专利号为200720142844.5的实用新型专利。无效决定号为WX21304，宣告专利权全部无效。一审判决号为（2013）一中知行初字第3305号，撤销无效决定；二审判决号为（2014）高行终字第1198号，撤销一审判决，维持无效决定。专利权人提起再审，最高人民法院裁定驳回再审申请。

涉案专利涉及一种电容式触控板的触控图型结构，争议焦点之一是权利要求5—7相对于对比文件是否具备新颖性。专利权人申请再审时主张，虽然涉案专利与对比文件均涉及电容式触控板，但是二者解决的技术问题、技术方案和预期的技术效果并非实质相同，因此不属于同样的发明创造。最高人民法院对此主张未予支持。在裁定书中，首先分析了二者的技术领域，二者均属于电容式触控图形结构，技术领域相同；然后对对比文件公开的内容进行分析，认为对比文件已经公开了涉案专利权利要求5的全部技术特征，因此公开了与权利要求5实质上相同的技术方案；之后，就对比文件与涉案专利解决的技术问题和预期的技术效果进行分析，认为涉案专利说明书"发明目的"部分记载的技术问题和"有益效果"部分记载的技术效果均已被对比文件公开。在此基础上，得出了权利要求5不具备新颖性的结论。

第八章 创造性的审查

是否具备创造性，是评价一项发明或者实用新型专利申请能否被授予专利权的一项重要指标。根据《专利法》第 22 条第 3 款的规定，发明或者实用新型专利申请具备创造性，是指该发明或者实用新型的技术方案相对于现有技术是非显而易见的，而且能够产生有益的效果。

"三步法"是判断发明或者实用新型相对于现有技术是否显而易见最常用的方法，通常包括：（1）确定最接近的现有技术；（2）确定发明的区别特征和发明实际解决的技术问题；（3）判断要求保护的发明对本领域的技术人员来说是否显而易见。

一、技术领域与最接近现有技术的认定

创造性是发明创造的本质特性，是对发明创造相较于现有技术的创新高度要求。在评价发明创造是否具备创造性时，不仅要考虑发明创造的技术方案本身，还要考虑发明创造所属的技术领域、所解决的技术问题和所产生的技术效果，将其作为一个整体看待，即要从发明创造的技术原理、技术构思、技术效果等方面综合认定。在（2012）行提字第 7 号一案[①]中，曹忠泉主张涉案专利与附件 5 - 1 的国际分类号不同，二者既不是相同的技术领域，也不是相近或相关的技术领域，因此附件 5 - 1

---

① 专利号为 200520014575.5 的实用新型专利。无效决定号为 WX13216，宣告专利权全部无效。一审判决号为（2009）一中行初字第 1326 号，二审判决号为（2010）高行终字第 634 号，均维持无效决定。专利权人提起再审，最高人民法院裁定提审后，撤销了无效决定与一、二审判决。

不能作为评判涉案专利创造性的对比文件使用。最高人民法院对此未予支持，其认为，"**技术领域是要求保护的发明或者实用新型所属或者应用的具体技术领域，不是上位的或者相邻的技术领域，也不是发明或者实用新型本身。确定发明或者实用新型所属的技术领域，应当以权利要求所限定的内容为准，一般根据专利的主题名称，结合技术方案所实现的技术功能、用途加以确定。**附件 5 – 1 公开的技术内容涉及绕线机润滑系统的润滑问题，本专利的技术方案是要解决裁剪机斜齿轮组的保油润滑问题。虽然绕线机属于纺织机械，裁剪机属于服装机械，二者在应用环境上有区别，但本专利和对比文件的技术方案均涉及机械系统的润滑问题，属于相同的技术领域。因此，专利复审委员会将附件 5 – 1 作为判断本专利创造性的对比文件，并无不妥"。

技术领域，应当是要求保护的发明或者实用新型技术方案所属或者应用的具体技术领域，而不是上位的或者相邻的技术领域，也不是发明或者实用新型本身。在（2011）知行字第 19 号一案[①]中，最高人民法院认定，"涉案专利是名称为'握力计'的实用新型专利，判断其是否具有创造性，首先应当确定握力计所属的技术领域以及相关和相近的技术领域。技术领域的确定，应当以权利要求所限定的内容为准，一般根据专利的主题名称，结合技术方案所实现的技术功能、用途加以确定。专利在国际专利分类表中的最低位置对其技术领域的确定具有参考作用。相近的技术领域一般指与实用新型专利产品功能以及具体用途相近的领域，相关的技术领域一般指实用新型专利与最接近的现有技术的区别技术特征所应用的功能领域"。涉案专利技术功能属于测力装置，具体用途为测人手的握力。

最接近现有技术的选择是准确判断创造性的基础，是现有技术中与要求保护的发明最密切相关的一个技术方案。在（2014）知行字第 84

---

① 专利号为 97216613.0 的实用新型专利。无效决定号为 WX12613，宣告专利权全部无效。一审判决号为（2009）一中行初字第 466 号，维持无效决定；二审判决号为（2010）高行终字第 811 号，撤销一审判决和无效决定。专利复审委员会提起再审，最高人民法院裁定驳回再审申请。

号一案①中，最高人民法院明确，"判断一项现有技术是否可以作为最接近的对比文件使用，需要以所属技术领域、所要解决的技术问题、技术效果或者用途、是否能够实现发明的功能以及公开发明的技术特征的多少等方面进行判断。如果一项现有技术与要求保护的发明技术领域相同，且公开发明的技术特征最多，或者虽与要求保护的发明技术领域不同，但能够实现发明的功能，且公开发明的技术特征最多，则均可以作为最接近的现有技术来评价要求保护的发明的创造性。而技术领域的确定，应当以权利要求所限定的内容为准，一般根据专利的主题名称，结合技术方案所实现的技术功能、用途加以确定"。该案中，涉案专利要求保护一种无铅的焊料合金，证据 1 公开了一种用于半导体的合金连接材料，二者均属于软钎焊料合金领域，技术领域相同，且证据 1 公开了权利要求 1 的无铅焊料合金的各组分以及 Cu 的含量和 Sn 为余量的技术特征，故证据 1 可以作为最接近的对比文件来评价涉案专利的创造性。

二、技术特征的比对

判断发明或者实用新型的技术方案是否具备创造性，通常是把本专利要求保护的技术方案划分成若干技术特征，然后判断最接近的现有技术公开了哪些技术特征，哪些技术特征与本专利相应的技术特征相当，哪些技术特征是区别技术特征。

（一）以权利要求的全部技术特征为基础

在判断一项发明或者实用新型的技术方案是否具备创造性时，要以权利要求中记载的全部技术特征为基础。在（**2010**）知行字第 **13** 号一

---

① 专利号为 99800339.5 的实用新型专利。无效决定号为 WX15158，宣告专利权全部无效。一审判决号为（2011）一中行初字第 1113 号，维持无效决定；二审判决号为（2012）高行终字第 528 号，维持一审判决和无效决定。专利权人提起再审，最高人民法院裁定驳回再审申请。

案①中，涉案专利涉及一种整屏分段灯光显示计时交通信号灯，由灯杆、主信号灯和付（副）信号灯组成。其中在权利要求 1 中既限定了灯光显示部分、灯光控制部分的特征，也限定了各个部件安装固定部分的特征。无效宣告请求人提出再审申请时主张，应当将涉案专利作为"一个整体"来评价权利要求的创造性，即，将涉案专利的技术解决方案、所要解决的技术问题和所产生的技术效果作为一个整体看待。由于解决"既为交通指挥信号又为指挥信号的倒计时显示"的技术问题、产生"整屏分段灯光显示计时"的技术效果的特征是权利要求 1 中的"反光板、控制电路"部分的灯光显示与控制部分，无效决定所认定的涉案专利权利要求 1 与附件 1 的 8 个区别特征并不能解决该问题。因此，在评价创造性时，应当仅考虑能解决所述技术问题的特征。对此观点，最高人民法院强调，"仅将本专利权利要求 1 的灯光显示及控制部分与附件 1 进行比对，将本专利不同于附件 1 的安装固定部分的区别技术特征忽略不计，实际上是割裂了本专利的技术方案，并不是将本专利作为一个整体技术方案进行评价，不符合《审查指南》对创造性评价的规定"。

（二）关注技术特征本身及其功能、原理和作用

在进行技术特征比对时，不仅要关注技术特征本身，在技术特征相同的情况下，还必须分析相关技术特征的功能、原理和作用是否相同。

在（2014）知行字第 43 号一案②中，涉案专利涉及一种闭锁装置，在审查该专利是否具备创造性时，最高人民法院指出，"**发明是一个整体，技术方案中的技术特征之间并不是孤立的，不能割裂特征之间的关系，忽视特征在整体技术方案中所发挥的作用，尤其是涉及机构结构领域的发明创造，可能由于两个技术方案整体的技术构思、工作方式、技**

---

①　专利号为 99214371.3 的实用新型专利。无效决定号为 WX8034，维持专利权有效。二审判决号为（2007）高行终字第 183 号，维持无效决定。无效宣告请求人提起再审，最高人民法院驳回再审申请。

②　专利号为 96194851.5 的发明专利。无效决定号为 WX16394，宣告专利权全部无效。一审判决号为（2011）一中知行初字第 2961 号，维持无效决定；二审判决号为（2013）高行终字第 1759 号，撤销一审判决和无效决定。无效宣告请求人提起再审，最高人民法院裁定驳回再审申请。

术效果不同，结构或者位置等形式上看似类似的部件在整个技术方案中实际上起到完全不同的作用。因此，在确定现有技术中的某技术特征与本专利的相应技术特征是否具有相当性时，要考虑它们在各自技术方案中所起的作用是否相同"。该案中，"权利要求 1 限定的接合表面和延长段均是设置在杠杆 11 的一个自由端上，在工作时，延长段与第二部分协同作用，提供初始闭锁杠杆作用，接合表面与第二部分相接触，提供最终的杠杆闭锁作用"。即，"权利要求 1 中延长段和接合表面均是设置在可以脱离于第二部分而自由运动的杠杆的一端，这个限定……决定了延长段和接合表面的工作方式和功能作用。与此相比，证据 1 中凹口 24A 和延长到凹口 24A 之外的延伸部分的杠杆 11A 的这一端……无法与第二部分分离，其运动轨迹是固定的"。也就是说，证据 1 中凹口 24A 和延长到凹口 24A 之外的延伸部分相对于其他部件的位置关系与本专利的接合表面及延长段和其他部件的位置关系明显不同，所要解决的技术问题与所要实现的技术效果也不同。无效宣告请求人认为二者技术特征相当的主张不能成立。

在（2015）行提字第 12 号一案①中，最高人民法院也是从技术特征本身及其功能与作用角度，分析了涉案专利与最接近对比文件之间的区别。涉案专利涉及一种精量穴播器种盒的可更换挡帘，权利要求 1 在前序部分限定，其包括精量穴播器排种盒，在特征部分限定了排种盒的排种窗口与挡帘的结构及之间的关系。无效决定认为，权利要求 1 与补充证据 1 之间的区别特征 1（排种窗口一侧安装着通过压板压紧的胶皮挡帘）被补充证据 3 公开。这一认定被最高人民法院推翻。理由是，从结构上看，"权利要求 1 中的排种窗口是指，排种盒上安装有取种转轮的地方，供种子从种室到达排种腔的窗口，是连接种室与排种腔两个空间的通道"。补充证据 3 中种粒孔本身设置在排种转轮上，实际上相当于本专利取种转轮上的取种腔，其外口并不相当于本专利的排种窗口；同

---

① 专利号为 200720183183.0 的实用新型专利。无效决定号为 WX17922，宣告专利权全部无效。一审判决号为（2012）一中知行初字第 1191 号，撤销无效决定；二审判决号为（2012）高行终字第 1455 号，撤销一审判决，维持无效决定。专利权人提起再审，最高人民法院裁定提审后，撤销了无效决定和二审判决。

时，补充证据3中种粒孔外口与软弹材料相接触的是整个外口，本专利中胶皮挡帘只是盖在排种窗口的一侧。从作用上看，本专利区别特征1的作用是防止排种时多排漏排，同时还可以使胶皮挡帘拆卸更换，维修方便，解决了原先与排种盒不可侵害的密封隔腔装置损坏后维修困难的问题；补充证据3的技术手段所起的作用则是防止未落入到种粒孔中的种粒被排出，解决排种时多排漏排的问题，二者的作用并不相同。无效决定关于区别特征1的认定存在错误。

三、发明要解决的技术问题和技术效果的认定

（一）根据区别特征所能达到的技术效果来确定技术问题

发明实际解决的技术问题要根据区别特征所能达到的技术效果来确定。原则上，只要是本领域技术人员从该申请说明书所记载的内容能够获得的技术效果，都可以作为确定发明实际要解决的技术问题的基础。

（2014）知行字第8号一案[①]涉及一种管接头，权利要求1与对比文件1相比，存在三个区别：（1）权利要求1中两个夹持部件基本上呈U形截面，对比文件1中相当于本专利夹持部件的杆件呈圆形截面；（2）权利要求1中需要通过螺接在夹持螺栓上的螺母作用于壳体上，对比文件1的管接头不具有螺母，但该管接头上的螺栓是通过与其中一个杆件所具有的内螺纹横孔进行拧紧使得壳体收缩；（3）权利要求1的两个夹持部件构成的形状可带有间隙地接纳夹持螺栓，对比文件1的一个杆件因为具有内螺纹横孔而不能带有间隙地接纳螺栓。专利复审委员会认为，以上所有区别特征结构的替换都是本领域的常规技术手段，同时，弯曲应力是连接管端卡箍式管接头的原有结构即对比文件1所必然带来的技术缺陷，但该缺陷是本领域技术人员根据其普通知识通过合乎

---

① 专利号为93100162.5的发明专利。无效决定号为WX17265，宣告专利权全部无效。一审判决号为（2012）一中知行初字第1171号，维持无效决定；二审判决号为（2013）高行终字第1465号，撤销一审判决和无效决定。专利复审委员会提起再审，最高人民法院裁定驳回再审申请。

逻辑的分析和有限次实验可以预料到的，在此基础上作出的改进不具备突出的实质性特点和显著进步。对此，最高人民法院未予支持。首先，关于区别特征所解决的技术问题的认定。最高人民法院认为，"通过对本专利说明书的阅读和理解可以认定，与对比文件 1 公开的管接头相比，本专利要解决的技术问题是避免夹持螺栓受到弯曲应力的影响且需要保持夹持力基本上仅作用在壳体的外周方向。无效决定在分析区别特征及所解决的技术问题时，没有考虑本专利所解决的避免夹持螺栓受到弯曲应力的影响且需要保持夹持力基本上仅作用在壳体的外周方向这一技术问题。在没有充分证据和理由的情况下，作出关于本专利基于区别特征所解决的技术问题的认定，难以让人信服。其次，针对专利复审委员会所主张的"弯曲应力是连接管端卡箍式管接头的原有结构即对比文件 1 所必然带来的技术缺陷"的问题，最高人民法院认为，"技术缺陷一般是本领域技术人员通过对产品的使用发现的，或者结合现有技术分析而得出的。现有技术的缺陷是否可以预料到与对其的改进是否具备突出的实质性特点和显著的进步之间并不存在必然的因果关系"。据此撤销了专利复审委员会的无效决定。

（二）预料不到的技术效果的认定

发明的技术效果是判断创造性的重要因素。如果发明相对于现有技术所产生的技术效果在质或量上发生明显变化，超出了本领域技术人员的合理预期，可以认定发明具有预料不到的技术效果。最高人民法院在（2013）知行字第 77 号一案[①]中强调，"在认定是否存在预料不到的技术效果时，应当综合考虑发明所属技术领域的特点尤其是技术效果的可预见性、现有技术中存在的技术启示等因素。通常，现有技术中给出的技术启示越明确，技术效果的可预见性就越高"。该案专利权利要求 1 请求保护一种治疗乳腺增生性疾病的药物组合物，除了限定该组合物的原

---

① 专利号为 200510000429.1 的发明专利。无效决定号为 WX15409，宣告专利权全部无效。一审判决号为（2011）一中知行初字第 675 号，撤销无效决定；二审判决号为（2011）高行终字第 1704 号，撤销一审判决，维持无效决定。专利权人提起再审，最高人民法院裁定驳回再审申请。

料药组成之外，还限定了其制备方法，即水提、醇提、浓缩，制成颗粒。与无效宣告请求人提交的证据1相比，二者的中药组分和配比相同，但涉案专利省略了减压干燥的步骤，同时涉案专利的剂型是颗粒剂，证据1的剂型是片剂。专利权人主张，涉案专利产品是经权利要求1限定的方法制备的，与证据1相比，活性成分丹酚酸B的含量已经产生了显著变化，因此导致最终的产品有效率发生了显著变化。因此，涉案专利产品与证据1并非仅是制备方法和剂型的改变，而是产品组成发生了显著变化，并因此带来了临床疗效的显著进步。

对此，最高人民法院在裁定中首先审查了丹酚酸B的含量是否构成涉案专利与证据1的区别特征的问题。裁定书认为，在涉案专利权利要求和说明书中均未记载丹酚酸B的功能、效果等技术内容，本领域技术人员在阅读涉案专利的权利要求和说明书之后，无法得知请求保护的技术方案是提高丹酚酸B的提取物含量，或者该含量与涉案专利要解决的技术问题有关联。因此，丹酚酸B的含量不能作为涉案专利与证据1的区别特征。接着，最高人民法院指出，"片剂和颗粒剂均为中药领域常见剂型，该领域对两种制备方法以及所带来技术效果的可预见性方面的研究较为充分。在对技术效果存在合理的预期的情况下，面对本专利实际要解决的剂型改变的技术问题时，本领域技术人员容易想到结合证据3药典公开的将中药提取物制成颗粒剂的常规制法……由于常规颗粒剂制法的两种具体方法均不含减压干燥步骤，本领域技术人员对本专利所采用的颗粒剂的常规制法有利于保持药物活性、产品易于崩解、药物溶出度和生物利用度好具有普遍的预期，由此提高药物有效率也是在合理预期之内的。因此，对该技术效果的预期是基于证据1的处方与常规颗粒剂制法结合后获得的技术方案所带来的。在现有技术整体上存在明确的技术启示的情况下，由制备方法所必然产生的技术效果并未超出本领域技术人员的合理预期"。

（三）申请日后补充的技术效果证据

作为公开换保护的专利制度，专利权的保护应当与发明人相对于申请日前的现有技术所作出的技术贡献相称，其技术贡献应当充分公开并记载在原始说明书中，未记载在原始说明书中的技术贡献不能作为要求获得专利权保护的基础。

在（2013）知行字第77号一案①中，最高人民法院强调，"**申请日提交的专利申请文件是确定专利申请能否得到授权的基础。对于专利权人在申请日之后提交技术文献，用于证明未在专利说明书中记载的技术内容，如该技术内容不属于专利申请日之前的公知常识，或不是用于证明本领域技术人员的知识水平与认知能力的，一般不应作为判断能否获得专利权的依据**"。该案中，专利权人在无效程序中提交反证3用于证明发明取得了意想不到的技术效果。对于该反证3，最高人民法院认为，"反证3是一篇发表于本专利申请日之后的论文，其以丹酚酸B为指标，比较了减压干燥、喷雾干燥两种干燥方式制备的乳块消片提取物的含量差异，结论为，喷雾干燥制备的乳块消片提取物丹酚酸B的含量比较高。在本案中，反证3虽然一定程度上解释了制备工艺与丹酚酸B含量之间的关系，但其系本专利申请日之后公开的技术文献，所述技术内容并非本领域技术人员在本专利申请日前所具有的知识水平与认知能力。故不应当以反证3记载的内容作为判断本专利技术效果的基础。在本专利说明书没有记载提高丹酚酸B含量及其技术效果的情况下，也不应当将反证3作为对比实验数据使用"。

在另一案件，即（2012）知行字第41号一案②中，最高人民法院也强调，"**专利申请人在申请专利时提交的专利说明书中公开的技术内容，是国务院专利行政部门审查专利的基础和申请人对申请文件进行修改的依据，亦是社会公众了解、传播和利用专利技术的基础。说明书应当满足充分公开发明或者实用新型的要求。化学领域属于实验性科学领域，影响发明结果的因素是多方面、相互交叉且错综复杂的。说明书的撰写**

---

① 专利号为200510000429.1的发明专利。无效决定号为WX15409，宣告专利权全部无效。一审判决号为（2011）一中知行初字第675号，撤销无效决定；二审判决号为（2011）高行终字第1704号，撤销一审判决，维持无效决定。专利权人提起再审，最高人民法院裁定驳回再审申请。

② 专利号为96111063.5的发明专利。无效决定号为WX12712，宣告专利权部分无效。一审判决号为（2009）一中知行初字第1371号，维持无效决定；二审判决号为（2010）高行终字第566号，维持一审判决。专利权人提起再审，最高人民法院裁定驳回再审申请。

应该达到所属技术领域的技术人员能够实施发明的程度。根据现有技术，本领域技术人员无法预测请求保护的技术方案能够实现所述用途、技术效果时，说明书应当清楚、完整地记载相应的实验数据，以使所属技术领域的技术人员能够实现该技术方案，解决其技术问题，并且产生预期的技术效果。凡是所属领域的技术人员不能从现有技术中直接、唯一地得出的有关内容，均应当在说明书中予以表述。如果所属领域的技术人员根据现有技术不能预期该技术方案所声称的治疗效果时，说明书还应当给出足以证明所述技术方案能够产生所声称效果的实验数据。没有在专利说明书中公开的技术方案、技术效果等，一般不得作为评价专利权是否符合法定授权确权标准的依据。申请日后补交的实验数据不属于专利原始申请文件记载和公开的内容，公众看不到这些信息，如果这些实验数据也不是本申请的现有技术内容，在专利申请日之前并不能被所属领域技术人员获知，则以这些实验数据为依据认定技术方案能够达到所述技术效果，有违专利先申请制原则，也背离专利权以公开换保护的制度本质，在此基础上对申请授予专利权对于公众来说是不公平的。**当专利申请人或专利权人欲通过提交对比试验数据证明其要求保护的技术方案相对于现有技术具备创造性时，接受该数据的前提必须是针对在原申请文件中明确记载的技术效果**"。该案中，专利权人武田药品工业株式会社在无效程序中提供反证7，欲证明吡格列酮与格列美脲的联合用药方案相对于单独用药方案以及其他联合用药方案均取得了意料不到的降血糖效果。但是，"本专利说明书仅通过吡格列酮与伏格列波糖联用以及吡格列酮与优降糖联用的实验结果，证明胰岛素敏感性增强剂与胰岛素分泌增强剂联用相对于其中一类药物单独用药有更好的降血糖效果，并没有提及各种不同的药物联用方案之间效果的优劣。武田药品工业株式会社提交实验数据所要证明的技术效果是原始申请文件中未记载，也未证实的，不能以这样的实验数据作为评价专利创造性的依据"。

此外，申请日后补充的技术效果证据若要被认可并在创造性判断中被予以考虑，一个前提条件是，其要在原始说明书中有记载或者与原始说明书中已经关注的技术效果要相适应。在（2011）知行字第 86 号一案①中，贝林格尔公司在无效程序中提交反证 1，意欲证明涉案专利要求保护的单水合物在"粒径稳定性"方面优于证据 1 的无水物。对于这一问题，最高人民法院认为，"贝林格尔公司在本院询问中认可，反证 1 所述'粒径稳定'是指粒径的物理稳定性。然而，说明书第 1 页最后一段仅笼统地提及'起始物料在多种环境条件作用下的活性稳定性、药物制剂制造过程的稳定性以及最终药物组合物的稳定性'，说明书第 2 页第 5 段则对前述的'药物制剂制造过程的稳定性'进一步描述为，'另一项制造所需药物制剂的研磨过程可能发生的问题为这种过程造成的能量输入以及对晶体表面产生应力。这种情况可以导致多晶形变化，导致非晶形形成的改变，或导致结晶晶格的变化'。可见，说明书关于物理稳定性的表述部分仅提及晶形、晶格，并未涉及反证 1 所述'粒径'，亦未给出相关的技术教导和启示。而且，根据 2000 年版药典的规定，'加速试验'期间，需按稳定性重点考察项目检测，而该药典附表列明的'吸入气（粉）雾剂'考察项目并未包括反证 1 述及的'粒径'或粒度。可见，2000 年版药典的有关规定也不足以确定反证 1 所述'粒径稳定'的技术效果。因此，本领域技术人员通过阅读说明书及 2000 年版药典关于'加速试验'的规定，无法得出反证 1 所述'粒径稳定'的技术效果已被说明书记载的结论，反证 1 所述的技术效果在评价权利要求 1 创造性时亦因此不应被考虑"。

四、技术启示的认定

现有技术整体上是否存在技术启示，使得本领域技术人员面对发明实际要解决的技术问题时，有动机引入区别特征所表达的技术手段以改进最接近的现有技术，是创造性评价的核心内容。

---

① 专利号为 01817143.5 的发明专利。无效决定号为 WX12206，宣告专利权全部无效。一审判决号为（2009）一中知行初字第 83 号，维持无效决定；二审判决号为（2010）高行终字第 751 号，维持一审判决。专利权人提起再审，最高人民法院裁定驳回再审申请。

（一）区别特征为本领域解决相同技术问题的公知常识或常用手段

如果权利要求与对比文件之间的区别特征是本领域解决相同技术问题的公知常识或常用手段，则现有技术整体上存在引入所述区别特征的技术启示。在**（2011）行提字第8号**一案[①]中，权利要求1请求保护一种抗β-内酰胺酶抗菌素复合物，是由舒巴坦与氧哌嗪青霉素或头孢氨噻肟混合制成的复方制剂。对比文件公开了在临床上可以将舒巴坦与哌拉西林或者头孢氨噻肟分别以特定的比例联合用药，以克服细菌的耐药性问题，扩大抗菌谱；但并未公开将舒巴坦与氧哌嗪青霉素、头孢氨噻肟组成的复合物制备为复方制剂。本案的焦点就在于，由两种药物的联合用药到二者的复方制剂是否存在技术启示。最高人民法院首先考察了临床联合用药与复方制剂之间的关系，即"临床联合用药与复方制剂虽属于不同的技术领域，性质有所不同，但亦具有十分紧密的联系"，并因此得出结论认为，"包括联合用药在内的临床医学实践，是研发以及验证β-内酰胺酶抑制剂抗生素复方制剂的重要基础和源泉；而将联合用药的多种药物制备为复方制剂，则是实现β-内酰胺酶抑制剂与抗生素联合用药的具体方式。二者之间的密切关系，也正是俗语'医药不分家'在该技术领域中的具体体现。在临床联合用药公开了足够的技术信息的情况下，本领域技术人员能够从中获得相应的技术启示"。其次，考察了对比文件的公开内容，认为对比文件已经公开了关于两种药物联用的非常丰富、详实的技术内容，"本领域技术人员已能获得足够的启示并有足够的动机，想到采用常规工艺将舒巴坦与哌拉西林或者头孢氨噻肟制为复方制剂，以便于联合用药的用药方便。从舒巴坦与哌拉西林、头孢氨噻肟的本身性质来看，亦不存在不宜将其制为复方制剂的反面教导或者明显障碍"。因此最终得出结论认为，二审判决片面强调联合用药与复方制剂的区别，忽视了二者之间的密切联系；对对比文件中

---

① 专利号为97108942.6的发明专利。无效决定号为WX8113，宣告专利权全部无效。一审判决号为（2006）一中知行初字第786号，维持无效决定；二审判决号为（2007）高行终字第146号，撤销一审判决和无效决定。无效宣告请求人提起再审，最高人民法院裁定提审后，撤销二审判决，维持无效决定。

公开的技术内容亦未能全面、准确地加以认定和考量，以致错误认定权利要求 1 相对于对比文件具有创造性，认定事实和适用法律均有错误。

在（2015）知行字第 156 号一案①中，涉案专利申请涉及一种测量食用油热度成数的温度计。权利要求 1 与对比文件 1 之间的区别特征为，对比文件 1 是利用能指示温度变化的不同变色印刷油漆表示烹调时的温度范围，而涉案专利申请则是用烹调时食用油的热度成数来表示烹调温度。双方的争议焦点在于以上区别特征是否给权利要求带来创造性。最高人民法院认为，对比文件 1 和权利要求 1 "所要实现的技术效果是相同的，即更为直观地显示烹饪时食用油的温度。因此，对于本领域的普通技术人员来说，由于对比文件 1 已经给出了除普通温度刻度外的方法来表示油温的技术启示，而使用热度成数的计量方法来指示烹饪过程中食用油的温度又是本领域普通技术人员普遍公知的，因此，本领域普通技术人员在面对如何更直观地表示食用油的温度这一技术问题时，容易想到使用油的热度成数来表示食用油的温度。而且，使用该种显示油温的不同方式也没有为本申请带来任何预料不到的技术效果"。因此，涉案专利申请不符合创造性的要求。

（二）区别特征在另一对比文件中公开且作用相同

如果权利要求与现有技术的区别特征在另一对比文件中已经公开，且其在涉案专利与所述另一对比文件中所起的作用相同，则现有技术中存在引用所述区别特征的技术启示。在（2014）知行字第 29 号一案②中，涉案专利涉及一种治疗口腔炎症的中药制剂。权利要求 1 与附件 1 的区别在于，权利要求 1 的组分之一为山银花，附件 1 中则为金银花。该案的争议焦点是，所述替换是否会给涉案专利带来创造性。最高人民

---

① 专利号 200710006408.X 的发明专利。复审决定号为 FS41041，维持驳回决定。一审判决号为（2012）一中知行初字第 2947 号，二审判决号为（2013）高行终字第 37 号，均维持复审决定。专利申请人提起再审，最高人民法院裁定驳回再审申请。

② 专利号 200710151989.6 的发明专利。无效决定号为 WX18566，宣告专利权全部无效。一审判决号为（2012）一中知行初字第 3190 号，二审判决号为（2013）高行终字第 640 号，均维持无效决定。专利权人提起再审，最高人民法院裁定驳回再审申请。

法院考察了无效宣告请求人提供的附件 3 和附件 4 中有关金银花、山银花及其功能、主治的记载内容后认为，"两者都具有清热解毒、凉散风热的功能，都可以用于痈肿疔疮、喉痹、丹毒、热毒血痢、风热感冒、湿热发病的治疗。对于本领域技术人员而言，口腔炎症属于痈肿疔疮范围内的具体病症。因此，基于山银花和金银花的性味、归经、功能主治相同，并且山银花用于痈肿疔疮治疗的主治功效与附件 1 中治疗口腔炎症的用途也非常相似，本领域技术人员很容易想到将附件 1、3 和 4 结合，采用山银花替换附件 1 中的金银花，这种替换是显而易见的"。

（三）要素替代发明与要素省略发明

要素替代发明，是指对已知产品或方法的某一要素由其他已知要素替代后形成的发明；要素省略发明，是指省去已知产品或者方法中的某一项或多项要素之后形成的发明。**如果因产品或者方法中某一要素的替换而导致与之相关的其他要素省略，这样的发明不能被称为要素省略发明。需要按照要素替代发明来判断其是否具备创造性。**

在（2015）知行字第 362 号①一案中，涉案专利涉及一种电动车车载蓄冰空调。权利要求 1 与对比文件 1 的区别之一是，权利要求 1 中采用过冷水冷却，其中，车载蓄冰槽底部的过冷水经进水管、变频调速泵、释冷换热器、出水管流回车载蓄冰槽底部；而对比文件 1 则采用封闭在循环管路中的由冰冷却的乙二醇作为冷却剂。专利权人认为，涉案专利申请不含对比文件 1 中的膨胀水箱、三通阀、膨胀水管、蓄冰槽中的释热水管，因省去了对比文件 1 的多个零件，同时取得了本领域技术人员事先难以预料的技术效果，所以根据《专利审查指南》有关"要素省略发明"的相关规定，涉案专利申请具备创造性。对此，最高人民法院认为，"本申请与对比文件 1 相比，其之所以缺少相应部件的根本原因在于两者所采用的载冷剂不同，致使相应蓄冰空调在结构上产生差

①　申请号 201010167896.4 的发明专利。复审决定号为 FS72420，维持驳回决定。一审判决号为（2015）京知行初字第 7 号，二审判决号为（2015）高行知终字第 1989 号，均维持复审决定。专利申请人提起再审，最高人民法院裁定驳回再审申请。

异。前者采用的载冷剂为过冷水，其由进水管从蓄冰槽中泵入后，再由出水管回流至蓄冰槽中，由于过冷水无腐蚀性而无须与蓄冰槽中的冰相隔离，故采用开放式的循环系统。而后者采用的载冷剂为乙二醇溶液，由于乙二醇溶液有腐蚀性，不适宜应用在开放式系统中，故选择将作为载冷剂的乙二醇溶液与蓄冰槽之中的冰相隔离，采用封闭式的循环系统。且由于采用封闭式的循环系统在载冷剂温度变化时会产生热胀冷缩，造成循环管路内压力变化，故对后者增设了膨胀水箱、膨胀水管和三通阀，进行补水、稳压，从而克服上述封闭式系统所产生的缺陷。由此可见，本申请和对比文件1的技术方案并非简单的要素省略关系，实质上是因载冷剂的不同选择而导致相应蓄冰空调结构上的替换。因此，金健关于本申请的技术方案是在对比文件1公开的技术方案的基础上的要素省略发明的主张，本院不予支持"。

五、辅助性创造性标准

在判断要求保护的发明创造是否具备创造性时，除了采用三步法之外，《专利审查指南》还规定了五种情形的辅助性判断标准，比如，发明解决了人们一直解决但始终未能获得成功的技术难题、发明克服了技术偏见、发明在商业上取得了成功等。

（一）技术偏见的认定

克服现有技术中存在的技术偏见，是判断一项发明创造性的重要辅助性审查标准。所谓"技术偏见"，是指在某段时间内、某个技术领域中，技术人员对某个技术问题普遍存在的、偏离客观事实的认识，它引导人们不去考虑其他方面的可能性，阻碍人们对该技术领域的研究和开发。

在（2013）知行字第 31 号一案①中，最高人民法院认为，"**如果发明克服了技术偏见，采用了人们由于技术偏见而舍弃的技术手段，从而解决了技术问题，则这种发明具有突出的实质性特点和显著的进步，具备创造性。现有技术中是否存在技术偏见，应当结合现有技术的整体内容来进行判断**"。该案涉及将式（I）化合物用于在谷类作物中选择性控制至少一种杂草的方法。专利权人主张，从对比文件 2 的内容来看，涉案专利申请克服了技术偏见。对此，最高人民法院未予支持，其在裁定书中解释道："虽然对比文件 2 表 A－2 的数据表明，单独使用与本专利申请完全相同的式（I）化合物的钠盐（I－2，Na 盐），与其和赛克津组合使用的协同作用效果相比，显示的效果差，但对比文件 2 并没有披露式（I）化合物的钠盐（I－2，Na 盐）不能用于对比文件 2 所述的施用作物范围和除草范围。相反，对比文件 2 表 A－2 的数据表明，单独使用式（I）化合物的钠盐（I－2，Na 盐）时，针对风草和狗尾草的药效百分比分别达到了 60% 和 90%。阿瑞斯塔公司主张本专利申请克服了技术偏见而具备创造性，前提必须是其能够证明这种技术偏见是客观存在的，由于其提交的证据尚不能证明单独选择使用单一化合物式（I）化合物（I－2，Na 盐）作为谷类作物选择性的控制杂草是本领域技术人员舍弃的技术方案。因此，对于阿瑞斯塔公司关于本专利申请克服了技术偏见的主张，本院不予支持。"

在（2012）知行字第 41 号一案②中，涉案专利要求保护用于预防或治疗糖尿病等的药物组合物，其包括两个组分，一是吡格列酮或其药理学可接受的盐，二是磺酰脲，其中吡格列酮或其盐用作胰岛素敏感性增强剂，磺酰脲作为胰岛素分泌增强剂。无效宣告请求人提供的证据 1 公开了针对糖尿病病症，可以选单独给予磺脲剂，或者用磺脲剂和胰岛素敏感性增强剂的组合，其中胰岛素敏感性增强剂可以是吡格列酮、曲格

---

① 专利号 99811707.2 的发明专利。复审决定号为 FS11964，维持驳回决定。一审判决号为（2008）一中行初字第 628 号，二审判决号为（2009）高行终字第 719 号，均维持复审决定。专利申请人提起再审，最高人民法院裁定驳回再审申请。

② 专利号 96111063.5 的发明专利。无效决定号为 WX12712，宣告专利权部分无效。一审判决号为（2009）一中行初字第 1371 号，二审判决号为（2010）高行终字第 566 号，均维持无效决定。专利权人提起再审，最高人民法院裁定驳回再审申请。

列酮等。专利权人武田药品工业株式会社主张，现有技术中存在选择曲格列酮而避免选择吡格列酮和环格列酮作为胰岛素敏感性增强剂的技术偏见。对此，最高人民法院认为："技术偏见是指在某段时间内、某个技术领域中，技术人员对某个技术问题普遍存在的、偏离客观事实的认识，它引导人们不去考虑其他方面的可能性，阻碍人们对该技术领域的研究和开发。"该案中，"没有（证据）公开本领域认定曲格列酮优于吡格列酮因而在糖尿病的治疗中倾向于不选择吡格列酮的技术内容。况且，科学技术总是处在不断的发展变化之中，有时还会出现曲折反复，优先权日之后的技术状况不必然与之前的技术状况一致，仅仅因为一些文献中没有选择吡格列酮作为胰岛素敏感性增强剂而选择了其他类型的胰岛素敏感性增强剂，并不能说明吡格列酮具有副作用从而不适于作为人类药物"。某些证据不涉及吡格列酮的研究，"并不能表明吡格列酮不能用作胰岛素敏感性增敏剂，不代表现有技术中没有对吡格列酮进行研究。以上内容远不能形成吡格列酮不适用于人类药物的普遍认识，也不可能阻碍人们对相关技术领域的研究和开发。武田药品工业株式会社主张本专利由于克服了本领域的技术偏见而具备创造性的理由，不能成立"。

（二）商业上成功的认定

发明在商业上获得成功是判断创造性的另一辅助性因素。该辅助性因素适用的前提条件，一是发明确实获得了商业上的成功，二是发明获得商业上的成功，是由发明的技术特征直接导致而非其他原因产生的。

在（2012）行提字第 8 号一案①中，最高人民法院解释了这一问题。该案涉及一种女性计划生育手术 B 超超声监测仪，无效决定和一审判决均认为该案权利要求 1 相对于附件 2 和 4 的结合不具备创造性。在该案二审审理期间，专利权人提交了新证据。二审判决认为，"新证据 1、3

---

① 专利号 200420012332.3 的发明专利。无效决定号为 WX12728，宣告专利权全部无效。一审判决号为（2009）一中行初字第 911 号，维持无效决定；二审判决号为（2009）高行终字第 1441 号，撤销一审判决和无效决定。专利复审委员会提起再审，最高人民法院裁定提审后，维持了二审判决。

能够证明本专利以及依照本专利的技术方案生产的 B 超监视妇产科手术仪解决了现有技术中如何提高人工流产手术的成功率，减少手术并发症的发生，解决妇产科医生在盲视下手术的问题。新证 2、3 能够证明依照本专利的技术方案生产的 B 超监视妇产科手术仪已经在全国广为推广并通过政府采购占有一定的市场份额。上述证据可以证明本专利已经取得商业上的成功，而且这种成功是由于该实用新型专利的技术特征直接导致的"，并因此撤销无效决定。

专利复审委员会不服二审判决，向最高人民法院提出申诉，认为二审判决关于本专利取得"商业上的成功"存在事实认定和法律适用错误。具体理由是："1. 二审判决仅以政府采购合同以及发行光盘而直接认定该产品取得商业上的成功，既没有考虑光盘出版行为属于'类似于单方的广告行为'这一性质，也没有考虑销售合同订立是否基于技术因素，因此在事实认定上存在错误。2. 在创造性判断中，'商业上的成功'系从对社会经济的刺激作用的角度对一项发明是否可获得相应垄断地位进行考量和评价，该判断方式应当是在使用三步法难以判断得出清晰结论甚至判断得出否定性结论时才发挥作用。适用这一判断方式应当遵循：（1）构成商业上成功的，必须是某个区别于现有技术的特征，而非现有技术中已有的技术方案；（2）商业上的成功，必须是由该区别特征，而不是由于销售策略、销售手段等因素导致的；（3）'商业上的成功'不仅要求某一技术方案所对应的产品能够被销售出去，而且要求由于涉案技术方案对现有技术的改进而使得其在商业上明显优于已有产品。二审判决未考察本专利与现有技术是否存在区别特征，也未考察新证据 3 中的购销合同本身是否是由区别特征带来的，而笼统认定'本专利取得了商业上的成功'；未考虑政府采购行为受制于多种因素，也未考虑医疗器械在我国进行销售的特殊性，直接将'政府采购'、'购销合同'认定为专利法的'商业上的成功'。以上认定属于适用法律错误。"

针对这一问题，最高人民法院认同专利复审委员会的观点。在提审判决中，最高人民法院指出："对技术方案创造性的评价，一般会从对现有技术作出贡献的角度出发，采取相对客观的'三步法'判断方式，判断要求保护的技术方案是否对现有技术构成了实质上的'贡献'，从而决定是否对其授予专利权。当采取'三步法'难以判断技术方案的创造性或者得出技术方案无创造性的评价时，从社会经济的激励作用角度出发，商业上的成功就会被纳入创造性判断的考量因素。当一项技术方案的产品在商业上获得成功时，如果这种成功是由于其技术特征直接导致的，则一方面反映了该技术方案具有有益的效果，同时也说明了其是非显而易见的，该技术方案即具有创造性。但是，如果商业上的成功是由于其他原因所致，例如销售技术的改进或者广告宣传等，则不能作为判断创造性的依据。因此，**商业上的成功是当技术方案本身与现有技术的区别在构成可授予专利权的程度上有所欠缺时，如有证据能够证明该区别技术特征在市场上取得了成功，则从经济激励的层面对其予以肯定。商业成功是创造性判断的辅助性因素。与相对客观的'三步法'而言，对于商业上的成功是否确实导致技术方案达到被授予专利权的程度，应当持相对严格的标准。当申请人或专利权人主张其发明或者实用新型获得了商业上的成功时，应当审查：（1）发明或者实用新型的技术方案是否真正取得了商业上的成功；（2）该商业上的成功是否源于发明或者实用新型的技术方案相比现有技术作出改进的技术特征，而非该技术特征以外的其他因素所导致的。**商业上的成功体现的是一项发明或者实用新型被社会认可的程度。理论上讲，成功与否应当由该发明或者实用新型所代表的技术或产品相比其他类似的技术或产品在同行业所占的市场份额来决定，单纯的产品销售并不能代表已经取得商业上的成功。一项发明或者实用新型获得商业上的成功所基于的直接原因应当是创造性判断的重点。导致商业上取得成功的，必须是发明或者实用新型的技术方案相比现有技术作出改进的技术特征，而非该技术特征之外的其他因素。因此，**必须对导致商业成功的原因进行详细分析，从而排除技术特征之外的其他因素对取得商业成功的影响。**本案中，在无效程序中，专利权人没有主张本专利在商业上获得了成功，也没有提交关于本专利在商业上成功的证据。因此，专利复审委员会在对本专利进行创造性判断时，没有考虑商业成功的因素，并无不当。专利权人在二审阶段提交证据证明其专利产品获得了商业成功，新证据1是11所医院的医生提供的证言，其中记载这些医院采用'经阴道超声介入性计划生育手术'技术产生的效果。新证据 2 是湖北、河南、黑龙江省人口与计划生育委员会分别就 Belson－700A、Belson－700D、Belson－700C 产品与无锡贝尔森影像技术有限公司签订的政府采购合同。新证据 3 是中华医学会电子音像出版社出具的关于出版'经阴道超声介入性计划生育手术技术'DVD 光盘的证明。但是，上述证据中载明湖北、河南、黑龙江省人口与计划生育委员会采购了 116 台本专利产品，从产品的销售量来看，尚不足以证明本专利产品达到商业上成功的标准。因此，二审判决基于新证据 2 和 3 得出'本专利已经取得商业上的成功'，证据不足，本院不予支持。"

六、发明与实用新型的创造性标准

"专利法的立法宗旨是保护专利权人的合法权益，鼓励发明创造，推动发明创造的应用，提高创新能力，促进科学技术进步和经济社会发展。可见，专利制度不仅要维护专利权人的合法权益，还要充分考虑社会公众的合法权益，进而实现两者之间的平衡。为了实现上述平衡，就需要设置合理的专利授权标准。对于发明或者实用新型专利而言，需要设立合理的创造性判断标准。如果创造性标准设置得太低，就会导致创新程度不高的专利申请较容易获得授权或者很难被宣告无效，势必会限制技术的传播和利用，不利于科技进步和社会发展，损害社会公众利益。如果创造性标准设置得太高，专利申请获得授权的难度就会大大提高，将会减损专利法对技术创新的激励作用。"[①]为此，《专利法》第 22 条第 3 款针对发明和实用新型专利规定了不同的创造性判断标准，即发明专利的创造性标准应当高于实用新型专利。发明专利要具备创造性，必须是与现有技术相比具有突出的实质性特点和显著的进步，而实用新型专利具备创造性，则仅要求其与现有技术相比具备实质性特点和进步即可。

根据《专利审查指南》第四部分第六章的规定，发明与实用新型专

---

① （2011）知行字第 19 号。具体信息见下一注释。

利创造性判断标准的不同，主要体现在现有技术中是否存在技术启示方面。具体而言，一是现有技术的领域，二是现有技术的数量。

（一）现有技术的领域

关于发明与实用新型创造性评价标准差异在现有技术领域上的体现，最高人民法院在**（2011）知行字第 19 号**一案①中明确，由于"发明专利和实用新型专利的创造性标准不同，因此技术比对时所考虑的现有技术领域也应当有所不同，这是体现发明专利和实用新型专利创造性标准差别的一个重要方面"。由于"**实用新型专利创造性标准要求较低，因此在评价其创造性时所考虑的现有技术领域范围应当较窄，一般应当着重比对实用新型专利所属技术领域的现有技术。但是在现有技术已经给出明确的技术启示，促使本领域技术人员到相近或者相关的技术领域寻找有关技术手段的情形下，也可以考虑相近或者相关技术领域的现有技术。所谓明确的技术启示是指明确记载在现有技术中的技术启示或者本领域技术人员能够从现有技术直接、毫无疑义地确定的技术启示**"。也就是说，如果某一现有技术属于相近或者相关技术领域，则只有在现有技术中给出明确技术启示的情况下，才能使用该现有技术评价实用新型专利的创造性。该案中，涉案实用新型专利权利要求 1 要求保护一种握力计，其与最接近的现有技术证据 7 的区别在于测力传感器不同。无效决定认为，权利要求 1 相对于证据 7 与证据 2 的结合不具备创造性。最高人民法院裁定认为，证据 2 公开了一种手提式数字显示电子秤，用于测重力。"虽然握力计和电子秤都是测力装置，但二者分别具有不同的特定用途。同时，重力和人手的握力相比较，施力对象不同，施力方向也不同，重力单纯向下，人手的握力不是单纯向下而是从四周向中心，所以二者不属于相同技术领域。但涉案专利与手提式数字显示电子秤功能相同，用途相近，二者测力传感器的测力原理基本相同，可以将

---

① 专利号 97216613.0 的实用新型专利。无效决定号为 WX12613，宣告专利权全部无效。一审判决号为（2009）一中行初字第 466 号，维持无效决定；二审判决号为（2010）高行终字第 811 号，撤销一审判决和无效决定。专利复审委员会提起再审，最高人民法院裁定驳回再审申请。

手提式数字显示电子秤视为涉案专利的相近技术领域。"但是，由于现有技术并未给出明确的技术启示，因此，无效决定在评价涉案专利创造性时考虑手提式电子秤的测力传感器属于适用法律错误。

（二）现有技术的数量

关于发明与实用新型创造性评价标准差异在现有技术结合数量上的体现，最高人民法院在**（2012）知行字第 15 号**一案①中指出，"创造性是发明创造的本质特性，是对发明创造相较于现有技术的创新高度要求。虽然现行专利法及其实施细则没有对评判实用新型专利创造性所引用的对比文件数量作出明确规定，但《审查指南》的相关规定可以为人民法院参照适用。《审查指南》在对实用新型专利创造性的审查部分规定，对于实用新型专利，一般情况下可以引用一项或者两项现有技术评价其创造性，对于由现有技术通过'简单的叠加'而形成的实用新型专利，可以根据情况引用多项现有技术评价其创造性。所谓简单的叠加，就是要求保护的技术仅仅是将某些已知产品组合或连接在一起，各自以其常规的方式工作，而且总的技术效果是各组合部分效果之总和，组合后的各技术特征之间在功能上无相互作用关系。简单的叠加不是创新，如果只允许使用一至两项现有技术来评价通过简单叠加而形成的实用新型专利的创造性，就会降低实用新型专利的授权标准，因此《审查指南》规定可以引用多项现有技术来评价其创造性"。该案涉及一种地埋式免维护旋转补偿器，一、二审判决引用三项现有技术和两项公知常识的结合，认定该实用新型专利权利要求不具备创造性，并因此撤销了专利复审委员会的无效决定。专利复审委员会申请再审，认为二审判决引用三项现有技术和两项公知常识的结合来判断本实用新型专利的创造性，不符合《审查指南》关于实用新型专利创造性评价的规定。对此问题，最高人民法院回应称，本案中，"对于本领域技术人员而言，将附

---

① 专利号为 200720033902.0 的实用新型专利。无效决定号为 WX13158，维持专利权有效。一审判决号为（2009）一中行初字第 1681 号，二审判决号为（2010）高行终字第 407 号，均撤销无效决定。专利权人提起再审，最高人民法院裁定驳回再审申请。

件2—4的技术方案进行组合，从而得到本专利权利要求1的技术方案是显而易见的，组合后的总的技术功能只是各部分功能的总和，未取得新的技术效果，实质是本专利权利要求1的技术方案仅仅是附件2—4所公开的技术方案的简单叠加，因此，一、二审法院使用多项现有技术来评价本专利的创造性，并无不妥"。

七、化学发明的创造性

化学领域发明具有一定的特殊性，《专利审查指南》除了一般性规定之外，对于化学领域发明的审查还在第二部分第十章中作出特殊的规定。

（一）化学工艺发明的创造性

化学领域的方法发明，除了物质的制备方法、物质的用途发明之外，还包括物质的使用方法、加工方法和处理方法发明等类型，这类发明的权利要求通常用工艺方法、步骤、条件等特征予以限定。实践中，化学工艺发明的创造性判断存在三个难点：一是区别特征的认定，二是技术效果的认定，三是技术启示有无的判断。

最高人民法院（2013）知行字第115号一案[①]的权利要求涉及一种利用炼油厂排放的酸性废气生产硫脲的方法，其特征是直接利用炼油厂排放的酸性废气与氰氨化钙反应生产硫脲，工艺流程是先使用氰氨化钙与水或洗液生成氢氧化钙混悬液，然后再与酸性废气反应生成硫氢化钙达到反应终点，之后再根据硫氢化钙的量配量投入氰氨化钙反应生成硫脲。权利要求1的生产工艺可以分为三个工序，其中反应工序为两步。与此相比，证据2公开了一种硫脲的生产工艺，原理是用石灰氮（即氰氨化钙）溶液直接吸收硫化氢生成硫脲，工艺流程是将石灰氮与水（回

---

① 专利号为03112085.7的发明专利。无效决定号为WX16411，宣告专利权全部无效。一审判决号为（2011）一中行初字第2552号，二审判决号为（2012）高行终字第744号，均维持无效决定。专利权人提起再审，最高人民法院裁定驳回再审申请。

流母液或洗液）在合成反应釜中混合均匀，边搅拌边通入硫化氢气体进行合成反应生成硫脲溶液。因此，证据2的生产工艺为一步反应。这是权利要求1与证据2的最大区别。针对该区别是否能给权利要求1的技术方案带来创造性这一问题，最高人民法院认为，"本领域技术人员公知，石灰氮与水反应生成氢氧化钙，因此实际上，证据2中在石灰氮与水混合搅拌时也必然发生反应而得到氢氧化钙"。亦即，证据2其实也是两步反应。"此外，证据2在其'硫脲生产传统工艺'一节中也公开了先用氢氧化钙与硫化氢生成硫氢化钙、再用硫氢化钙与石灰氮生成硫脲的方法，所述两步反应与本专利权利要求1中的硫氢化钙工序和硫脲合成工序一致。因此，证据2给出了在使用石灰氮吸收硫化氢时将其分为两步进行，即将石灰氮分两次添加的启示……无效决定和一审判决认定本专利权利要求1的生产工艺可以从证据2中得到技术启示，并无不当。"另外，关于本专利是否取得了预料不到的技术效果，最高人民法院认为，"本专利说明书中记载本专利生产工艺规格的硫脲，三废综合利用的效益成数十倍增长，产品硫脲的质量达到国家标准，但是并没有相应的证据加以证明，而且证据2中已经记载了其技术方案具有产品质量好、成本低等效果。万通公司在再审申请中主张其硫脲生产规模、产量和质量均居全国同行业之首等效果，并无证据支持，不能据此评价本专利的创造性"。

（二）化合物晶体发明的创造性

化合物晶体发明是在化合物发明基础上形成的从属发明。与母体化合物相比，化合物晶体发明由于在微观结构上显示出一定的特点，从而可能影响到化合物的使用效果。关于化合物晶体发明创造性的判断，业内一个争议焦点在于其是否适用《专利审查指南》第二部分第十章的规则。具体而言，所要求保护的晶体与该化合物已知的晶体或者无定形物相比，二者是否属于"结构接近的化合物"？

最高人民法院在（2011）知行字第86号一案①中回答了这一问题。该案专利权利要求保护某一化合物的单水合物，证据1公开了该化合物的无水晶体，证据5a公开了该化合物的X水合物，该案的争议焦点之一就是，本专利单水合物晶体与证据1公开的无水晶体、证据5a公开的X水合物是否属于《审查指南》规定的"结构接近的化合物"。对此，最高人民法院认为，**"虽然晶体化合物基于不同的分子排列，其物理化学参数可能存在差异，但其仍属化合物范畴，故《审查指南》关于化合物创造性的规定可以适用于新晶型化合物的创造性判断。贝林格尔公司申请再审时主张，《审查指南》所称'结构上接近'不仅包括化学结构相同，还应包括微观晶体结构的接近。若微观晶体结构不接近，即使化学结构相同，也应认定属于结构上不接近。"**对此，最高人民院认为，"晶体化合物的微观晶体结构变化多样，某一化合物在固体状态下可能基于两种或者两种以上不同的分子排列而产生不同的固体结晶形态，但并非所有的微观晶体结构变化均必然导致突出的实质性特点和显著的进步，故不能单单依据微观晶体结构的不接近而认定其结构上不接近。亦即，**《审查指南》所称'结构接近的化合物'，仅特指该化合物必须具有相同的核心部分或者基本的环，而不涉及微观晶体结构本身的比较。在晶体的创造性判断中，微观晶体结构本身必须结合其是否带来预料不到的技术效果一并考虑。**本案中，权利要求1所保护的是溴化替托品单水合物晶体，证据5a公开的是溴化替托品X水合物，证据1公开的是溴化替托品晶体，上述三种物质的微观晶体结构可能存在差别，但因基本核心部分均为溴化替托品，该基本核心部分使三者具有相同的活性，对于本领域的技术人员而言，三者的结构都是接近的，故其属于《审查指南》所称的'结构接近的化合物'。贝林格尔公司关于因微观晶体结构不同而构成结构上不接近的申请再审理由不能成立"。

---

① 专利号为01817143.5的发明专利。无效决定号为WX12206，宣告专利权全部无效。一审判决号为（2009）一中行初字第83号，二审判决号为（2010）高行终字第751号，均维持无效决定。专利权人提起再审，最高人民法院裁定驳回再审申请。

（三）已知化合物的衍生物发明的创造性

将已知化合物形成其药学上可接受的盐、酯等衍生物是药物研发过程的常用手段。**相比所述已知化合物，其衍生物是否具备创造性，取决于现有技术中是否存在对已经化合物进行相应衍生手段的技术启示以及是否有证据表明该衍生物能够取得预料不到的技术效果。**在（**2015**）**知行字第 353 号**一案①中，涉案专利要求保护达比加群酯的甲磺酸盐。最高人民法院认为，虽然附件 2 没有公开达比加群酯的甲磺酸盐形式，但附件 2 已经公开了包括达比加群酯在内的通式 I 化合物可以转化为药物上使用的生理上可接受的盐的相应内容，同时，附件 2 的实施例 84 公开了达比加群酯类似物的盐酸盐。由于"甲磺酸是强酸的一种类型，甲磺酸盐是本领域常用的可药用盐形式，该盐在上市药物中广泛使用，因此，本领域技术人员在附件 2 的基础上容易想到采用达比加群酯与甲磺酸反应生成达比加群酯甲磺酸盐"。权利要求 19 相对于附件 2 不具备创造性。

（四）产品发明与产品制备方法发明的创造性

同一专利中同时保护产品和产品的制备方法，在化学领域发明中最常见到。一般来讲，**产品具备新颖性和创造性，制备该产品的方法应当也具备新颖性和创造性，但制备产品的方法具备新颖性和创造性，并不意味着产品一定具备新颖性和创造性。**

在（**2015**）**知行字第 261 号**、**第 262 号**两案②中，最高人民法院维持了专利复审委员会关于制备方法具备创造性但产品不具备创造性的决

---

① 专利号为 03805473.6 的发明专利。无效决定号为 WX20640，宣告专利权全部无效。一审判决号为（2014）一中行初字第 885 号，二审判决号为（2014）高行终字第 1661 号，均维持无效决定。专利权人提起再审，最高人民法院裁定驳回再审申请。

② 分别涉及专利号为 200610000601.8、200610000200.2 的发明专利。无效决定号分别为 WX19578 和 WX17576，均宣告专利权部分无效。一审判决号分别为（2013）一中行初字第 989 号和（2012）一中行初字第 1327 号，二审判决号为（2014）高行终字第 1454 号和（2013）高行终字第 191 号，均维持无效决定。专利权人提起再审，最高人民法院均裁定驳回再审申请。

定。该两案涉案专利均要求保护高纯度的乌司他丁及其制备方法。其中，第 261 号案件的权利要求 1 和 8 为产品，权利要求 2—7 为制备方法。权利要求 1 和对比文件 2 的区别在于，对比文件 2 中没有记载权利要求 1 的参数特征。最高人民法院认为，"尽管对比文件 2 公开的比活性低于本专利限定的比活性，但对比文件 2 已经给出了纯化乌司他丁的技术启示，在其已经提示以血管舒缓素作为杂质控制目标的情况下，基于进一步提高纯度的需要，本领域技术人员容易想到利用其掌握的纯化方法来实现该目的"。同时，由于专利权人并未提交证据证明，"对乌司他丁产品的进一步提纯，需要克服特定的技术难题，以至于超出了本领域技术人员掌握常规提纯方法的能力"。专利权人在申请再审时主张，在认定本专利产品权利要求的创造性时要考虑发明人对更高纯度限定的乌司他丁产品所作出的贡献。对此，最高人民法院认为，专利权人的这一主张"所依据的事实实际上是本专利限定的方法技术方案，而在该方法权利要求 2—7 的无效审查中，被诉决定已经就其相对于对比文件 2、3 和公知常识的结合认定其具备创造性"。最高人民法院进一步指出，"本专利权利要求 1 并非是由权利要求 2—7 限定的产品，在无证据证明本专利权利要求 1 的产品只能由权利要求 2—7 的方法获得，而更高纯度乌司他丁产品存在通过其他方法获得的情况下，如果认定本专利权利要求 1 的乌司他丁产品具有创造性，就会存在通过其他方法获得高纯度乌司他丁产品落入本专利权利要求 1 请求保护的范围，而事实上这种保护与本专利发明人对本专利权利要求 1 所作出的技术贡献并不匹配。由于本专利权利要求 1、8 并不涉及采用权利要求 2—7 特定纯化方法来限定，因此，被诉决定肯定了本专利权利要求 2—7 的纯化方法具有创造性，与权利要求 1、8 产品权利要求不具备创造性并不存在矛盾"。据此，维持了无效决定。

第九章　权利要求是否得到说明书
支持的审查

权利要求应当得到说明书的支持，是指权利要求的技术方案应当是本领域技术人员能够从说明书充分公开的内容中得到或概括得出的技术方案，并且不得超出说明书公开的范围。**专利法之所以规定权利要求应当得到说明书的支持，原因在于确保申请人获得的保护与其对社会所做的贡献相适应，即，权利要求的保护范围应当与说明书公开的范围相适应，该范围不应当宽到超出说明书公开的范围，也不应当窄到有损于申请人因公开其发明而应当获得的权益。**如果权利要求的保护范围过大，把属于公众的已知技术或者其尚未完成而是有可能在将来由他人完成的发明囊括在其保护范围之内，将会损害公众的利益；相反，如果权利要求的保护范围过小，相当于申请人将其完成的一部分发明无偿地捐献给全人类，对申请人本人来说可能是不公平的。

一、权利要求中包括明显不能实现发明目的的技术方案

权利要求是专利申请人或者代理人根据说明书的内容撰写，用来说明申请人专利保护范围的载体。在将一项抽象的发明构思形成文字的过程中，由于文字表达的原因或者撰写人的主观认识，有可能导致权利要求中包括明显不能实现的发明目的的技术方案。这种情况是否会导致权利要求得不到说明书的支持，不符合《专利法》第 26 条第 4 款的规定？

在（2013）知行字第 102 号一案①中涉及这一问题。该案的涉案专利涉及一种滤波器，本领域通常将滤波器分为高通滤波器、低通滤波器、带通滤波器和带阻滤波器等。各方当事人均确认，高通滤波器不能实现说明书实施例所述的功能效果。该案的争议焦点在于，权利要求涵盖了本领域技术人员认为明显不能实现发明目的的下位概念，是否导致权利要求违反《专利法》第 26 条第 4 款的规定。针对该焦点问题，最高人民法院阐明："严格地说，权利要求的撰写应当以说明书为依据，说明专利要求保护的范围。**如果某种下位概念显然不能实现发明效果，专利申请人应当在撰写权利要求时将其排除。但是，权利要求是否得到说明书的支持，应当以本领域技术人员的角度进行判断。本领域技术人员在理解专利文件所限定的技术方案时会全面、完整地进行阅读，能够纠正一些比较明显的错误，正确解释相关技术特征。如果本领域技术人员普遍、明确地认为该下位概念不能实现发明目的，则无须以该下位概念无法支持权利要求为由认定涉案专利违反《专利法》第 26 条第 4 款的规定。**本案中，本领域技术人员通过阅读说明书完全可以知道滤波器在专利技术方案中的作用。虽然权利要求和说明书对滤波器没有具体的限定，但本领域技术人员对于滤波器的设置、结构和作用是清楚的。因此，权利要求能够得到说明书的支持，符合《专利法》第 26 条第 4 款的规定。"

二、实施例之外的其他方案因现有技术的缺乏而得不到支持

权利要求得到说明书的支持，应当由本领域技术人员基于其对现有技术的了解和本领域的常识作出判断，如果现有技术缺乏对于技术方案可预期性的教导，说明书实施例又不足以扩展到权利要求的涵盖的保护范围，则权利要求得不到说明书的支持。

---

① 专利号为 200620046588.5 的实用新型专利。无效决定号为 WX13813，维持专利权有效。一审判决号为（2010）一中行初字第 1933 号，二审判决号为（2011）高行终字第 833 号，均维持无效决定。无效宣告请求人提起再审，最高人民法院裁定驳回再审申请。

在（2013）知行字第3号一案①中，涉案专利涉及一种使用微生物生产目的物质L-氨基酸的方法，主要步骤包括，在培养基中培养微生物以在所述培养基中产生及蓄积目的物质和从所述培养基收集目的物质，其中所述微生物属于埃希氏杆菌属或者棒状杆菌。无效决定认为，涉案专利实施例中仅记载了导入含转氢酶基因质粒的大肠杆菌菌株AJ12929、AJ12872和AJ12930，同时仅验证了采用涉案专利的方法制备的大肠杆菌B-3996菌株、乳糖发酵短杆菌AJ3990菌株和大肠杆菌AJ12604菌株的生产氨基酸的能力，而权利要求1中将所述微生物概括至埃希氏杆菌属或者棒状杆菌。由于埃希氏杆菌属以及棒状杆菌均包括多种不同的菌种，每一菌种又有多种不同的菌株。不同菌种，甚至相同菌种的不同菌株间均具有不同的特性，虽然涉案专利利用转基因方式获得了具有上述功能的菌株，但并非只要属于埃希氏杆菌属以及棒状杆菌属的任何菌株在采用涉案专利的方法进行转化后均可以实现本发明预期的技术效果。同时现有技术中也没有关于上述菌属的微生物都可以采用转基因方法获得上述功能的记载。因此，权利要求得不到说明书的支持。最高人民法院支持了专利复审委员会的上述观点，其在判决中这样解释：首先，"埃希氏杆菌属不能被限缩解释为大肠杆菌，棒状杆菌也无法被限缩解释为谷氨酸棒状杆菌。埃希氏杆菌属和棒状杆菌均包括多种不同的菌种，每一菌种又包括多种不同的菌株。虽然涉案专利说明书实施例中使用的几种菌株具有把'还原型烟酰胺腺苷二核苷酸磷酸产率通过提高所述微生物细胞中烟酰胺核苷酸转氢酶的活性而提高'的功能，但正如涉案专利说明书背景技术所述，'该酶的生理活性几乎未知'；在涉案专利说明书实施例仅使用特定菌株进行验证的情况下，根据说明书及现有技术，本领域技术人员不能预见并合理推知所有属于埃希氏杆菌属及棒状杆菌都可以通过提高所述微生物细胞中转氢酶的活性而提高其L-氨基酸的产量。因此，味之素株式会社关于涉案专利权利要求1得到说明书支持的再审申请理由不能成立"。

---

① 专利号为94194707.6的发明专利。无效决定号为WX13841，宣告专利权全部无效。一审判决号为（2010）一中行初字第535号，二审判决号为（2010）高行终字第1506号，均维持无效决定。专利权人提起再审，最高人民法院裁定驳回再审申请。

三、数值范围的支持

根据《专利审查指南》的规定，当权利要求相对于背景技术的改进在于数值范围的选择时，说明书中通常应当给出两端值附近（最好是两端值）的实施例，当数值范围较宽时，还应当给出至少一个中间值的实施例。在（2012）知行字第 4 号一案[①]中，最高人民法院认为，当发明技术方案"涉及数值范围的改进时，公众期望能够获得至少包含两个端值的实施例。但是，上述规定并不意味着，凡是权利要求所记载的数值端点，说明书都必须给出该端点的实施例，也不意味着权利要求中的某个数值范围不因仅仅一个实施例而不能得到说明书的支持。只要本领域技术人员根据说明书中描述的实施例，能够毫无疑义地确定权利要求中的数值范围能够实现发明目的，也可以认为权利要求得到说明书的支持"。涉案专利权利要求 1 请求保护一种由坎地沙坦酯和熔点范围为 20—90℃的氧化烯聚合物构成的药物组合物，权利要求 3 请求保护包含坎地沙坦酯和分子量为 1000—10000 的聚乙二醇的片剂组合物。该专利说明书中记载了 6 个具体实施方式，其中具体实施方式 5 涉及氧化烯聚合物以外的其他类型的油性化合物，与权利要求 1、3 的技术方案不相关；具体实施方式 1—4、6 均以聚乙二醇 6000 为例，说明使用该物质能够实现本发明的目的。最高人民法院认为，"氧化烯是一个包含了不同分子量、氧原子数量以及碳键数量的极其宽泛的概念，同属于氧化烯的不同物质之间的理化性质差异较大。而同一种物质的聚合物因聚合形式和聚合程度的不同，其间的理化性质差异也很大。因此，本身数量、相互间性能差异较大的'氧化烯'与复杂的'聚合物'形式的组合而形成的物质范围，必然会包括更多复杂形态的'氧化烯聚合物'。尽管权利要求 1 对于'氧化烯聚合物'进行了熔点范围的限制，然而仍不能否定其理化性质存在较大差异的事实。按照说明书的记载，上述'20—

---

① 专利号为 93100008.4 的发明专利。无效决定号为 WX11016，宣告专利权部分无效。一审判决号为（2008）一中行初字第 440 号，维持无效决定；二审判决号为（2009）高行终字第 647 号，撤销一审判决和无效决定。专利权人提起再审，最高人民法院裁定驳回再审申请。

90℃的氧化烯聚合物'的共性在于均为'低熔点的油性化合物'。然而，本领域技术人员不能判断上述不同种类的'氧化烯聚合物'是否均为'油性化合物'；即便是'油性化合物'，但由于不同种类的聚合物在理化性质方面均存在较大差异，本领域技术人员也不能毫无疑义地确定权利要求1的技术方案仍能实现本专利的发明目的"。对于权利要求3，最高人民法院认为："尽管均为聚乙二醇，但聚乙二醇1000—10000之间在物理形态、溶解度、吸湿性、凝固点、粘度以及与药物形成制剂后的溶出度等方面均存在较大差异。本领域技术人员即便根据'油性物质'这个共同的特点，也不能毫无疑义地确定权利要求3的技术方案仍能实现本专利的发明目的。"另外，"由于化学、医药领域属于试验性学科，在多数情况下，化学、医药发明能否实施或实现发明目的难以预测，往往需借助于实验结果加以证实才能得到确认，因此权利要求应当是从众多的实验数据中归纳总结的技术方案。如果权利要求的概括包含了专利权人推测的内容，且其效果又难于预先确定和评价，则这种概括超出了说明书公开的范围。涉案专利的说明书中没有给出充分的试验数据证明除聚乙二醇6000以外的熔点范围为20—90℃的氧化烯聚合物或者分子量为1000—10000的聚乙二醇同样能够实现本发明目的"。最后，最高人民法院强调，"**一件专利申请能够得到授权，该专利申请的申请人应当首先向专利权的相对人即社会公众清楚、有说服力地表明其权利要求的保护范围是以说明书为依据，能够得到说明书的支持。如果专利申请的说明书中不能提供相应的证据证明其权利要求能够得到说明书的支持，那么就不应当把举证责任不合理地倒置给社会公众**"。

四、说明书中的"坏点"

说明书是证明权利要求范围最重要的载体，也是判断权利要求能否得到说明书支持的强有力证据。**如果说明书中的具体实施方案在权利要求的范围之内，但其所获得的效果又与申请人意欲获得的效果相悖，则这种坏点将会对权利要求保护范围的扩展起到相反的作用。**（**2009**）知

行字第 3 号一案①的权利要求 1 保护的是一种 β 异头物富集的二氟核苷的制备方法，其中，产物为式 I 的 β 异头物富集的二氟核苷；原料及其用量是至少一摩尔当量被保护的核碱（R"）1 位是磺酰氧基、3 和 5 位被保护的式 II 的 α 异头物富集的糖；反应步骤是核碱 R" SN2 亲核取代 α 异头物富集的糖中的磺酰氧基，之后去保护；溶剂是任选的适宜溶剂、温度是约 170 度至负 120 度。在说明书的表格例中，专利权人共列举了 104 组数据，其中显示，有 11 组数据不能制备得到 β 异头物富集的二氟核苷。最高人民法院最终维持了专利复审委员会以该权利要求得不到说明书支持而将其宣告无效的决定。最高人民法院认为，"**权利要求所要求保护的技术方案应当是所属技术领域的技术人员能够从说明书充分公开的内容中得到或概括得出的技术方案，并且不得超出说明书公开的范围。如果权利要求的概括使所属技术领域的技术人员有理由怀疑该上位概括或并列概括所包含的一种或多种下位概念或选择方式不能解决发明所要解决的技术问题，并达到相同的技术效果，则应当认为该权利要求没有得到说明书的支持**"。本案中，"根据说明书的描述，影响所述立体选择性方法的因素较多，除了原料糖的离去基团、原料糖构型和核碱用量外，还包括温度和溶剂的选择。权利要求 1 概括的制备方法的各因素，即离去基团、核碱种类、核碱当量、反应温度、反应溶剂等的范围是十分宽泛的。本领域技术人员有合理的理由认为，除了 11 个不能实施的情况外，该权利要求 1 的概括还包含众多其他不能解决发明所要解决的技术问题的技术方案，所属技术领域的技术人员不容易从各种反应条件的排列组合中通过常规实验或者合理推测得出能够解决技术问题的技术方案，而是需要大量反复实验或过度劳动才能确定权利要求 1 的范围"。因此认为无效决定和二审判决据此认为该专利权利要求 1 得不到说明书支持的结论并无不当。

---

① 专利号为 93109045.8 的发明专利。无效决定号为 WX9525，宣告专利权全部无效。一审判决号为（2007）一中行初字第 922 号，撤销无效决定；二审判决号为（2008）高行终字第 451 号，撤销一审判决，维持无效决定。专利权人提起再审，最高人民法院驳回再审申请。

五、说明书与权利要求的技术方案不一致

权利要书中的每一项权利要求所要求保护的技术方案应当是所属技术领域的技术人员能够从说明书充分公开的内容中得到或概括得出的技术方案，并且不得超出说明书公开的范围。

如果权利要求的技术方案不能从说明书公开的内容中得到或者概括得出，则所述权利要求得不到说明书的支持。（2014）行提字第 32 号一案①涉及一种无刷自控电机软起动器，权利要求 1 中限定，该起动器包括静电极（1）和动电极（2），其中在动电极（2）与静电极（1）之间设有阻止动电极（2）向静电极（1）移动的弹性阻力装置，所述弹性阻力装置的阻力与动电极（2）和静电极（1）之间距离成反比。原始权利要求 3 限定，所述弹性阻力装置为设置在动电极与凹腔内环侧壁的拉簧；原始权利要求 4 限定，所述弹性阻力装置为设置在动电极与静电极之间的压簧。审查程序中，为克服审查员提出的权利要求 4 得不到说明书支持的缺陷，专利权人删除了原始权利要求 4。无效决定认为，根据说明书的记载，动电极（2）和静电极（1）之间并未设置任何部件，结合附图也无法推知动电极（2）和静电极（1）之间设有弹性阻力装置，因此权利要求 1 得不到说明书的支持。从属权利要求 2—5 各自限定部分的内容并未克服不支持的缺陷，因此也得不到说明书的支持。再审期间，专利权人主张，权利要求 1 中的"之间"应当理解为是阻力关系而非位置关系；说明书已经对弹性阻力装置的作用进行了清楚的说明，实施例部分记载的采用设置在动电极与凹腔内环侧壁的拉簧作为弹性阻力装置的方案满足权利要求 1 中弹性阻力装置的条件。对于这一争议，最高人民法院认为，首先，"本专利作为产品专利，其权利要求对产品的结构、部件以及结构与部件之间的关系应当进行明确的描述。本专利权

---

① 专利号为 03112809.2 的发明专利。无效决定号为 WX15243，宣告专利权全部无效。一审判决号为（2010）一中知行字第 5 号，撤销无效决定；二审判决号为（2012）高行终字第 1836 号，撤销一审判决，维持无效决定。专利权人提起再审申请，最高人民法院裁定提审后，判决撤销无效决定和一、二审判决。

利要求 1 中记载……上述文字含义清楚明确。其不仅限定了弹性阻力装置的阻力与动静电极之间的距离是反比关系，而且也限定了具体分析的位置关系。弹性阻力装置作为具体的独立部件，该部件与动电极、静电极以及导向杆之间的位置关系在权利要求 1 作了清楚的限定，阻力装置所产生的阻力应当是该装置结构产生的"。因此，权利要求 1 中的"之间"应当理解为是"限定了该装置相对于动电极与静电极两个部件间所处的一种具体的位置关系，不应当理解为是阻力关系"。在此基础上，最高人民法院认为，"说明书具体实施方式……只公开了'之外'的情形。作为动电极与静电极'之中'设置压簧的技术方案，在说明书文字及附图中均没有记载，且由于压簧的自身长度不能压缩为零，而根据本专利说明书的记载，本专利在实现过程中要使动电极与静电极相贴，动电极与静电极之间的阻值为零，才完成启动过程。当设置压簧的技术方案需要克服一定困难或缺陷时，说明书没有给出相关教导或指引的情况下，本领域技术人员并不明确其具体的实现方式"。因此，权利要求 1得不到说明书的支持。

如果权利要求保护的技术方案与说明书公开的技术方案不一致，则所述权利要求得不到说明书的支持。（2010）知行字第 23 号一案①的权利要求 1 涉及一种全密封自动多功能电烹锅，其采用"匚"式结构将锅盖［5］、密封圈［6］、锅体［7］实现压紧密封，所述"匚"式结构及锅盖［5］、密封圈［6］、锅体［7］与电热板［8］、闪动开关［13］共同组成所述电烹锅的压力自动控制机构，其中，所述"匚"式结构可以是"匚"字结构或"口"字结构或环形直立柱式的"桶"式结构。专利复审委员会认为，权利要求 1 中"匚"式结构为"桶"式结构的技术方案得不到说明书的支持。这也成为本案的焦点问题。对于该焦点问题，最高人民法院最终认可了专利复审委员会的认定。最高人民法院认为，"根据说明书附图 2 及说明书第 6 页第 9 栏第 2 段的记载……'桶'式结构技术方案在工作状态下是：刚性臂/锅盖、密封圈、锅体、电热

①　专利号为 91100026.7 的发明专利。无效决定号为 WX8713，宣告专利权部分无效。一审判决号为（2007）一中知行字第 190 号，二审判决号为（2009）高行终字第 623 号，均维持无效决定。专利权人提起再审申请，最高人民法院驳回。

板一起，压紧在直立柱上沿内翻边和弹性臂之间，实现压紧密封。附图1所示'匚'字结构技术方案在工作状态下是：锅盖、密封圈、锅体、电热板，压紧在刚性臂和弹性臂之间，实现压紧密封。由于上述两种结构的刚性臂与直立柱以及锅盖的连接方式不同，因此依据上述两种实施方式无法概括得出'匚'式结构技术方案中锅盖、密封圈、锅体、电热板压紧在'匚'式结构的刚性臂和弹性臂之间。也就是说，权利要求1中的'匚'式结构技术方案中只体现了'匚'字结构以及双'匚'字结构，即'口'字结构技术方案……'桶'式结构的技术方案与说明书有关文字记载以及附图2所体现出的技术方案并不相符。因此，权利要求1中有关'桶'式结构的技术方案不能从说明书公开的内容中得到或概括得出，得不到说明书的支持。"

六、权利要求的明显错误

权利要求书是专利申请人对说明书记载的发明创造的实质和核心的提炼和总结。在用文字语言表达抽象的发明构思时，由于语言表达的局限性和撰写与代理水平的限制，权利要求中难免会存在用词不严谨或表达不准确等缺陷。根据缺陷的性质和程度，权利要求的撰写错误又可以分为明显错误和非明显错误。所谓"明显错误"，是指对于本领域技术人员来说，根据其具有普通技术知识在阅读权利要求后能够立即发现某一技术特征存在错误，同时结合其具有的普通技术知识，阅读说明书及附图的相关内容后能够立即确定其唯一正确的答案。

权利要求中存在的明显错误是否会导致该权利要求得不到说明书的支持？最高人民法院在**（2011）行提字第13号**一案①的判决书中，首先从权利要求书的作用、权利要求书与说明书的关系以及权利要求书以说明书为依据的具体含义角度分析，阐明了《专利法》第26条第4款的

---

① 专利号为200720128801.1的发明专利。无效决定号为13091，宣告专利权无效。一审判决号为（2009）一中知行字第1356号，二审判决号为（2010）高行终字第500号，均维持无效决定。专利权人提起再审申请，最高人民法院裁定提审后，撤销了无效决定和一、二审判决。

立法宗旨，即"权利要求的概括范围应当与说明书公开的范围相适应，该范围既不能宽到超出了发明公开的范围，也不应当窄到有损于申请人因公开其发明而应当获得的权益"。之后，从权利要求中的撰写错误在所难免、撰写错误的分类、权利要求书的划界作用等角度，分析论证了权利要求的撰写错误并不必然导致权利要求不符合《专利法》第26条第4款的规定。最后得出结论认为，"**从保护发明创造专利权，鼓励发明创造的基本原则出发，一方面应当允许对授权后的专利权利要求中存在的明显错误予以正确解释；另一方面，也要防止专利权人对这一解释的滥用。要准确界定明显错误，在合理保护专利权人利益的同时，维护社会公众的利益，以适应专利法促进科技进步与创新的立法本意**"。"**如果对明显错误进行更正性理解后的权利要求所保护的技术方案，能够从说明书充分公开的内容得到或者概括得出，没有超出说明书公开的范围，则应当认定权利要求能得到说明书的支持，符合《专利法》第26条第4款的规定**"。该案所涉专利要求保护一种具有扭转装置的涉及热网管道的旋转补偿器。根据背景技术的记载，通过旋转补偿器的内外套管的旋转来吸收热网管道的轴向推力和位移量。该旋转补偿器作为压力管道元件，必须符合焊缝检验、耐压实验以及气密实验等检验要求。也就是说，权利要求1中限定的外套管和延伸管之间必须是无间隙连接，且不允许出现导致传输介质外泄。但是，根据权利要求1的文字记载"在所述的外套管的另一端与延伸管连接，两者之间留有间隙"，似乎可以理解为"外套管"与"延伸管"之间留有空隙。该案的争议点就在于，权利要求1中的特征"两者之间留有间隙"的"两者"是指哪两者？从权利要求1保护的补偿器的结构和其工作原理来看，其包括外套管、内管、压料法兰、延伸管和密封材料，其中，外套管的一端经由法兰与内管相连接，另一端与延伸管连接，该旋转补偿器通过内外套管的旋转来吸收热网管道的轴向推力和位移量。因此，内管与外套管之间，以及外套管与延伸管之间不可能既连接，又留有空隙，权利要求1中"两者之间留有间隙"的"两者"不可能是指外套管与延伸管，而只可能是内管与延伸管。这种解释也与本专利说明书公开的内容相一致。基于这些分析，最高人民法院得出结论认为，"本领域技术人员基于其具有的普通技术知识，能够知道权利要求1的撰写存在错误，通过阅读说明书及附图可以直接地、毫无疑义地确定'两者之间留有间隙'的'两者'应当是指延伸管与内管，不会误认为是外套管与延伸管之间留有间隙。'两者之间'应当属于明显错误……由于本领域的技术人员能够清楚准确地得出唯一的正确解释，'两者之间留有间隙'是指内管和延伸管之间留有一定的间隙，这与说明书中公开的内容相一致。因此，本专利权利要求1所要求保护的技术方案能从说明书公开的内容中得出，得到了说明书的支持，符合《专利法》第26条第4款规定"。

在（2015）知行字第171号一案①中，最高人民法院沿习了以上思路和规则，认为涉案专利的权利要求1撰写存在明显错误。该案专利请求保护一种榨汁机，最高人民法院认为，"从权利要求1的撰写格式和语言表述方式，读者会产生'在所述网孔筒的内表面上沿纵向形成以插入到所述导向爪内'是在'描述多个壁刀'，即多个壁刀插入到所述导向爪内的理解"，但是，结合本领域技术人员的普通技术知识，说明书及附图的内容可以看出，"导向爪作为对准限位固定部件，其实际上是与网孔筒的底环进行配合，固定和限制网孔筒的移动，壁刀并不起到插入导向爪内进行配合的作用……壁刀插入到所述导向爪内属于本领域技术人员在阅读完说明书和附图后明显排除的方式……权利要求1中的明显错误不足以妨碍本领域技术人员按照说明书的记载对榨汁机技术方案的实施"。因此，权利要求1"虽然存在撰写瑕疵，但在本领域技术人员能够正确理解……的情况下，而且该技术方案在说明书中已经充分公开时，对明显错误进行更正理解后的权利要求所要求保护的技术方案，能够从说明书充分公开的内容得到，没有超出说明书公开的范围，应当认定符合《专利法》第26条第4款的规定"。

---

① 专利号为200780001269.X的发明专利。无效决定号为WX174921，宣告专利权无效。一审判决号为（2012）一中知行字第953号，二审判决号为（2013）高行终字第123号，均撤销无效决定。无效宣告请求人提起再审申请，最高人民法院裁定驳回。

七、从属权利要求是否得到说明书支持的判断

从撰写形式上，可以将权利要求分为独立权利要求和从属权利要求。其中，独立权利要求是指从整体上反映了发明或者实用新型技术方案的权利要求；从属权利要求则是指通过引用在先的权利要求，并在被引用的权利要求基础上进一步记载附加技术特征的权利要求。**对于包括独立权利要求和从属权利要求的权利要求书，需要逐一判断各项权利要求是否都得到了说明书的支持。独立权利要求得到说明书的支持，并不意味着其从属权利要求必然也得到支持。**

在（2014）行提字第 32 号一案①中，最高人民法院强调，"**对于形式上从属于某权利要求，但实质上替换了特定技术特征的权利要求，应当按照其限定的技术方案的实质内容来确定其保护范围，并在此基础上判断是否得到说明书的支持，不能以被从属的权利要求得不到支持进而直接认定形式上从属的权利要求也得不到说明书支持，而是应当结合涉案专利的具体情况作进一步分析**"。该案涉及一种无刷自控电机软起动器，权利要求 1 中限定，该起动器包括静电极（1）和动电极（2），其中在动电极（2）与静电极（1）之间设有阻止动电极（2）向静电极（1）移动的弹性阻力装置；从属权利要求 3 限定，所述弹性阻力装置为设置在动电极与凹腔内环侧壁的拉簧。最高人民法院认为，权利要求 1 中弹性阻力装置设置在动电极与静电极"之中"，但从属权利要求 3 中限定，拉簧的一端固定在动电极上，另一端固定在环形凹腔的内环侧壁上，这一限定与其所引用的权利要求 1 中相应的位置特征是相互矛盾的，因此，权利要求 3 属于"形式上从属于某权利要求，但实质上替换了特定技术特征的权利要求，应当按照其限定的技术方案的实质内容来确定其保护范围，并在此基础上判断是否得到说明书的支持"。鉴于权

---

① 专利号为 03112809.2 的发明专利。无效决定号为 WX15243，宣告专利权全部无效。一审判决号为（2010）一中知行字第 5 号，撤销无效决定；二审判决号为（2012）高行终字第 1836 号，撤销一审判决，维持无效决定。专利权人提起再审申请，最高人民法院裁定提审后，判决撤销无效决定和一、二审判决。

利要求 3 限定的技术方案在说明书中有具体分析的实施例，因此得到了说明书的支持。

八、无效程序中针对"权利要求是否得到说明书支持"的举证责任分配

根据《专利审查指南》的相关规定，如果权利要求的概括使得本领域技术人员有理由怀疑上位概括或者并列概括所包含的一种或多种下位概念或选择方式不能解决发明或者实用新型所要解决的技术问题，并达到相同的技术效果，则应当认为该权利要求得不到说明书的支持。

在（**2014**）**知行字第 34 号一案**①中，最高人民法院就无效程序中请求人针对《专利法》第 26 条第 4 款的举证责任分配问题发表意见。该案涉及一种用于制造不导电的承载材料上的导体轨道结构的方法，专利复审委员会以涉案专利权利要求得不到说明书支持为由宣告该专利全部无效，并得到一、二审法院的维持。专利权人申请再审认为，针对已经授权的专利，无效请求人若要推翻实审程序作出的关于权利要求得到说明书支持的认定，应当提供相应的证据予以证明，而不能仅凭主观猜测和怀疑去推翻实审的审查结论。该案中，无效宣告请求人始终未提交相应的证据。对此，最高人民法院未予支持，理由是："**首先，在专利无效宣告程序中，无效宣告请求人主张相关权利要求不符合《专利法》第26 条第 4 款的规定，有责任充分说明理由，同时……可以根据具体情况决定是否提供相应证据……在对专利是否符合《专利法》第 26 条第 4款规定的审查中，并不要求无效宣告请求人一定提供在概括的权利要求中存在一种不能解决发明要解决的技术问题的反证，只要充分说明或者提供相应证据证明，使本领域技术人员有理由怀疑该上位概括中包含不能解决发明要解决的技术问题，并达到相同的技术效果的方案即可。其次，专利复审委员会的审查结论是基于本领域技术人员的一种合理推**

---

① 专利号为 02812609.2 的发明专利。无效决定号为 WX18680，宣告专利权全部无效。一审判决号为（2012）一中知行字第 3286 号，二审判决号为（2013）高行终字第 577 号，均维持无效决定。专利权人提起再审申请，最高人民法院裁定驳回。

断，并不是无端的猜测。如前所述，根据本专利说明书公开的内容，本领域技术人员无法合理确认权利要求 1 和 3 所限定的尖晶石类材料是否都可以分离出重金属晶核，从而解决本发明要解决的技术问题，并达到相同的技术效果。"

第十章　权利要求是否缺少必要技术特征的审查

在独立权利要求中记载解决技术问题的必要技术特征是撰写申请文件的要求，根据《专利审查指南》的规定，必要技术特征，是指发明或者实用新型为解决其技术问题所不可缺少的技术特征，其总和足以构成发明或者实用新型的技术方案，使之区别于背景技术中所述的其他技术方案。

虽然《专利审查指南》将记载必要技术特征界定为适用于独立权利要求，而不能直接适用于从属权利要求，但这仅仅是指实质审查和复审程序。**"在无效程序中，如果无效宣告请求人同时主张独立权利要求和从属权利要求缺少必要技术特征，在认定独立权利要求不符合《专利法实施细则》第 21 条第 2 款的情况下，专利复审委员会继续审查从属权利要求是否符合《专利法实施细则》第 21 条第 2 款并无不当。"**这是最高人民法院在（2014）行提字第 11—13 号三个案件①中明确的观点。在判决书中，最高人民法院这样解释，根据《专利法》第 47 条的规定，宣告无效的专利权视为自始即不存在，因此，"如果独立权利要求被宣告无效，该独立权利要求应视为自始即不存在，直接从属于该独立权利要求的从属权利要求将成为新的独立权利要求，其同样应当记载解决技术问题的必要技术特征，符合《专利法实施细则》第 21 条第 2 款的规定"。

---

① 专利号为 02803734.0 的发明专利。无效决定号为 WX14538、WX14542 和 WX14543，均宣告专利权部分无效。一审判决号分别为（2010）一中知行字第 2636 号、2637 号和 2635 号，二审判决号分别为（2011）高行终字第 522 号、401 号和 531 号，均维持无效决定。专利权人提起再审申请，最高人民法院裁定提审后，判决撤销无效决定和一、二审判决。

一、判断是否缺少必要技术特征的基本方法

判断某一技术特征是否为必要技术特征，要从发明所要解决的技术问题出发，考虑说明书描述的整体内容。

正确认定《专利法实施细则》第 21 条第 2 款所称的技术问题，是判断独立权利要求是否缺少必要技术特征的基础。这是最高人民法院在 **（2014）行提字第 11—13 号**三个案件中明确的第一个问题。最高人民法院认为：《专利法实施细则》第 21 条第 2 款的规定，"旨在进一步规范说明书与权利要求书中保护范围最大的权利要求——独立权利要求的对应关系，使得独立权利要求限定的技术方案能够与说明书记载的内容，尤其是背景技术、技术问题、有益效果等内容相适应。因此，《专利法实施细则》第 21 条第 2 款所称的'技术问题'，是指专利说明书中记载的专利所要解决的技术问题，是专利申请人根据其对说明书中记载的背景技术的主观认识，在说明书中主观声称的要解决的技术问题。考虑到说明书中的背景技术、技术问题、有益效果相互关联，相互印证，分别从不同角度对专利所要解决的技术问题进行说明。因此，在认定专利所要解决的技术问题时，应当以说明书中记载的技术问题为基本依据，并综合考虑说明书中有关背景技术及其存在的技术缺陷，涉案专利相对于背景技术取得的有益效果等内容。独立权利要求中记载的技术特征本身，并非认定专利所要解决的技术问题的依据"。该案中，无效宣告请求人依据权利要求 1 中记载的技术特征，将权利要求解决的技术问题认定为"自行走"和"实现支承装置的四个功能（支承、定中心、停止移动及抬升）"的主张是不正确的。

《专利法实施细则》第 21 条第 2 款所称的技术问题不同于判断权利要求是否具备创造性时根据区别技术特征所重新确定的专利实际解决的技术问题。这是最高人民法院在**（2014）行提字第 11—13 号**三个案件中明确的第二个问题。最高人民法院认为：在判断创造性时，"重新确定技术问题的目的，是为了规范自由裁量权的行使，使得对现有技术中是否存在技术启示的认定更为客观，对专利是否具有创造性的认定更为

客观。该目的与《专利法实施细则》第 21 条第 2 款的立法目的存在本质区别"。另外，在判断创造性时，"随着与权利要求进行对比的最接近的现有技术不同，认定的区别技术特征往往也会有所差异，重新确定的技术问题也会随之改变。因此，重新确定的技术问题是动态的、相对的，并且通常不同于说明书中记载的专利所要解决的技术问题。因此，在认定权利要求是否缺少必要技术特征时，不能以重新确定的技术问题为基础"。

在专利能够解决多个技术问题，且多个技术问题之间彼此相互独立，解决的各个技术问题的技术特征也彼此相互独立的情况下，独立权利要求中只要记载了能够解决一个或者部分技术问题的必要技术特征，即符合《专利法实施细则》第 21 条第 2 款的规定，不应再要求其记载解决各个技术问题的所有技术特征。但是，对于说明书中明确记载专利技术方案能够同时解决多个技术问题的，独立权利要求中应当记载专利技术方案能够同时解决各个技术问题的所有必要技术特征。这是最高人民法院在**（2014）行提字第 11—13 号**三个案件中明确的第三个问题。最高人民法院认为：如果一项专利技术方案针对多项背景技术，从不同角度、不同方面分别作出了较多的创新，解决了多个技术问题，这样的专利技术理应予以充分保护和鼓励。如果在各个技术问题相互独立，解决这些问题的技术特征也相互独立的情况下，要求其记载解决各个技术问题的所有技术特征，将"会导致独立权利要求中记载的技术特征过多，保护范围被过分限制，与其创新程度不相适应，背离专利法'鼓励发明创造'的立法目的"。相反，如果专利申请人已明示专利技术方案需要在多个方面同时作出技术改进，那么，能够同时解决多个技术问题本身将"构成专利技术方案的重要效果，会对专利授权、确权以及授权后的保护产生实质性的影响"，要求其记载解决这些技术问题的所有技术特征将与其对社会作出的贡献相适应。该案中，说明书列举了 11 项现有技术，这些现有技术中"没有一个令人满意地解决了涉及以下诸方面的所有问题……"结合涉案专利说明书中记载的技术问题、背景技术以及有益效果可知，"涉案专利要同时解决可靠传动、传送速度、减小空间、减少成本四个方面的技术问题，独立权利要求 1 中应当记载能够同时解决上述四个方面的技术问题的必要技术特征"。无效决定和二审判决未能以涉案专利说明书记载的内容为依据，而是依据权利要求1中记载的技术特征认定涉案专利所要解决的技术问题，认定事实与适用法律均有错误。

二、《专利法实施细则》第21条第2款与《专利法》第26条第3款、第4款的关系

《专利法》第26条第4款与《专利法实施细则》第21条第2款均涉及权利要求书与说明书的对应关系。在（2014）行提字第11—13号三个案件中，最高人民法院强调，"《专利法》第26条第4款的适用范围更为宽泛，其不仅适用于独立权利要求，也适用于从属权利要求，不仅适用于权利要求中记载的技术特征（例如功能性技术特征）的范围太宽，技术本身不能得到说明书支持的情形，也适用于独立或从属权利要求缺少技术特征，使得权利要求限定的技术方案不能解决专利所要解决的技术问题，权利要求整体上不能得到说明书支持的情形。因此，独立权利要求缺少必要技术特征，不符合《专利法实施细则》第21条第2款的规定的，一般也不能得到说明书的支持，不符合《专利法》第26条第4款的规定"。该案中，无效决定一方面认为权利要求1中没有详细描述支承装置的结构和如何通过该装置同时完成支承、定位、停止移动和抬升机动车的方式，因此缺少必要技术特征；另一方面又认为权利要求1虽然使用了功能性限定的技术特征，但本领域技术人员根据说明书、附图及本领域的公知常识，能够确定合适的实施方式，并据此认定权利要求4符合《专利法》第26条第4款的规定，二者理由与结论相互矛盾，适用法律错误。

在（2015）知行字第56号一案[①]中，最高人民法院在审查涉案专利

---

① 专利号为200720120561.0的实用新型专利。无效决定号为WX20022，宣告专利权部分无效。一审判决号为（2013）一中知行字第1442号，维持无效决定；二审判决号为（2013）高行终字第2041号，撤销无效决定和一审判决。专利权人提起再审申请，最高人民法院裁定驳回。

是否符合《专利法实施细则》第21条第2款的同时提出，"说明书的基本作用在于公开技术方案，而权利要求书的基本作用在于划定专利权的保护范围。**是否缺少必要技术特征的考察对象是独立权利要求，其标准在于该独立权利要求是否记载了解决相关技术问题的必要技术特征。因此，无论说明书对技术方案的公开是否充分，都不影响关于独立权利要求是否缺少必要技术特征的判断**。换言之，即便在说明书公开充分的情况下，若独立权利要求未能记载全部必要技术特征，该权利要求仍会因缺少必要技术特征而被宣告无效"。该案中，争议焦点是权利要求2所涉自动化的换卷机构是否缺少必要技术特征。无效宣告请求人认为，涉案专利涉及大型机械，本领域技术人员不可能仅仅了解部件名称即可直接实现技术方案。作为一个新的、有创造性的技术方案，权利要求2所含部件之间的位置、动作、连接关系是实现其发明效果、解决其技术问题必不可少的技术特征。对此，专利权人认为，权利要求2要解决的是手动换卷导致的人工成本较高、生产效率低的问题，为此已经在权利要求1的基础上设置了自动换卷机构，该自动换卷机构由气缸、与气缸连接的收卷轴钩和固定在收卷轴钩上的收卷轴组成。本领域技术人员依据其掌握的公知常识和惯用手段，知晓各部件的作用，且这些部件的工作顺序或流程本身具有一定的逻辑关系，其工作原理、位置关系、连接关系、运动中的动作关系无须举证证明，因此权利要求2并不缺少必要技术特征。最高人民法院审查后认定，"本专利权利要求2所要解决的技术问题是提供一种自动化的换卷机构，从而提高安全性能和生产效率。该项权利要求仅记载了换卷装置的组成部件及其连接关系，但并未记载这些部件之间的位置关系、动作关系；且其所载组成部件中，缺少将新收卷轴24运动至原收卷轴14所在位置的部件……将新收卷轴旋转到原收卷轴所在位置，是自动换卷的核心环节……如缺少将新收卷轴24运动至原收卷轴14所在位置的部件，则新收卷轴24将无法确定地运动至原收卷轴14所在位置，完成自动换卷"，因此，二审法院关于权利要求2缺少必要技术特征的认定并无不当。

三、功能性特征是否会导致权利要求不符合《专利法实施细则》第21条第2款的规定

根据《专利审查指南》第二部分第二章的规定，当某一技术特征无法用结构特征限定，或者技术特征用结构特征限定不如用功能或效果特征限定更为恰当，而且该功能或者效果能通过说明书中规定的实验、操作或者本领域的惯用手段直接和肯定地验证时，允许使用功能或者效果特征来限定发明。在（2014）行提字第11—13号三个案件①中，最高人民法院指出，"**虽然功能性特征的使用受到较为严格的限制，但并不为法律、法规所完全禁止**"。无效决定和二审判决认为，权利要求1中"没有详细描述支承装置的结构以及如何通过该装置同时完成支承、定位、停止移动和抬升机动车的方式……本领域技术人员不能得知该装置是如何通过车轮的水平运动来进行定中的，因此权利要1缺少必要技术特征"。如果按照这一逻辑，对于所有使用功能性特征的独立权利要求，都能够以其没有详细描述实现该功能的具体结构或者具体方式为由认定其缺少必要技术特征，由此将导致在独立权利要求中完全排除功能性技术特征的使用。因此，无效决定和二审判决对此的认定属于适用法律错误。

独立权利要求中以功能性特征来限定解决技术问题的必要技术特征的，应当认定其符合《专利法实施细则》第21条第2款的规定，不宜以独立权利要求中没有记载实现功能的具体结构或者方式为由，认定其缺少必要技术特征。至于该功能性特征的概括是否恰当，应当审查其是否符合《专利法》第26条第4款的规定。这是（2014）行提字第11—13号三个案件中论述的另一重要问题。最高人民法院认为，"权利人在撰写权利要求书时，可以对具体实施方式中的技术特征进行概括，例如

---

① 专利号为02803734.0的发明专利。无效决定号为WX14538、WX14542和WX14543，均宣告专利权部分无效。一审判决号分别为（2010）一中知行字第2636号、2637号和2635号，二审判决号分别为（2011）高行终字第522号、401号和531号，均维持无效决定。专利权人提起再审申请，最高人民法院裁定提审后，判决撤销无效决定和一、二审判决。

上位概括或者功能性概括，以获得较具体实施方式更为宽泛的保护范围"。权利人进行功能性概括，是以功能性技术特征对独立权利要求的保护范围进行限定。如果认为"功能性特征的概括不恰当，不能得到说明书的支持，有必要在独立权利要求中进一步限定实现功能的具体结构或者实现方式的，应当另行依据《专利法》第26条第4款进行审查"，而不是以此为由认为其缺少必要技术特征。这是因为，是否缺少必要技术特征是特征的有无问题，而必要技术特征的概括是否恰当则是能否得到说明书支持的问题。

第十一章 修改是否超范围的审查

从 2011 年起，最高人民法院在多个案件中对《专利法》第 33 条的立法目的、法条含义及对法条内容的理解等问题发表意见。

一、《专利法》第 33 条的立法目的

关于《专利法》第 33 条的立法目的，最高人民法院在（2010）知行字第 53 号一案①和（2013）行提字第 21 号一案②中均明确："《专利法》第 33 条包括两层含义：一是允许申请人对专利申请文件进行修改，二是对专利申请文件的修改进行限制。"在（2010）知行字第 53 号一案③中，最高人民法院解释道："之所以允许申请人对专利申请文件进行修改，其主要理由在于：一是申请人的表达和认知能力的局限性。申请人将自己抽象的技术构思形诸于语言文字，体现为具体的技术方案时，由于语言表达的局限，往往有词不达意或者言不尽意之处。同时，申请人在撰写专利申请文件时，由于对现有技术以及发明创造等的认知局

---

① 专利号为 00131800.4 的发明专利。无效决定号为 WX11291，宣告专利权全部无效。一审判决号为（2008）一中知行字第 1030 号，维持无效决定；二审判决号为（2009）高行终字第 327 号，撤销一审判决和无效决定。无效宣告请求人提起再审申请，最高人民法院裁定驳回。

② 专利号为 02127848.2 的发明专利。无效决定号为 WX15307，宣告专利权全部无效。一审判决号为（2011）一中知行字第 1139 号，维持无效决定；二审判决号为（2011）高行终字第 1577 号，维持一审判决和无效决定。专利权人提起再审申请，最高人民法院裁定提审后，撤销无效决定和一、二审判决。

③ 专利号为 00131800.4 的发明专利。无效决定号为 WX11291，宣告专利权全部无效。一审判决号为（2008）一中知行字第 1030 号，维持无效决定；二审判决号为（2009）高行终字第 327 号，撤销一审判决和无效决定。无效宣告请求人提起再审申请，最高人民法院裁定驳回。

限，可能错误理解发明创造。在专利申请过程中，随着对现有技术和发明创造等的理解程度的提高，特别是审查员发出审查意见通知书之后，申请人往往需要根据对发明创造和现有技术的新的理解对权利要求书和说明书进行修正。二是提高专利申请文件质量的要求。专利申请文件是向公众传递专利信息的重要载体，为了便于公众理解和运用发明创造，促进发明创造成果的运用和传播，客观上需要通过修改，提高专利申请文件的准确性。在允许申请人对专利申请文件进行修改的同时，《专利法》第33条也对专利申请文件的修改进行了限制，即发明和实用新型专利申请文件的修改不得超出原说明书和权利要求书记载的范围。这一限制的理由在于：一是通过将修改限制在原说明书和权利要求书记载的范围之内，促使申请人在申请阶段充分公开其发明，保证授权程序顺利开展。二是防止申请人将申请时未完成的发明内容随后补入专利申请文件中，从而就该部分发明内容不正当地取得先申请的利益，保证先申请原则的实现。三是保障社会公众对专利信息的信赖，避免给信赖原申请文件并以此开展行动的第三人造成不必要的损害。可见，**《专利法》第33条的立法目的在于实现专利申请人的利益与社会公众利益之间的平衡，一方面使申请人拥有修改和补正专利申请文件的机会，尽可能保证真正有创造性的发明创造能够取得授权和获得保护，另一方面又防止申请人对其在申请日时未公开的发明内容获得不正当利益，损害社会公众对原专利申请文件的信赖**。对《专利法》第33条含义的理解，必须符合这一立法目的。"

二、判断修改是否超范围的基本标准

关于修改是否超范围的判断标准，最高人民法院先后出现"确定论"与"支持论"两种不同的观点。在 **（2013）行提字第21号**一案①

---

① 专利号为02127848.2的发明专利。无效决定号为WX15307，宣告专利权全部无效。一审判决号为（2011）一中知行字第1139号，维持无效决定；二审判决号为（2011）高行终字第1577号，维持一审判决和无效决定。专利权人提起再审申请，最高人民法院裁定提审后，撤销无效决定和一、二审判决。

中，最高人民法院持"确定论"，其认为《专利法》第 33 条中"**原说明书和权利要求书记载的范围**"一词"**应当理解为原说明书和权利要求书所呈现的发明创造的全部信息，是对发明创造的全部信息的固定……原说明书和权利要求书记载的范围具体可以表现为：原说明书及其附图和权利要求书以文字和图形直接记载的内容，以及所属领域普通技术人员根据原说明书及其附图和权利要求书能够确定的内容**"。但是，在**（2010）知行字第 53 号一案**[①]中，最高人民法院持"**支持论**"，即对于《专利法》第 33 条中"原说明书和权利要求书记载的范围"，"**应该从所属领域普通技术人员角度出发，以原说明书和权利要求书所公开的技术内容来确定。凡是原说明书和权利要求书已经披露的技术内容，都应理解为属于原说明书和权利要求书记载的范围。既要防止对记载的范围作过宽解释，乃至涵盖了申请人在原说明书和权利要求书中未公开的技术内容，又要防止对记载的范围作过窄解释，对申请人在原说明书和权利要求书中已披露的技术内容置之不顾。从这一角度出发，原说明书和权利要求书记载的范围应该包括如下内容：一是原说明书及其附图和权利要求书以文字或者图形等明确表达的内容；二是所属领域普通技术人员通过综合原说明书及其附图和权利要求书可以直接、明确推导出的内容。只要所推导出的内容对于所属领域普通技术人员是显而易见的，就可认定该内容属于原说明书和权利要求书记载的范围。与上述内容相比，如果修改后的专利申请文件未引入新的技术内容，则可认定对该专利申请文件的修改未超出原说明书和权利要求书记载的范围**"。基于这一理解，最高人民法院强调，在判断对专利申请文件的修改是否超出原说明书和权利要求书记载的范围时，"不仅应考虑原说明书及其附图和权利要求书以文字或者图形表达的内容，还应考虑所属领域普通技术人员综合上述内容后显而易见的内容。在这个过程中，不能仅仅注重前者，对修改前后的文字进行字面对比即轻易得出结论；也不能对后者作

---

① 专利号为 00131800.4 的发明专利。无效决定号为 WX11291，宣告专利权全部无效。一审判决号为（2008）一中知行字第 1030 号，维持无效决定；二审判决号为（2009）高行终字第 327 号，撤销一审判决和无效决定。无效宣告请求人提起再审申请，最高人民法院裁定驳回。

机械理解，将所属领域普通技术人员可以直接、明确推导出的内容理解为数理逻辑上唯一确定的内容"。

三、上位概括

所谓上位概括，是指将原始申请文件中公开的具体实施方式或下位概念修改为上位概念。在（2013）行提字第 21 号一案①中，最高人民法院支持了专利复审委员会的观点，认为将下位概念修改为上位概念不符合《专利法》第 33 条的规定。该案实质审查过程中，专利权人将权利要求 1、2 中"圆的螺栓孔"修改为"圆形孔"，将权利要求 6 中"大致圆形孔"具体限定为使用连接螺栓穿过的孔，将"模压"修改为"压制"。专利复审委员会以上述修改超范围为由宣告权利要求全部无效。在提审判决中，最高人民法院从《专利法》第 33 条的立法目的出发（实现先申请制下专利申请人与社会公众之间的利益平衡：一方面，允许专利申请人对其专利申请文件进行修改和补正，以保证确有创造性的发明创造取得专利权；另一方面，将专利申请人的修改权限制在申请日公开的技术信息范围内，以保护社会公众对原专利申请文件的信赖利益），认为《专利法》第 33 条中"原说明书和权利要求书记载的范围"一词"应当理解为原说明书和权利要求书所呈现的发明创造的全部信息，是对发明创造的全部信息的固定。这既是先申请制度的基石，也是专利申请进入后续阶段的客观基础。原说明书和权利要求书记载的范围具体可以表现为：原说明书及其附图和权利要求书以文字和图形直接记载的内容，以及所属领域普通技术人员根据原说明书及其附图和权利要求书能够确定的内容"，在此基础上，（1）分析了本案中"圆形孔"和"圆的螺栓孔"的含义，认为二者具有不同的技术含义，将"圆的螺栓孔"修改为"圆形孔"超出原申请文件记载的范围；（2）考察了"模

---

① 专利号为 02127848.2 的发明专利。无效决定号为 WX15307，宣告专利权全部无效。一审判决号为（2011）一中知行字第 1139 号，维持无效决定；二审判决号为（2011）高行终字第 1577 号，维持一审判决和无效决定。专利权人提起再审申请，最高人民法院裁定提审后，撤销无效决定和一、二审判决。

压"和"压制"的关系，认为在机械领域，模压是指在压力加工过程
中，使用模具或者模具类似物进行加工；而压制是指用压的方法进行制
造，其并不必然涉及模具的使用，还包括锻压、冲压等技术手段。对本
领域普通技术人员而言，"压制"属于"模压"的上位概念，两者具有
不同的技术含义。将"模压"修改为"压制"并不属于从原申请文本中
能够确定的内容。虽然最高人民法院最终以权利要求 6 中"大致圆形
孔"具体限定为"使用连接螺栓穿过的孔"在原申请文件中有记载为由
撤销了专利复审委员会的决定，但其在判决中体现出的修改超范围的判
断标准与专利复审委员会相同。

四、删除式修改

广义上，**删除式修改是指从原申请文件记载的技术信息中删除一部
分信息**。完整地删除一项或多项权利要求并不会引发修改超范围的问
题，实践中存在的争议是，从权利要求或说明书的技术方案中删除一部
分技术特征是否会导致修改超范围。**（2012）知行字第 94 号**一案[①]就涉
及这一问题。该案专利涉及一种用于治疗骨折的中药配方，实质审查过
程中，申请人将原始文本说明书第 2 页中对药引子的用量采用"少许"
或"一点点"的描述删除，专利复审委员会认为这一修改不符合《专利
法》第 33 条的规定。该案的争议焦点就在于"少许"是否对专利申请
人所声称的"药引"有限定作用，以及删除上述限定是否导致超出原说
明书和权利要求书记载的范围。最高人民法院在驳回再审申请的裁定书
中这样解释："**如果一种药引，从其功效和说明书的记载，本领域技术
人员可知该药引的有无并不影响药物的疗效，那么可以允许说明书不记
载该药引的确切剂量**。本领域技术人员已知，人发灰的功效是收敛止
血、化瘀利尿。按照说明书及申请人意见陈述书中对其使用方式的描
述，人发灰发挥的不仅是引经药的作用，对于其所治疗的骨折病来说，

---

① 专利号为 200610145533.4 的发明专利。复审决定号为 FS31558，维持驳回决定。一审
判决号为（2011）一中知行字第 2304 号，二审判决号为（2012）高行终字第 117 号，均维持
复审决定。专利申请人提起再审申请，最高人民法院裁定二审法院重审。

还以其收敛止血化瘀（作用）而对整个组方的疗效发生影响。并且，针对不同的骨折类型还需加入不同量的人发灰，且与他药一起制备，因此本案中不能将人发灰简单地视为可有可无的成分，而是应当记载其具体用量或配比关系。原申请文件中，申请人仅以'少许'等对'引子'进行了限定，尽管不是表示确切用量的表述，但毕竟是对药物用量的一种限定。申请人将该限定删除，相对于原说明书和权利要求书扩大了范围，致使所属技术领域人员看到的信息与原申请记载的信息不同，而且不能由原说明书和权利要求书直接、毫无疑义地确定，超出了原权利要求书和说明书的范围，原一、二审对此认定并无不当。"

五、技术特征的改变

将技术方案中的一个特征修改为另一个特征，如果导致本领域技术人员看到的信息与原始的信息不同，则修改不符合《专利法》第33条的规定；如果技术特征的改变并没有改变技术信息的实质内容，则修改符合《专利法》第33条的规定。在（2011）知行字第54号一案①中，最高人民法院认为，"在审查专利申请人对专利申请文件的修改是否超出原始说明书和权利要求书记载的范围时，应当充分考虑专利申请所属技术领域的特点，不能脱离本领域技术人员的知识水平"。该案涉及一种中药古方，实质审查过程中，审查员指出，配方中各剂药物的剂量单位"两"非国际通用单位，因此专利申请人按"一两"等于"30克"的换算关系将"两"修改为"克"。专利复审委员会维持了实审部门以修改超范围为由作出的驳回决定。在再审审查中，最高人民法院推翻了专利复审委员会的认定。

在裁定书中，最高人民法院首先分析了"两"与"克"的关系，即"一般情况而言，虽然'两'与'g'的换算关系确实存在新、旧制的不同，但是从本院查明的相关事实来看，在传统中药配方尤其是古方技

---

① 申请号为00113917.7的发明专利申请。复审决定号为FS20574，维持驳回决定。一审判决号为（2010）一中知行字第1329号，二审判决号为（2010）高行终字第1117号，均维持复审决定。专利申请人提起再审申请，最高人民法院裁定二审法院重审。

术领域中，在进行'两'与'g'的换算时均是遵循'一斤＝十六两'的旧制。根据涉案专利申请说明书记载的有关内容，涉案专利申请系在古方三仙丹的配方的基础上改进而成，因此，虽然说明书中没有明确记载'两'与'g'的换算是采用何种换算关系，但本领域技术人员结合涉案专利申请的背景技术、发明内容以及本领域的常识，均能够确定在涉案专利申请中的'两'与'g'的换算应当采用旧制，不应当采用'一斤＝十两'的新制"。

接着，最高人民法院考察了当事人提交的一系列证据："根据《国务院批转国家标准计量局等单位关于改革中医处方用药计量单位的请示报告》的规定，在以旧制进行'钱'与'g'的换算时，旧制的'一钱'等于'3g'。由于旧制中'一两＝十钱'，因此，在依据旧制进行换算时，旧制的一两显然应当换算为30g。从《中药学》、《矿物本草》、《中药药剂学》等教科书、技术手册中记载的相关内容来看，亦均是采用'一两＝30g'的换算关系。因此，对于《方剂学》中所称的'换算时尾数可以舍去'，本领域技术人员应当理解此处所指的尾数是指'31.25g'中的'1.25'，即采用'一两＝30g'的换算关系。专利复审委员会虽主张实践中还存在以其他方式舍去尾数的情形，但并没有提供证据予以证明，因此，对于专利复审委员会的主张，本院不予支持。"

最后，最高人民法院指出，"即使在以旧制进行换算时还存在以其他方式舍去尾数，或者不舍去尾数的情形，亦应认识到这种尾数省略方式的不唯一性是由于中药配方领域的技术特点所决定的。不同的省略方式之间仅有细微区别，采用不同的省略方式并不会导致技术方案发生实质性的改变。在实践中，本领域技术人员可以根据具体的情况和要求，选择特定的尾数省略方式，而且一旦选择了特定的省略方式，本领域技术人员即会在一项中药配方中予以统一适用，不会也不应出现在同一配方中适用不同省略方式的情形。因此，在旧制的基础上选择不同的尾数省略方式，均属于本领域技术人员能够直接、毫无疑义地确定的内容，并不会引入新的技术内容，损害社会公众的利益；亦不会出现专利复审委员会所担心的'有可能实质上改变本发明的技术方案，将不能实施的技术方案改为可以实施的技术方案'的情形。事实上，在涉案专利申请的实质审查程序中，国家知识产权局曾先后在第二、六次审查意见通知书中就涉案专利申请文件的修改给出了明确指引，其中第二次审查意见通知书中指出'水银八两……'属于未使用本领域的标准国际计量单位，明确要求曾关生对计量单位'两'进行修改；第六次审查意见通知书则对曾关生采用'一两＝30g'的换算关系明确予以认可。第20574号决定以及一、二审判决既未能充分考虑涉案专利申请的技术领域特点和本领域技术人员应当具有的知识水平，也未能充分考虑曾关生对涉案专利申请进行相应修改的缘由以及相应修改方式已获国家知识产权局认可的事实，在相关审查意见通知书的意见并无明显不当的情况下，认定曾关生对涉案专利申请文件的修改超出原始说明书和权利要求书记载的范围，认定事实和适用法律均有错误"。

六、封闭式改为开放式

封闭式与开放式是组合物权利要求的两种表达方式。**开放式是指组合物中并不排除权利要求中未指出的组分，而封闭式则指组合物中仅包括所指出的组分而排除所有其他的组分。**在（2010）知行字第18号一案[1]中，最高人民法院阐释了开放式与封闭式之间的修改是否超范围的判断问题。该案专利涉及一种用于酿酒工艺的糖化发酵剂。原权利要求书和说明书记载的技术方案以及实施例中涉及的酒类增香高产剂产品均由酒精活性干酵母、生香活性干酵母与固体糖化酶组合制得。实审审查过程中，专利申请人将权利要求修改为所述酒类增香高产剂"含有酒精活性干酵母、生香（酯）活性干酵母与固体糖化酶"。专利复审委员会以这一修改超范围为由宣告专利权无效。最高人民法院维持了专利复审委员会的这一认定。在裁定书中，最高人民法院认为，"本专利原权利要求书和说明书记载的酒类增香高产剂技术方案是典型的封闭式表达方式，其中仅含的三种组分为'酒精干酵母、生香干酵母和固体糖化酶'，

---

[1] 专利号为96117491.9的发明专利。无效决定号为WX9600，宣告专利权全部无效。二审判决号为（2008）高行终字第308号，维持无效决定。专利权人提起再审申请，最高人民法院裁定驳回。

这三种组分本身分别为三种制剂，这些制剂中除包含活性物质外还包含其制备过程中的其他物质，如培养基原料，并且还可能包含此类制剂商品中通常所含的其他物质，也即这三种组分并非酵母细胞或糖化酶纯物质。虽然原说明书第 2 页记载的技术方案用了‘每 1000 克产品内由每克含活性细胞……以上的……酒精干酵母、生香（脂）干酵母各……克与……千万单位固体糖化酶组合而成’以及‘每克产品内所含酶活力……单位、含两种活性酵母细胞……亿以上’的表述，但是上述用语‘含’均指酒精活性干酵母、生香活性干酵母与固体糖化酶三种组分中的活性细胞数量和酶活力单位，并非指酒类增香高产剂可含有除上述三种组分外的其他组分或制剂。本专利授权公告的权利要求 1 是以开放式表达方式撰写，该高产剂中除包含‘酒精干酵母、生香干酵母和固体糖化酶’这三种组分外，还可以包含其他制剂组分，可以是含有其他活性细胞或酶的任何制剂，即修改后的权利要求包括了未记载在原说明书和权利要求书中的多种不确定组分，而由此构成的技术方案在原权利要求书和说明书中并未记载，也不能从原权利要求书和说明书记载的信息中直接地、毫无疑义地确定，因此这种修改不符合《专利法》第 33 条的规定”。

七、修改超范围与发明点的关系

一般而言，一项技术方案包含多个技术特征，其中体现发明创造对现有技术作出贡献的技术特征通常被称为"发明点"。"发明点"使发明创造相对于现有技术具有新颖性和创造性，是发明创造能够被授予专利权的基础和根本原因。在（2013）行提字第 21 号一案[①]中，最高人民法院提出："在专利授权和确权程序中，确实存在因为'发明点'以外的技术特征的修改超出原说明书和权利要求书记载的范围而使得确有创造性的发明创造不能取得专利权的情形。《专利法》第 33 条对专利申请文

---

① 专利号为 02127848.2 的发明专利。无效决定号为 WX15307，宣告专利权全部无效。一审判决号为（2011）一中知行字第 1139 号，维持无效决定；二审判决号为（2011）高行终字第 1577 号，维持一审判决和无效决定。专利权人提起再审申请，最高人民法院裁定提审后，撤销无效决定和一、二审判决。

件的修改没有区分'发明点'和'非发明点'而采取不同的标准，但是该条款的立法本意之一是尽可能保证确有创造性的发明创造取得专利权、实现专利申请人所获得的权利与其技术贡献相匹配。如果仅仅因为专利申请文件中'非发明点'的修改超出原说明书和权利要求书记载的范围而无视整个发明创造对现有技术的贡献，最终使得确有创造性的发明创造难以取得专利权，专利申请人获得的利益与其对社会作出的贡献明显不相适应，不仅有违实质公平，也有悖于《专利法》第33条的立法本意，不利于创新激励和科技发展。因此，在现行法律框架和制度体系下，在维护《专利法》第33条标准的前提下，相关部门应当积极寻求相应的解决和救济渠道，在防止专利申请人获得不正当的先申请利益的同时，积极挽救具有技术创新价值的发明创造。譬如，可以考虑通过在专利授权确权行政审查过程中设置相应的回复程序，允许专利申请人和专利权人放弃不符合《专利法》第33条的修改内容，将专利申请和授权文本再修改回到申请日提交的原始文本状态等程序性途径予以解决，避免确有创造性的发明创造因为'非发明点'的修改超出原说明书和权利要求书记载的范围而丧失其本应获得的与其对现有技术的贡献相适应的专利权，以推动科技进步和创新，最大限度地提升科技支撑，引领经济社会发展的能力。"

八、专利申请文件的修改限制与专利保护范围的关系

根据《专利法实施细则》第51条、第61条、第68条以及《专利法》第59条第1款的规定，专利申请文件的修改限制与专利保护范围之间既存在一定的联系，又具有明显差异。在 **(2010）知行字第53号** 一案[①]中，最高人民法院分析了二者的关系，认为二者的"**主要差异在于，专利申请文件的修改以原说明书和权利要求书记载的范围为界，其**

---

① 专利号为00131800.4的发明专利。无效决定号为WX11291，宣告专利权全部无效。一审判决号为（2008）一中知行字第1030号，维持无效决定；二审判决号为（2009）高行终字第327号，撤销一审判决和无效决定。无效宣告请求人提起再审申请，最高人民法院裁定驳回。

记载的范围越广，披露的技术内容越多，允许的修改范围就越大，而发明或者实用新型专利权的保护范围以其权利要求的内容为准，说明书及附图可以用于解释权利要求，其权利要求记载的技术特征越多，其保护范围就越小。同时，专利申请人根据《专利法实施细则》第 51 条的规定进行主动修改时，只要不超出原说明书和权利要求书记载的范围，在修改原权利要求书时既可以扩大其请求保护的范围，也可以缩小其请求保护的范围。专利申请文件的修改限制与专利保护范围的联系在于，根据《专利法实施细则》第 68 条的规定，在无效宣告请求的审查过程中，发明或者实用新型专利的专利权人修改其权利要求书时要受原专利的保护范围的限制，不得扩大原专利的保护范围。本案中，精工爱普生对原权利要求书中的'半导体存储装置'的修改发生于提出分案申请之时，并非无效宣告请求审查之时，相应的修改是否合法与原专利申请文件请求保护的范围没有关联性。申请再审人有关本专利的修改因扩大了保护范围应予无效的申请再审理由不能成立，不予支持"。

九、专利申请文件的修改限制与禁止反悔的关系

在（2010）知行字第 53 号一案①中，最高人民法院还分析了专利申请文件的修改限制与禁止反悔之间的关系。首先，最高人民法院认为："在专利授权确权程序中，专利申请人需要遵循诚实信用原则，信守诺言，诚实不欺，不得出尔反尔，损害第三人对其行为的信赖。作为诚实信用原则的体现和要求，禁止反悔原则在专利授权确权程序中应予适用。但是，禁止反悔原则在专利授权确权程序中的适用并非是无条件的，其要受到自身适用条件的限制以及与之相关的其他原则或者法律规定的限制。禁止反悔原则的适用应以行为人出尔反尔的行为损害第三人对其行为的信赖和预期为必要条件。同时，法律的明确规定以及其他同

---

① 专利号为 00131800.4 的发明专利。无效决定号为 WX11291，宣告专利权全部无效。一审判决号为（2008）一中知行字第 1030 号，维持无效决定；二审判决号为（2009）高行终字第 327 号，撤销一审判决和无效决定。无效宣告请求人提起再审申请，最高人民法院裁定驳回。

等重要的原则也限制着禁止反悔原则的适用。在专利授权确权程序中适用禁止反悔原则必须综合考虑上述因素。"根据《专利法》第 33 条以及《专利法实施细则》第 68 条的规定，在专利授权程序中，申请人可以对其专利申请文件进行修改，但是对发明和实用新型专利申请文件的修改不得超出原说明书和权利要求书记载的范围；在专利确权程序中，专利权人可以修改其权利要求书，但是不得扩大原专利的保护范围。因此，在专利授权程序中，相关法律已经赋予了申请人修改专利申请文件的权利，只要这种修改不超出原说明书和权利要求书记载的范围即可。对于社会公众而言，基于《专利法》第 33 条规定，其应该预见到申请人可能对专利申请文件进行修改，其信赖的内容应该是原说明书和权利要求书记载的范围，即原说明书及其附图和权利要求书以文字或者图形等明确表达的内容和所属领域普通技术人员通过综合原说明书及其附图和权利要求书可以直接、明确推导出的内容，而不是仅信赖原权利要求书记载的保护范围。因此，**如果申请人对专利申请文件的修改符合《专利法》第 33 条的规定，禁止反悔原则在该修改范围内应无适用余地。**"本案中，"由于所属领域普通技术人员综合原始专利申请公开说明书及其附图和权利要求书的记载，可以推导出该专利申请的技术方案同样可以应用于使用非半导体存储装置的墨盒，精工爱普生在提出分案申请时主动将原权利要求书中的'半导体存储装置'修改为'存储装置'，并未超出原说明书和权利要求书记载的范围，这种修改对于公众而言是可以预见的。社会公众不会因为该修改而导致信赖利益受损。因此，精工爱普生在本案中有关'存储装置'的修改不存在适用禁止反悔原则的问题。专利复审委员会称，精工爱普生在专利申请过程中实际上认为'半导体存储装置'和'存储装置'二者含义不同，而在无效程序中又主张两者含义相同，修改的过程反映出反悔的存在，应当认为将'半导体存储装置'修改为'存储装置'属于反悔，应予禁止。这一主张混淆了《专利法》第 33 条和禁止反悔原则的关系……专利复审委员会的上述主张实际上是以申请人在修改完成后的无效程序中的解释为准来判断专利申请文件的修改是否超范围，本质上是以禁止反悔原则取代《专利法》第 33 条，对此，本院不予支持"。

第十二章 程序问题

作为审查复审案件与无效案件的行政机关，专利复审委员会作出行政决定应当符合规定的程序。实践中，容易引发争议的问题通常集中在复审程序、无效程序中专利复审委员会的依职权审查范围、听证原则的适用、无效程序的修改、公知常识的举证、审查指南的适用等方面。

一、审查指南的选择适用

随着《专利法》及《专利法实施细则》所历经的三次修改，审查指南也经历五次修改，除了现行《专利审查指南》之外，其他版本审查指南的修改说明中，均有"……年的审查指南同时废止"的措辞。由于各版审查指南在规定上或多或少存在一定的变化，因此，对于具体案件的审查，尤其是医药、化学领域案件涉及补充实验数据时，选择适用哪一版本审查指南就成为一个经常引发争议的问题，该问题在近期讨论颇多。**最高人民法院的主流观点似乎是，应当选择适用专利申请日时有法律效力的那一版审查指南。**在（2012）行提字第 20 号一案①中，最高人民法院认定，"本专利申请日为 2002 年 7 月 5 日，授权公告日为 2008 年 1 月 9 日。因此，本专利的审查应当适用 2001 年版《审查指南》"。

---

① 专利号为 02123866.9 的发明专利。无效决定号为 WX13327，维持专利权有效。一审判决号为（2010）一中知行字第 1729 号，二审判决号为（2011）高行终字第 76 号，均维持无效决定。专利权人提起再审申请，最高人民法院裁定提审后，维持无效决定和一、二审判决。

在（2012）知行字第 59 号一案①中，最高人民法院解释道："《审查指南》（2006）的施行日是 2006 年 7 月 1 日，故 2006 年 3 月 15 日作出的第 8184 号无效决定应适用《审查指南》（2001）。根据《审查指南》（2001）的规定，在实用新型专利创造性的审查中，材料特征是不予考虑的。而对于本案所涉及的发明专利创造性的审查，上述两种版本的审查指南均要求考虑材料特征。可见，两者的判断标准并非完全一致。在本专利权利要求 1 的创造性判断中，各方当事人对于'耐磨纸层'这一材料特征存在争议，故不应将第 8184 号无效决定作为认定本专利权利要求 1 不具备创造性的一种理由。原二审判决对此问题的论证有所不当，但未实质影响判决结果的正确性。"

二、复审程序的依职权审查

根据《专利审查指南》的规定，复审程序具备双重属性：一方面，是专利复审委员会解决专利申请人与前审部门就驳回决定的作出是否恰当所产生争议的特殊的"行政复议"程序；另一方面，又是专利审批程序的延续。基于双重属性的要求，在复审程序中，一般情况下，专利复审委员会仅针对驳回决定的作出是否恰当进行审查，不承担全面审查的义务；但是，如果专利申请存在，例如足以用驳回决定作出前已经告知过当事人并作出维持驳回决定的结论的缺陷，或者与驳回决定所指出的缺陷性质相同的缺陷，或者明显实质性缺陷，则专利复审委员会可以依职权对这些缺陷进行审查并以此为由作出维持驳回决定的复审决定。

近年来，围绕专利复审委员会在复审程序中依职权审查的尺度问题，业界存在颇多争议。最高人民法院在（2014）知行字第 2 号一案②中明确了其对于复审程序中专利复审委员会依职权审查尺度的观点。该

---

① 专利号为 03112761.4 的发明专利。无效决定号为 WX14220，宣告专利权部分无效。一审判决号为（2010）一中知行字第 2023 号，维持无效决定；二审判决号为（2011）高行终字第 911 号，撤销一审判决和无效决定。专利权人提起再审申请，最高人民法院裁定驳回。

② 申请号为 200410047791X 的发明专利申请，复审决定号为 FS30895，一审判决号为（2011）一中行初字第 2876 号，二审判决号为（2012）高行终字第 1486 号，专利复审委员会均败诉。专利复审委员会提出再审申请，被最高人民法院裁定驳回。

案中，在实审阶段，审查员仅评价了权利要求的新颖性；复审程序中，申请人修改了权利要求，专利复审委员会发出复审通知书，提出了修改后的权利要求不具备新颖性和创造性的审查意见，并最终以权利要求不具备创造性为由维持驳回决定。专利申请人认为，对创造性的评判不属于《专利审查指南》规定的"明显实质性缺陷"，不属于专利复审委员会可以依职权审查的范围。这也成为该案的争议焦点。在提出再审请求时，专利复审委员会认为，首先，根据《专利审查指南》的规定，在复审程序中，合议组虽然一般仅针对驳回决定所依据的理由和证据进行审查，但并没有禁止对驳回理由之外的理由进行审查，专利复审委员在作出决定之前已经告知过申请人不符合创造性的相关理由，符合依职权审查和听证原则；其次，该案中，判断涉案专利申请是否具有创造性，本领域技术人员无须深入调查即可得出结论，属于"明显实质性缺陷"。

针对以上观点，最高人民法院指出："专利复审委员会一般仅针对驳回决定所依据的理由和证据进行审查，也可以不受当事人请求的范围和提出的理由、证据的限制而依职权审查。"根据《专利审查指南》的规定，"**专利复审委员会依职权审查专利申请属于例外，应当严格依据法律、法规及规章的相关规定进行**"。本案中，**首先，创造性的评价不属于"明显实质性缺陷"**，具体理由为："《专利审查指南》在'发明专利申请的初步审查'部分列举了属于'明显实质性缺陷'的各种情形，包括是否属于完整的技术方案、是否违反法律或社会公德等情形，都属于本领域技术人员无须深入调查证实或无需技术比对即可判定的情形，但发明创造的创造性评价并不包括其中。《专利审查指南》在'实质审查'以及'复审与无效请求的审查'部分并未对'明显实质性缺陷'的情形作出具体规定。虽然初步审查与实质审查、复审无效审查阶段的审查范围不应当完全一致，但在上述三个阶段中的'明显实质性缺陷'的性质应当相同。因此，在'实质审查'以及'复审与无效请求的审查'阶段对'明显实质性缺陷'的审查，应当依照《专利审查指南》在初步审查部分列举情形的性质，根据个案的具体情形判断。《专利审查指南》所列举的初审阶段的'明显实质性缺陷'在'实质审查'以及'复审与无效请求的审查'阶段当然也属于'明显实质性缺陷'。**对**

本领域技术人员来说，发明创造的创造性是指其相对于现有技术是非显而易见的，是否具备创造性是授予发明创造专利权的必要条件。评价创造性时，不仅要考虑发明创造的技术方案本身，还要考虑发明创造所属的技术领域以及所解决的技术问题和所产生的技术效果。因此，不宜将《专利审查指南》列明的'明显实质性缺陷'扩大解释到创造性。其次，涉案专利申请的创造性评价在此前的驳回决定中并未涉及……因此，本案显然不属于专利复审委员会可以依职权审查的情形"。

与（2014）知行字第 2 号一案①相反，最高人民法院在 2015 年审结的（2014）知行字第 123 号一案②中支持了专利复审委员会依职权审查的范围。该案中，前审部门以涉案专利申请不具备实用性为由作出驳回决定，专利复审委员会在复审程序中依职权引入《专利法》第 26 条第 3 款，并以此为由维持驳回决定。最高人民法院认为，"即使复审请求人克服了原驳回决定或者复审通知书中指出的问题，但如果专利复审委员会认为涉案申请存在明显实质性缺陷的，可以用与原驳回决定不同的理由驳回复审请求"。该案中，"说明书公开不充分属于明显实质性缺陷，专利复审委员会在复审程序中向复审请求人指出了该缺陷并给予了其陈述意见的机会，在其无法克服该缺陷的情形下，专利复审委员会以涉案申请不符合《专利法》第 26 条第 3 款为由作出的复审决定并未违反法定程序"。

三、复审程序中合议组针对公知常识的举证责任

根据《专利审查指南》的相关规定，专利复审委员会在复审案件的审查过程中，可以依职权认定公知常识。

就专利复审委员会在依职权认定公知常识时是否需要举证的问题，

---

① 申请号为 200410047791X 的发明专利申请，复审决定号为 FS30895，一审判决号为（2011）一中行初字第 2876 号，二审判决号为（2012）高行终字第 1486 号，专利复审委员会均败诉。专利复审委员会提出再审申请，被最高人民法院驳回。

② 专利号为 200610075959.7 的发明专利申请。复审决定号为 FS57456，维持驳回决定。一审判决号为（2013）一中行初字第 3711 号，二审判决号为（2014）高行终字第 1112 号，均维持无效决定。专利申请人提起再审，最高人民法院裁定驳回再审申请。

最高人民法院在（**2014**）**知行字第 1 号**一案①中明确，"**按照《中华人民共和国行政诉讼法》第 32 条的规定，专利复审委员会对其作出的复审请求审查决定是否合法负有相应的举证责任，该举证责任的承担，不以人民法院是否要求为前提**"。在该案的复审程序中，专利复审委员会认定权利要求 1 与对比文件 3 相比存在 3 个区别特征。其中，区别特征 1 为公知常识。二审法院认为，专利复审委员会对公知常识的认定举证不足，故撤销复审决定。对此争议点，最高人民法院认为，"在专利复审委员会认为利用微处理器对内部各个部件和外部设备进行集中控制以实现相应的功能是本领域常规技术手段，且专利申请人对此有异议的情况下，其有责任就其引入的公知常识提供证据加以证明，因其在二审阶段没有提供相应的证据，二审法院据此认定其举证不足，并无不当"。

但是，在（**2015**）**知行字第 173 号**一案②中，最高人民法院就类似问题似乎给出了不同的结论。该案中，专利复审委员会在复审决定中认为使用雾化喷嘴对水进行雾化是本领域的常规技术手段，但未提供证据予以佐证。最高人民法院认为，"专利审查机关在对一项专利申请进行创造性审查时，应当是基于本领域技术人员的知识和能力进行评价。本领域技术人员应当知晓申请日前发明所属技术领域所有的普通技术知识，能够获知该领域中所有的现有技术"。该案中，专利复审委员会的认定是基于所属领域技术人员的知识和能力进行的，且在无效决定中对此进行了充分说明。因此，一、二审判决未要求专利复审委员会举证并无不当。

四、无效程序的依职权审查和依请求审查

随着第三次《专利法》的修改，业界关于无效程序性质的争论逐渐平

---

① 申请号为 200610006562.2 的发明专利申请，复审决定号为 FS31646，一审判决号为（2012）一中行初字第 868 号，维持专利复审委员会决定，二审判决号为（2012）高行终字第 1316 号，撤销一审判决。专利复审委员会提出再审申请被驳回。

② 申请号为 200710148482.5 的发明专利申请，决定号为 FS47465，一审判决（2013）一中行初字第 610 号，维持专利复审委员会决定，二审判决（2013）高行终字第 1756 号，维持一审判决。专利申请人提出再审申请被驳回。

息。一段时间以来的主流观点认为，无效程序乃专利复审委员会借助于无效宣告请求人提出的请求而对不当授权予以纠正的行政确权程序。但是，随着《专利法》第四次修改的推进，有关无效程序性质的争论又再度燃起。

在（2014）知行字第52号一案①中，最高人民法院明确了专利无效程序的设置目的和意义："根据专利法的规定，国家知识产权局依法行使对专利申请是否具备新颖性、创造性和实用性以及其他专利授权条件进行审查的职权，但并不负有也不可能负有保证专利授权正确无误的责任。为此，**专利法特设置专利无效宣告制度，目的在于充分利用社会公众的力量，对不符合专利授权条件的发明创造专利权提出挑战和质疑，发现和纠正专利行政部门对不符合专利授权条件的发明创造授予专利权的错误决定，提高专利授权的质量，维护社会公众的利益。如果对于经过实质审查的发明专利权不允许通过无效宣告程序宣告无效，则专利无效宣告制度将失去意义。**"

（一）《专利法实施细则》第72条的适用

在无效程序中，一方面，基于无效程序的性质，专利复审委员会通常仅针对请求人提出的无效宣告请求理由、范围和证据进行审查，不承担全面审查专利有效性的义务；另一方面，基于纠正不当授权的要求，专利复审委员会可以在一定范围内依职权引入请求人未提及的无效理由和证据，而不受请求人提出的无效宣告理由和证据的限制；同时，根据《专利法实施细则》第72条第2款的规定，如果专利复审委员会依据已经进行的审查工作能够作出宣告专利权无效或者部分无效的决定，即使请求人提出撤回其无效请求的请求，专利复审委员会也可以不终止审查程序。

---

① 专利号为200610069781.5的发明专利，决定号为WX17452，宣告专利权全部无效。一审判决号为（2012）一中行初字第761号，二审判决号为（2012）高行终字第1377号，均维持无效决定。专利权人提起再审申请，最高人民法院裁定驳回。

（2013）知行字第 92 号一案①中，请求人提出请求时的无效理由是：涉案专利相对于对比文件 2 和公知常识的结合、对比文件 3 和公知常识的结合不具备创造性。口头审理中，请求人放弃对比文件 3 与公知常识结合评价创造性的无效理由。专利复审委员会使用对比文件 3、2 与公知常识的结合评价涉案专利的创造性，并宣告该专利权无效。该案的争议点之一是《专利法实施细则》第 72 条第 2 款的适用问题。针对该争议点，专利复审委员会认为，《专利法实施细则》第 72 条第 2 款规定，专利复审委员会可以依职权审查请求人撤回或者视为撤回的请求。放弃部分无效理由当然就是撤回了部分无效宣告请求。该规定应当适用于请求人部分放弃无效宣告请求理由和证据的情形，否则将出现全部放弃可以依职权审查而部分放弃却不可以依职权的不合理的逻辑。在裁定书中，最高人民法院否定了专利复审委员会的这一观点。最高人民法院认为，"**《专利法实施细则》第 72 条第 2 款……规定适用于无效宣告请求人撤回其请求或者无效宣告请求被视为撤回的情形。本案中，福田雷沃公司并未撤回其请求，也不存在其无效宣告请求被视为撤回的情况。即使如专利复审委员会所主张的该规定适用于请求人主动放弃部分无效理由和证据的情形……福田雷沃公司并未提出过诉争无效宣告理由，不存在放弃的事实**"。因此，专利复审委员会使用无效宣告请求人放弃的对比文件 3 并将其与对比文件 2 与公知常识结合评价涉案专利的创造性的做法不当。

（二）对《专利审查指南》列举的依职权审查范围的理解

关于专利复审委员会在何种情形下可以依职权对于无效宣告请求人未提及的理由和证据进行审查，《审查指南》（2006）在第四部分第三章

---

① 专利号为 200620074801.3 的实用新型专利，决定号为 WX18967，宣告专利权全部无效。一审判决号为（2012）一中行初字第 3616 号，二审判决号为（2013）高行终字第 530 号，均撤销无效决定。专利复审委员会提起再审申请，最高人民法院裁定驳回。

4.1 节列举了三种情形①，2010 年修改《专利审查指南》时，将这种情形扩展到七种②。实践中存在的争议是，《专利审查指南》列举的这些情形究竟是专利复审委员会在无效程序中依职权审查范围的穷举还是例举？

（2013）知行字第 92 号一案③的第二个争议点就涉及这个问题，即对《审查指南》（2006）规定的依职权审查的三种情形的理解。针对该争议点，专利复审委员会认为，根据《审查指南》（2006）关于当事人处置原则的规定，"对于请求人放弃的无效宣告理由和证据，专利复审委员会通常不再查证"，"通常"一词是一种总括性的描述，并非"绝对"之意；《审查指南》（2006）规定的三种常见的"可以"依职权审查的情形，应当被理解为仅仅是对依职权审查情形的列举，而非对依职权审查的限制。最高人民法院对这一观点未予支持。最高人民法院认为，**"无效宣告审查程序是基于请求人的请求而启动。请求原则作为无**

① 专利复审委员会在下列情形下可以依职权进行审查：（1）请求人提出的无效宣告理由明显与其提交的证据不相对应的，专利复审委员会可以告知其有关法律规定的含义，并允许其变更为相应的无效宣告理由。（2）专利权存在请求人未提及的缺陷而导致无法针对请求人提出的无效宣告理由进行审查的，专利复审委员会可以依职权针对专利权的上述缺陷引入相关无效宣告理由并进行审查。（3）专利复审委员会可以依职权认定技术手段是否为公知常识，并可以引入技术词典、技术手册、教科书等所属技术领域中的公知常识性证据。

② 专利复审委员会在下列情形下可以依职权进行审查：（1）请求人提出的无效宣告理由明显与其提交的证据不相对应的，专利复审委员会可以告知其有关法律规定的含义，并允许其变更为相应的无效宣告理由。（2）专利权存在请求人未提及的明显不属于专利保护客体的缺陷，专利复审委员会可以引入相关的无效宣告理由进行审查。（3）专利权存在请求人未提及的缺陷而导致无法针对请求人提出的无效宣告理由进行审查的，专利复审委员会可以依职权针对专利权的上述缺陷引入相关无效宣告理由并进行审查。（4）请求人请求宣告权利要求之间存在引用关系的某些权利要求无效，而未以同样的理由请求宣告其他权利要求无效，不引入该无效宣告理由将会得出不合理的审查结论的，专利复审委员会可以依职权引入该无效宣告理由对其他权利要求进行审查。（5）请求人以权利要求之间存在引用关系的某些权利要求存在缺陷为由请求宣告其无效，而未指出其他权利要求也存在相同性质的缺陷，专利复审委员会可以引入与该缺陷相对应的无效宣告理由对其他权利要求进行审查。（6）请求人以不符合《专利法》第33 条或者《专利法实施细则》第 43 条第 1 款的规定为由请求宣告专利权无效，且对修改超出原申请文件记载范围的事实进行了具体的分析和说明，但未提交原申请文件的，专利复审委员会可以引入该专利的原申请文件作为证据。（7）专利复审委员会可以依职权认定技术手段是否为公知常识，并可以引入技术词典、技术手册、教科书等所属技术领域中的公知常识性证据。

③ 专利号为 200620074801.3 的实用新型专利，决定号为 WX18967，宣告专利权全部无效。一审判决号为（2012）一中行初字第 3616 号，二审判决号为（2013）高行终字第 530 号，均撤销无效决定。专利复审委员会提起再审申请，最高人民法院裁定驳回。

效宣告审查程序的基本原则，不仅要求无效宣告审查程序必须由请求人启动，而且在无效宣告审查程序中，通常仅针对当事人提交的无效请求的范围、理由和提交的证据进行审查，专利复审委员会不承担全面审查专利有效性的义务。请求原则还意味着请求人有权处分自己的请求，可以放弃全部或者部分无效宣告请求理由及证据。对于请求人放弃的无效宣告理由和证据，在没有法律依据的情况下，通常专利复审委员会不应再作审查。《审查指南》（2006）规定了依职权审查原则，并对专利复审委员会可以依职权审查的具体情形作了列举规定，这些情形是请求原则的例外：一方面赋予专利复审委员会可以依职权审查情形的职权，给予公众相应的预期；另一方面也限定了专利复审委员会可以依职权审查的范围。专利复审委员会关于《审查指南》（2006）的规定仅是'对依职权审查情形的列举而非对依职权审查情形的限定'的主张没有法律依据。本案中，福田雷沃公司并未提出过本专利相对于对比文件3、对比文件2和公知常识的结合不具有创造性的无效宣告理由，且在口头审理中明确放弃对比文件3结合公知常识评价本专利创造性的无效宣告理由。在请求人未提出且明确放弃对比文件3的情况下，专利复审委员会主动引入请求人放弃的证据并引入请求人未提出的证据组合方式，这种做法并不属于《审查指南》（2006）规定的可以依职权审查的范围。专利复审委员会主动引入诉争无效宣告理由进行审查并据此宣告本专利无效，缺乏相应的法律依据。至于听证原则是在符合请求原则或者依职权审查原则之下的程序要求，不能因给予当事人陈述意见的机会就使得本没有法律依据的主动审查行为合法化"。

（三）依职权审查的范围

在（2012）知行字第50号一案[①]中，最高人民法院肯定了专利复审委员会依职权引入公知常识的合法性。该案口头审理中，请求人主张权

---

① 专利号为200610035815.9的发明专利，决定号为WX14933，宣告专利权全部无效。一审判决号为（2010）一中行初字第3027号，二审判决号为（2011）高行终字第667号，均维持无效决定。专利权人提起再审申请，最高人民法院裁定驳回再审申请。

利要求 1、2、5、7 相对于对比文件 6 不具备新颖性，并且明确主张"设置 0—2 倍（焦距）是容易想到的"，就权利要求 1 的创造性，请求人的意见是"同新颖性的意见陈述"。在合议组询问专利权人"0 到 2 倍焦距对凸透镜的成像规律是公知常识是否有异议"时，格瑞公司表示有异议。无效决定中，专利复审委员会分析了凸透镜与光源之间物距变化而改变对光束会聚作用的规律为公知常识，之后得出结论认为，权利要求 1 相对于对比文件 6 和公知常识的结合不具备创造性。该案的争议焦点之一在于，专利复审委员会使用对比文件 6 和公知常识的结合评价涉案专利的创造性是否违背请求原则。针对这一问题，最高人民法院认为，"《审查指南》（2006）第四部分第三章第 4 节 4.1（3）规定，专利复审委员会可以依职权认定技术手段是否为公知常识，并可以引入技术词典、技术手册、教科书等所属技术领域中的公知常识性证据。因此，专利复审委员会在对本专利的创造性进行评价时，主动引入公知常识并无不当；并且合议组在口头审理中明确询问格瑞公司就 0 到 2 倍焦距对凸透镜的成像规律是公知常识是否有异议。虽然格瑞公司对所述公知常识有异议，但如果本领域技术人员考虑其意见后仍然认为该公知常识成立，则专利复审委员会在已经给予格瑞公司陈述意见的机会后可以对此予以认定……格瑞公司关于专利复审委员会违反请求原则……的申请再审理由不能成立"。

在（2014）知行字第 82 号一案①中，最高人民法院**肯定了在无效程序中变更最接近现有技术的合法性**。无效宣告请求人提出无效宣告请求时主张将证据 1 作为最接近的现有技术，与证据 2 或者证据 2、3 的结合评价权利要求 1 的创造性；口头审理时主张以证据 3 为最接近的现有技术，将其与证据 2 或者证据 2、1 的结合评价权利要求 1 的创造性。无效决定采用证据 3 与证据 1 的结合宣告专利权利要求 1 无效。专利权人提出再审申请时，认为无效决定接受并采用该理由宣告权利要求 1 无效违反了法定程序。专利复审委员会答辩称，在无效宣告请求书中已经包含

---

① 专利号为 98800051.2 的发明专利。无效决定号为 WX14219，宣告权利要求 1 无效。一审判决号为（2010）一中知行初字第 1885 号，二审判决号为（2011）高行终字第 1505 号，均维持无效决定；专利权人提起再审，最高人民法院裁定驳回再审申请。

了证据1、2和3的结合方式且已经进行了特征对比，因此接受上述理由并未违反法定程序。最高人民法院认为，专利权人"在口头审理中已经对变更后的组合方式充分陈述了意见，其实体权益并未受到影响"；而且，其意见陈述显示，专利权人对于证据3与任何其他对比文件的组合都进行了陈述。因此，无效决定仅采用证据3和证据1的结合评价权利要求1的创造性并未影响专利权人的实体权益，未违反请求原则。

五、无效程序中公知常识的举证责任

在（2009）行提字第4号一案[①]中，关于公知常识是否为众所周知的事实以及是否需要举证证明的问题，最高人民法院首先解释道，"2002年7月24日发布的《最高人民法院关于行政诉讼证据若干问题的规定》第68条第1款第（1）项和2001年12月21日发布的《最高人民法院关于民事诉讼证据的若干规定》第9条第1款第（1）项均规定，众所周知的事实当事人无需举证证明，当事人有相反证据足以推翻的除外。上述司法解释所称之'众所周知的事实'，具有时间和地域的相对性，**一般应当具备以下三个条件：一是众所周知的事实应当具有普遍性，即为特定时空范围内的一般社会成员所公知。二是众所周知的事实应当具有显著性，即不仅为特定时空范围内的一般社会成员所公知，亦应为审理案件的法官所知晓。尽管法官的知识和经验应该不在特定时空范围内一般人的知识和经验之下，但如果承办案件的法官对一方当事人所陈述的众所周知的事实并不知晓，该事实即不能当然成为免证事实。三是众所周知的事实应当具有确定性，即应当是确证无疑的事实，而不能够被合理质疑。如果可以被合理质疑或者有相反证据足以推翻该事实的，主张该事实的当事人仍需举证**"。

该案中，当事人的争议焦点在于，权利要求1中"预热室侧面设置

①　专利号为92106401.2的发明专利。无效决定号为WX3974，维持专利权有效。一审判决号为（2001）一中知行初字第309号，维持无效决定，二审判决号为（2002）高行终字第202号，撤销一审判决和无效决定；专利复审委员会提起再审，最高人民法院提审后，判决撤销二审判决，维持一审判决和无效决定。

燃烧器接口"这一技术特征是否属于公知常识。二审判决认为，"在'燃煤、油、气常压热水锅炉'实用新型专利被授予专利权之前，已经有使用煤、油、气作为燃料的三用锅炉，这种三用锅炉中有在炉门之侧开设燃烧器接口的技术方案，这种技术方案是三用锅炉中普遍使用的，作为该技术领域的技术人员是应当知悉的，可以作为该技术领域的一般技术常识。上述的三用锅炉包括常压热水锅炉。"专利复审委员会认为二审判决的上述认定缺乏事实依据。

对此争议焦点，最高人民法院认为："首先，要准确界定本专利要求保护的技术方案的范围。本案所涉技术领域中，锅炉、反烧锅炉和正烧锅炉、双层炉排反烧锅炉、双层波浪炉排反烧锅炉之间，依次构成上下位概念，各自所限定的技术方案并不相同但之间依次具有从属关系。如前所述，本专利权利要求1保护的是一种能够适应燃煤、油、气三用的双层炉排反烧锅炉，而非能够适应燃煤、油、气三用的普通锅炉，本专利权利要求4则进一步将这种锅炉限定为双层波浪炉排反烧锅炉。在此基础上，结合原审和本院审理查明的事实以及各方当事人在本案各个程序中的主张与表述，本案并无确切证据证明、当事人也未一致认可在本专利申请日前已经存在能够适应燃煤、油、气的三用双层炉排反烧锅炉，更谈不上这种三用双层炉排反烧锅炉已经有在炉门之侧开设燃烧器接口的技术手段。因此，二审判决的有关认定并不准确，乃至有误；而且二审判决以'被授予专利权之前'而非专利申请日作为审查评判专利性的时间点，亦属错误。其次，本案不能证明争议的'预热室侧面设置燃烧器接口'这一技术特征属于公知常识。**本案当事人对争议特征是否属于公知常识有争议而无效宣告请求人又未能举证证明，况且专利复审委员会也不认为属于公知常识，对于审理案件的法官而言，在没有足够证据或者具有充分理由的情况下，也并不应得出该争议特征属于公知常识的结论，更不能将该争议特征认定为诉讼法意义上的众所周知的事实而免除当事人的举证责任。**结合本案无效宣告理由的具体内容，尽管本案可以勉强认定无效宣告请求人在专利复审委员会的程序中已经提出了公知常识的主张，但是无效宣告请求人不仅在专利复审委员会程序中，而且在一、二审程序乃至本院再审程序中对此都未能举证证明，其所给出的理由说明也并不充分，不能令人信服，况且专利复审委员会和专利权人均不认可其有关主张，从二审判决书的表述也看不出二审法院如此认定的客观依据之所在。因此，二审法院的这一认定，缺乏事实依据。"

六、无效程序中的修改

对于无效程序中权利要求的修改，《专利审查指南》在《专利法实施细则》规定的基础上进行了进一步细化，从修改原则和修改方式两个层面作出规定。近年来，业界对于无效程序中权利要求修改的限制提出了颇多不同的声音。

（2011）知行字第 17 号一案[①]就涉及对于《专利审查指南》中无效程序权利要求修改原则和修改方式相关规定的理解。该案涉及一种由氨氯地平和厄贝沙坦组成的药物组合物。原始文本记载，组合物中两种组分比值范围为 1：10—50，实质审查过程中，专利申请人将其修改为 1：10—30 并得到授权，无效程序中，专利权人将这一比例再次修改为 1：30。专利复审委员会认为该修改超出原申请文件记载的范围，不符合《专利法》第 33 条的规定，并且这一修改也不属于无效宣告程序中允许的修改方式，最终以原始授权公告文本为基础，以涉案专利不符合《专利法》第 26 第 4 款为由宣告专利权全部无效。最高人民法院未支持专利复审委员会的这一结论。

在裁定书中，最高人民法院首先对这一修改是否符合《专利法》第 33 条的规定作出认定，认为"《审查指南》[②] 规定无效宣告程序中对权利要求书的修改不得超出原说明书和权利要求书记载的范围……（本案）所涉及的问题均是 1：30 的比值是否在原说明书中有记载，这样的修改是否超出了原说明书和权利要求书记载的范围。根据查明的事实可

---

① 专利号为 03150996.7 的发明专利。无效决定号为 WX14275，宣告专利权全部无效。一审判决号为（2010）一中知行初字第 1364 号，维持无效决定，二审判决号为（2010）高行终字第 1022 号，撤销一审判决和无效决定；专利复审委员会提起再审，最高人民法院裁定驳回再审申请。

② 作者注：此处《审查指南》，按照最高人民法院其他案件中的观点，应指案件申请日时适用的《审查指南》，即《审查指南》（2001）。下同。

知，本专利说明书中明确公开了氨氯地平 1mg 与厄贝沙坦 30mg 的组合，并将氨氯地平 1mg/kg 与厄贝沙坦 30mg/kg 作为最佳剂量比，在片剂制备实施例中也有相应符合 1∶30 比例关系的组合，可见 1∶30 的比值在说明书中已经公开。**对于比值关系的权利要求而言，说明书中具体实施例只能记载具体的数值，而无法公开一个抽象的比值关系**，而且本专利说明书中披露的是在大鼠身上进行试验所得到的结果，本专利说明书明确记载可应用的剂量范围是氨氯地平 2—10mg，厄贝沙坦 50—300mg，如果认定其披露的最佳组方仅为 1mg∶30mg 这一具体剂量而非比值，则该最佳组方根本不包含在上述可应用的范围内，显然不符合常理。对于本领域普通技术人员来说，1mg/kg 和 30mg/kg 表明的是两种成分的比值而非一个固定的剂量，故本案中应认为 1∶30 的比值关系在说明书已有记载，该修改没有超出原说明书和权利要求书的范围。另外，对于是否符合该比值关系的所有技术方案均能够实现本专利发明目的，是属于权利要求是否能得到说明书的支持，即《专利法》第 26 条第 4 款的问题，不宜以该理由认定修改是否超出范围"。

然后，最高人民法院讨论了无效程序中权利要求的修改方式问题。最高人民法院阐明，"《审查指南》规定无效过程中权利要求的修改方式限于三种：权利要求的删除、合并和技术方案的删除。专利复审委员会认为，即使认定本案中对权利要求的修改符合上述修改原则，但其仍然因不符合《审查指南》对修改方式的要求而不能被接受。本案中，尽管原权利要求中 1∶10—30 的技术方案不属于典型的并列技术方案，但鉴于 1∶30 这一具体比值在原说明书中有明确记载，且是其推荐的最佳剂量比，本领域普通技术人员在阅读原说明书后会得出本专利包含 1∶30 的技术方案这一结论，且本专利权利要求仅有该一个变量，此种修改使本专利保护范围更加明确，不会造成其他诸如有若干变量的情况下修改可能造成的保护范围模糊不清等不利后果，允许其进行修改更加公平。《专利法实施细则》及《审查指南》对无效过程中权利要求的修改进行限制，其原因一方面在于维护专利保护范围的稳定性，保证专利权利要求的公示作用；另一方面在于防止专利权人通过事后修改的方式把申请日时尚未发现、至少从说明书中无法体现的技术方案纳入本专利的权利要求中，从而为在后发明抢占一个在先的申请日。本案中显然不存在上述情况，1∶30 的比值是专利权人在原说明书中明确推荐的最佳剂量比，将权利要求修改为 1∶30 既未超出原说明书和权利要求书记载的范围，更未扩大原专利的保护范围，不属于相关法律对于修改进行限制所考虑的要避免的情况。如果按照专利复审委员会的观点，仅以不符合修改方式的要求而不允许此种修改，使得在本案中对修改的限制纯粹成为对专利权人权利要求撰写不当的惩罚，缺乏合理性。况且，**《审查指南》规定在满足修改原则的前提下，修改方式一般情况下限于前述三种，并未绝对排除其他修改方式**。故本院认为，本案中，二审判决认定修改符合《审查指南》的规定并无不当，专利复审委员会对《审查指南》中关于无效过程中修改的要求解释过于严格，其申诉理由不予支持"。

七、听证原则

听证原则是专利审查过程中的一项基本原则，其含义是，专利复审委员会在作出复审和无效决定之前，应当就决定所依据的理由和证据给予对其不利的当事人至少一次修改或陈述意见的机会。

在（2013）行提字第 20 号一案[1]中，最高人民法院对听证原则及其适用作出阐释："听证原则是专利复审程序中的基本原则，虽然《专利法》、《专利法实施细则》和《审查指南》（2006）未对审查员在复审过程中应当发出几次复审通知书作出具体的硬性规定，但是《审查指南》（2006）第四部分第二章 4.3 审查方式中明确规定了应当发出复审通知的情形，《审查指南》（2006）第二部分第八章 6.1.1 驳回申请的条件中也规定了实质审查阶段发出审查意见通知书的情形，是否可以发出复审通知书以及发出几次通知书属于审查员自由裁量的范围，应当由审查员依据相关法律法规并根据具体情形决定。"

---

[1] 申请号为 03123169.1 的发明专利申请。复审决定号为 FS15603，以不符合《专利法》第 33 条为由维持驳回决定。一审判决号为（2009）一中知行初字第 937 号，维持复审决定，二审判决号为（2009）高行终字第 1395 号，维持一审判决和无效决定；专利申请人提起再审，最高人民法院提审后，判决撤销复审决定和一、二审判决。

该案中，复审程序中，合议组发出复审通知书，指出药物组合物中含有"马蔺子种皮醇浸膏"、"蓖麻蛋白毒凝集素"和"土大黄鞣质浸膏"的修改不符合《专利法》第33条的规定。在答复复审通知书时，复审请求人提交了修改文本，克服了复审通知书指出的修改超范围之处，但是，却在说明书中增加了新的关于发明技术效果的内容。合议组以上述内容不符合《专利法》第33条的规定为由直接作出维持驳回决定的复审决定。复审请求人提出再审申请时，认为专利复审委员会针对新出现的缺陷没有给予连耀林陈述意见和修改文件的机会，违反了法定程序。

最高人民法院认为，根据《审查指南》（2006）第四部分第二章4.3审查方式的规定，"针对一项复审请求，合议组可以采取书面审理、口头审理或者书面审理与口头审理相结合的方式进行审查"，《专利法实施细则》第62条规定了四种应当发出复审通知书的情形，根据该规定的第（4）种情形，"**专利复审委员会以两处新的修改超范围为由驳回连耀林的复审请求，属于引入了驳回决定未提出的理由，应当再次发出复审通知书，给予连耀林再次修改或者陈述理由的机会。据此，专利复审委员会未再次发出复审通知即径行驳回，违反法定程序，应当予以纠正**"。另外，最高人民法院还指出，"**不管涉案申请是否具有授权前景，专利复审委员会如果引入新的不同理由驳回申请人的复审申请，应该再给予申请人至少一次陈述意见或者修改的机会，否则就与复审阶段的听证原则相违背，有失公平**……因此，涉案申请是否具有授权前景不能作为专利复审委员会径行驳回涉案申请的理由和依据"。

八、证据真实性的认定

对证据真实性的认定是专利确权案件审查的根本。对经过庭审质证的证据和无须质证的证据，法庭应当进行逐一审查，对全部证据结合审查，遵循法官职业道德，运用逻辑推理和生活经验，进行全面、客观和公正的分析判断，确定证据材料与案件事实之间的证明关系，排除不具有关联性的证据，准确认定案件事实。

　　在（2013）行提字第 18 号一案①中，最高人民法院强调，要根据
《最高人民法院关于行政诉讼证据若干问题的规定》第 56 条的规定，对
证据的真实性进行审查，即"**法庭应当根据案件的具体情况，从以下方
面审查证据的真实性：（一）证据形成的原因；（二）发现证据时的客观
环境；（三）证据是否为原件、原物、复制件、复制品与原件、原物是
否相符；（四）提供证据的人或者证人与当事人是否具有利害关系；
（五）影响证据真实性的其他因素**"。该案的争议点在于，是否认可证据
1 中 2004 年 2 月 20 日的《三宝颜星报》的真实性。针对这一问题，最
高人民法院认为，"虽然证据 1 中的 2004 年 2 月 20 日的《三宝颜星报》
没有篡改、涂改、弄脏或损坏的痕迹，并且认证文书首页有印花和菲律
宾共和国外交部的钢印印章，印花所固定的红色绸带将全部公证认证材
料连为一体，附于其后的公证授权的证明书、公证文书上均盖有菲律宾
共和国外交部的钢印印章，证据手续完备。但该份《三宝颜星报》本身
是一份不完整的报纸，只有第 3、4、5、6 版，没有第 1、2 版；四个版
面的刊头明显不一致，第 4 版与第 5 版的刊头比较接近，第 3 版和第 6
版与其他两版的刊头区别明显，第 6 版的序号与其他三版序号的字体明
显不同，第 3、4、5 版和第 6 版刊头标识和出版日期中的逗号明显不同。
同一页报纸的正反面上的字体不同，清晰度也不一样。《三宝颜星报》
的出版商阿米利亚·C. 艾格拉期先后给陈立闽和德益公司出具了宣誓证
明材料，但对于证据 1 中 2004 年 2 月 20 日的《三宝颜星报》的真实性
的表述有矛盾之处，无法证实上述报纸的真实性"。"陈立闽对上述报纸
的真实性提出诸多合理置疑，德益公司未提供其他补强证据证明上述报
纸的真实性。运用逻辑推理和生活经验，经过综合判断，本院无法确认
证据 1 中 2004 年 2 月 20 日的《三宝颜星报》的真实性，故本院对其真
实性不予认可。"

---

　　① 专利号为 200430067996.5 的外观设计专利。无效决定号为 WX15790，宣告专利权全部
无效。一审判决号为（2011）一中行初字第 831 号，维持无效决定；二审判决号为（2011）高
行终字第 1624 号，维持一审判决和无效决定。专利权人提起再审，最高人民法院裁定提审后，
判决撤销无效决定和一、二审判决。

（2012）行提字第 19 号一案①中，最高人民法院指出："为判断发明或者实用新型的新颖性或创造性所引用的相关文件，即对比文件如果是出版物的，提出无效宣告请求审查的请求人必须要证明其公开发表或者出版的时间。只有出版物的公开日在涉案专利申请日以前的，才能作为对比文件使用。通常情况下，出版物的印刷日视为公开日，但有其他证据证明其公开日的除外。本案中，诺金公司没有提交《汇编》一书的原件，为证明《汇编》一书的真实性以及公开时间，诺金公司提交了第 40365 号公证书以及第 38246 号公证书。从第 40365 号公证书所附的《汇编》一书的版权页信息来看，其显示的国际书号即 ISBN 号为 957 – 414 – 366 – 1，此书号所对应的出版物已为玉林公司提交的证据证实为《国际财务管理》一书，该书的出版者不是大孚书局，同时结合大孚书局委托严欲钦律师对于《汇编》版权页上显示的出版者信息所作的否认说明，可以确认在《汇编》版权页上显示的 ISBN 号、出版者信息是不真实的。在此情况下，显示在《汇编》版权页上的包括版次、编辑者等在内的信息是否真实无法确定，也即不能从其版权页上所载的版次来确定其公开时间。"另外，最高人民法院还考察了相关的公证文书，"从第 38246 号公证书来看，该公证书载明了桔洲图书馆工作人员在公证人员面前操作'LibMis 图书馆管理集成系统'查阅《汇编》一书管理信息的过程，该管理系统显示《汇编》的入库时间为 2004 年 1 月 8 日，早于涉案专利申请日。本院认为，该公证书能够证明公证人员在公证日看到的桔洲图书馆计算机管理系统中显示的信息情况，但不能证明该管理系统中所载入的信息形成过程及信息内容是否真实。首先，电子资料受其本身的特殊性制约，容易被修改、伪造，且不留痕迹，因此对于电子资料作为证据使用有严格的限制条件。根据《最高人民法院关于行政诉讼证据若干问题的规定》第 64 条的规定，电子资料只有其制作情况和真实性经过对方当事人确认，或者以公证等其他有效方式予以证明的，才

---

① 专利号为 200410050135.5 的发明专利。无效决定号为 WX14008，宣告专利权全部无效。一审判决号为（2010）一中行初字第 767 号，维持无效决定；二审判决号为（2011）高行终字第 267 号，维持一审判决和无效决定。专利权人提起再审，最高人民法院裁定提审后，判决撤销无效决定和一、二审判决。

能获得原件的证明效力。本案中，玉林公司对第38246号公证书所公证的《汇编》一书入库时间信息的真实性不予认可，诺金公司亦未以其他有效方式对该信息的真实性加以佐证，因此该信息的真实性无法确定。其次，从第38246号公证书显示的《汇编》一书的'借阅历史统计'内容来看，并未记载第40365号公证书公证的借阅信息，此与电子借阅系统应予记载的借阅信息相矛盾。再次，第38246号公证书所记载的《汇编》一书的条形码以及索书号，不能从第40365号公证书所公证的《汇编》一书上找到，二者相矛盾。最后，玉林公司在诉讼中提交了广西壮族自治区南宁市中级人民法院制作于第38246号公证书之前的笔录，该笔录证明《汇编》一书并未在桔洲图书馆入库管理，也没有使用电脑借阅系统，此内容与第38246号公证书记载的内容明显相悖。由此可见，第38246号公证书不能证明《汇编》一书在桔洲图书馆的入库时间是真实的，也即不能据此确定《汇编》一书的公开时间。"

（2015）知行字第61号一案[①]涉及以公证书形式固定的网页证据的真实性和证明力认定。最高人民法院明确，"**在审查判断以公证书形式固定的互联网网站网页发布时间的真实性和证明力时应综合考虑相关公证书的制作过程、该网页及其发布时间的形成的过程、管理该网页的网站资质和信用状况、经营管理状况、所采用的技术手段等相关因素，结合案件其他证据，对该公证书及所附网页发布时间的真实性和证明力作出明确判断。在审查证据的基础上，如果确信现有证据能够证明待证事实的存在具有高度可能性，对方当事人对相应证据的质疑或者提供的反证不足以削弱相关证据的证明力达到高度盖然性的证明标准的，应该认定待证事实存在**"。该案中涉及的公证书证据显示，以非注册的普通用户身份登陆"世界工厂网"，可以看到第7页显示的烫钻模具图片发布时间为2010年8月16日，第10页显示的烫钻模具图片发布时间为2010年3月8日，均早于本案专利申请日（2010年9月7日）。最高人民法院认为，"'世界工厂网'系规模较大、知名度较高的电子商务平台，具

---

① 专利号为201030506103.8的外观设计专利。无效决定号为WX20444，维持专利权有效。一审判决号为（2013）一中行初字第2307号，撤销无效决定；二审判决号为（2014）高行终字第1408号，维持一审判决。专利权人提起再审，最高人民法院裁定驳回再审申请。

有较高的信用和较好的管理手段。在此情况下，除非存在人为删改的情况，否则该网站上网页图片显示的发布时间与其真实的发布时间通常一致。董健飞提交了第 15901 号公证书作为反证，欲证明'世界工厂网'存在发布者可以对图片进行替换式修改，且修改后网页的发布时间一栏未发生变化。但是，第 15901 号公证书显示，当'世界工厂网'注册用户替换相关图片后，图片的状态栏显示为'已重发'，而附件 1 即第 2461 号公证书第 7 页和第 10 页的图片并未显示重发的迹象。同时，第 15901 号公证书显示的公证行为发生时，'世界工厂网'已经改版，难以反映附件 1 即第 2461 号公证书显示的公证行为发生时'世界工厂网'的实际状态。因此，董健飞提交的第 15901 号公证书并未实质性削弱附件 1 的证明力。在附件 1 公证书及所附网页发布时间的真实性和证明力可以确信，而董健飞提交的第 15901 号公证书并未实质性削弱附件 1 证明力的情况下，一、二审法院认定附件 1 以公证书形式固定的互联网网站图片在本案专利申请日前已经公开，并无不当"。

九、证据公开性的认定

判断发明新颖性或创造性的对比文件为出版物的，负有举证责任的当事人应当证明其系公开出版物。出版物有多种形式，例如书籍、期刊等。

（2012）知行字第 54、55、56 号三个案件①的争议焦点均在于，普

---

① （2012）知行字第 54 号一案涉及专利号为 200510096351.8 的发明专利。无效决定号为 WX16187，宣告专利权全部无效。一审判决号为（2011）一中行初字第 2150 号，维持无效决定；二审判决号为（2011）高行终字第 1692 号，维持一审判决和无效决定。专利权人提起再审，最高人民法院裁定驳回再审申请。（2012）知行字第 55 号一案涉及专利号为 200510096361.1 的发明专利。无效决定号为 WX15312，宣告专利权全部无效。一审判决号为（2011）一中行初字第 576 号，维持无效决定；二审判决号为（2011）高行终字第 1691 号，维持一审判决和无效决定。专利权人提起再审，最高人民法院裁定驳回再审申请。（2012）知行字第 56 号一案涉及专利号为 200510096361.1 的发明专利。无效决定号为 WX15314，宣告专利权全部无效。一审判决号为（2011）一中行初字第 573 号，维持无效决定；二审判决号为（2011）高行终字第 1695 号，维持一审判决和无效决定。专利权人提起再审，最高人民法院裁定驳回再审申请。

正公司提交的《国家中成药标准汇编——中成药地方标准上升国家标准部分——经络肢体、脑系分册》（下称《汇编》）是否为公开出版物。关于《汇编》是否已经公开的问题，最高人民法院在判决书中认定，"**专利法意义上的出版物公开是指记载有技术或设计内容的独立存在的传播载体，并且应当表明或者有其他证据证明其公开发表或出版的时间**。根据《汇编》'前言'等相关内容的记载，《汇编》的宗旨是为了强化中成药国家标准管理工作，制定中成药标准的目的在于在全国范围内统一药品生产工艺及其质量标准，保障中成药生产制造环节上的质量安全。为实现上述目的必须在该领域中推行该标准，引导该领域的生产者遵行该标准，为此，该标准至少要在该领域的生产者范围内公开，并且处于任何人想要获得即可以获得的状态。普正公司能从国家知识产权局公开查询机构取得该证据也进一步佐证了《汇编》已经公开的事实，即该《汇编》所收载的中成药标准处于公众想获得即可获得的状态。千禾公司提交的国家食品药品监督管理局于 2012 年 6 月 5 日出具的《信息公开告知书》，用以证明《汇编》未公开发行，处于不公开状态，但该告知书明确指出公众可以通过依申请公开政府信息的方式获取《汇编》中依法可以公开的相关信息，从而也证明《汇编》所载中成药标准处于公众想获得即可获得的状态"。因此，千禾公司认为《汇编》不是公开出版物、发放范围有限制以及收载内容为试行标准，并推定《汇编》未被公开的申请再审理由不能成立。

（2015）知行字第 27 号一案①的争议点是经公证认证的美国路特瑞公司 VSS7 型举升机的安装说明书、宣传册等的公开性的认定。无效程序中，为了证明存在在先设计，无效宣告请求人提交了证据 1：经公证认证的美国路特瑞公司的 VSS7 型举升机的安装说明书及其中文译文；证据 2：从美国路特瑞公司网站下载的路特瑞公司 VSS7 型举升机的宣传册及其中文译文；证据 3：美国路特瑞公司 VSS7 型举升机的四份广告及

---

① 专利号为 200730147567.2 的外观设计专利。无效决定号为 WX20983，维持专利权有效。一审判决号为（2013）一中行初字第 3557 号，维持无效决定；二审判决号为（2014）高行终字第 1221 号，维持一审判决和无效决定。无效宣告请求人提起再审，最高人民法院裁定驳回再审申请。

其中文译文，分别登载在《PARKING TODAY》杂志。无效决定认为，证据 1 是企业的产品安装说明书，制作随意性大，仅凭其首页左下角的文字记载并不足以证明其公开时间为 2003 年 10 月；证据 2 为与请求人具有利害关系的企业网站相关内容，仅凭证据 2 最后一页记载为"？2005"，并不足以证明证据 2 公开的日期为 2005 年；证据 3 的公开日期早于本专利的申请日，属于申请日前国外公开出版物，可以作为评价本专利是否符合《专利法》第 23 条规定的证据使用。但是，由于与证据 1 的产品安装手册相类似的印刷品或出版物，通常并不是以单独出版发行的方式为公众所知，而是随所销售的产品一同被消费者或公众知晓。广告的登载并不能证明产品的实际销售，因此无效宣告请求人依据证据 3 认为证据 1、证据 2 的产品在 2005 年 5 月之前已有过在中国销售行为的主张不能成立。由于仅凭证据 3 无法得出本专利不符合《专利法》第 23 条规定的结论，因此维持专利权有效。在裁定书中，最高人民法院认为，"**产品安装说明书虽然不同于普通的公开出版物，仅凭该证据无法认定是否已随产品一起进入市场流通领域予以公开，但结合本案其他现有的在案证据，特别是，证据 3 为公开出版的杂志。其上刊登了美国路特瑞公司 VSS7 型举升机的产品广告。至少证明在 2005 年 5 月，VSS7 型举升机已有相关产品。因此，结合该证据，可以认定在 2005 年 5 月前，作为证据 1 的产品安装说明书应予公开。**无效决定和一、二审判决关于产品说明书并不单独进入流通领域，而是同产品一起进入流通领域，仅凭证据 1 的'October2003'标识并不足以证明其于 2003 年 10 月已被公开的认定不妥，予以纠正。鉴于无效决定和一、二审判决针对证据 3 是否构成本专利的现有设计的认定正确，因此驳回再审申请"。

十、行政诉讼过程中提交的新证据

专利行政诉讼是以专利复审委员会作为被告的行政诉讼。原则上，人民法院应当在复审或无效决定所依据的理由和证据的基础上，对专利复审委员会作出的复审和无效决定的合法性进行审查。

对于当事人在行政诉讼中提交的新证据，如果其用于证明在行政确

权程序中未曾涉及的理由或者用于证明新的案件事实，则人民法院不应当予以考虑。在（2013）知行字第 68 号一案①中，最高人民法院明确，"人民法院审理专利确权行政案件，对被诉决定是否合法进行审查。微芯公司在无效行政程序中并未主张相关区别技术特征属于公知常识，其提交新证据用于证明区别技术特征属于公知常识，已超出其提出的无效理由的范围，也超出了第 13812 号决定的审查范围。微芯公司可以以相关证据为依据，另行提出无效宣告请求"。

　　但是，如果在行政诉讼中提交的新证据用于说明申请日或优先权日之前本领域技术人员应当具有的知识水平和认知能力，属于公知常识性证据的，可以直接接受并采信，非公知常识性证据的，在庭审质证后可以参考。最高人民法院先后在多个判决中表明了这一观点。例如，在（2011）知行字第 54 号一案②中，再审申请人曾关生在申请再审时，提交了《中华人民共和国国务院关于统一我国计量制度的命令》、《国务院批转国家标准计量局等单位关于改革中医处方用药计量单位的请示报告》，以及《中药学》、《矿物本草》、《中药药剂学》等教科书、技术手册。最高人民法院认为，"上述证据均系用于进一步说明在涉案专利申请日中药配方领域所普遍采用的'两'与'g'的换算关系，并非用于证明新的案件事实。根据所述证据，能够进一步合理地确定本领域技术人员在专利申请日应当具有的知识水平，有助于正确、客观地对相关法律问题进行审查、判断，因此，对于专利复审委员会有关所述证据在行政程序中未曾提交，不应当采信的主张，本院不予支持"。又例如，在（2014）知行字第 17 号一案③中，针对李晓东在再审期间提交的证据

---

　　① 专利号为 200620046589.X 的实用新型专利，无效决定号为 WX13812，维持权利要求 1、2 和 5 有效，宣告权利要求 3—4 无效。一审判决号为（2010）一中行初字第 1936 号，二审判决号为（2011）高行终字第 839 号，均维持无效决定。无效宣告请求人提起再审，最高人民法院裁定驳回再审申请。

　　② 申请号为 00113917.7 的发明专利申请，复审决定号为 FS20574，以法 33 条维持驳回决定。一审判决号为（2010）一中行初字第 1329 号，二审判决号为（2010）高行终字第 1117 号，均维持无效决定。复审请求人提起再审，最高人民法院裁定二审法院重审。

　　③ 专利号为 03123304.X 的发明专利，无效决定号为 WX14794，维持专利权有效。一审判决号为（2010）一中知行初字第 3093 号，二审判决号为（2011）高行终字第 1106 号，均维持无效决定。无效宣告请求人申请再审，最高人民法院裁定提审后，撤销了无效决定和一、二审判决。

1—7，最高人民法院认为，虽然"证据 1—7 不是专利复审委员会作出第 14794 号决定的依据，但是根据其所载内容，可以更为客观、准确地确定本领域技术人员在涉案专利申请日之前应当具有的知识水平和认知能力，准确界定本案中涉及的相关技术术语的含义，因此，对于证据1—7，本院予以采信"。对于一审程序中提交的 3 份相关学术刊物上公开发表的文章，最高人民法院认为，"上述文献本身不属于公知常识性证据，不能直接用于证明本专利申请日之前本领域技术人员应当具有的知识水平和认知能力，但是其对于准确认定本专利所涉技术事实具有一定的参考和借鉴作用，与本案具有关联性。经庭审质证并查证属实后，一审法院认定本案相关技术事实可以参考上述文献，但是其未经庭审质证即将上述文献作为定案依据，明显不当，应予纠正"。

十一、法院判决撤销专利复审委员会决定时的选择

根据《行政诉讼法》第 54 条第（2）项的规定，人民法院在判决撤销或者部分撤销被诉具体行政行为时，可以判决被告重新作出具体行政行为，但是否判决被告重新作出具体行政行为要视案件的具体情况而定。在（**2012**）**行提字第 7 号**一案①中，最高人民法院指出，"**人民法院在审查专利复审委员会作出的无效宣告请求审查决定时，对于专利复审委员会认为专利权有效，而人民法院认为专利权无效的情况，在判决撤销被诉决定的同时，应一并判决专利复审委员会重新作出决定；对于专利复审委员会认为专利权无效的，人民法院在判决撤销被诉决定时，是否一并判决专利复审委员会重新作出决定，要区分如下两种情况：专利复审委员会针对无效宣告请求人所提出的无效理由和证据全部作出评述，而人民法院认为专利权有效的，不必再判决专利复审委员会重新作出决定；专利复审委员会没有对无效宣告请求人所提出的无效理由和证**

---

① 专利号为 200520014575.5 的实用新型专利。无效决定号为 WX13216，宣告专利权全部无效。一审判决号为（2009）一中知行初字第 1326 号，二审判决号为（2010）高行终字第 634 号，均维持无效决定；专利权人提起再审，最高人民法院裁定提审后，判决撤销无效决定和一、二审判决。

据全部作出评述，而依据部分理由及相应证据作出的无效决定不能成立的，人民法院应一并判决专利复审委员会针对无效宣告请求人所提出的其他无效理由和证据重新作出决定"。

　　该案中，无效宣告请求人精凯公司针对涉案专利提出的无效理由是：涉案专利权利要求1、2、3不符合《专利法》第22条第2款、第3款，第26条第3款、第4款，《专利法实施细则》第20条第1款的规定。权利要求3不符合《专利法实施细则》第21条第3款的规定。同时提交多份对比文件，其中包括附件5-1。专利复审委员会作出第13216号决定，认为依据附件5-1，涉案专利权利要求全部不具备创造性，并据此宣告涉案专利权全部无效。在无效决定中，专利复审委员会"基于本专利权利要求1—3已不符合《专利法》第22条第3款的规定，（因此）对于请求人提出的其他无效理由不再作出评述"。鉴于此，最高人民法院认为，"在本院判决撤销专利复审委员会作出的第13216号决定后，专利复审委员会应针对精凯公司提出的其他无效理由和证据重新作出决定"。

第十三章　外观设计相关问题

根据《专利法》第 23 条的规定，授予专利权的外观设计，第一，应当不属于现有设计，也没有任何单位或者个人就同样的外观设计在申请日以前向专利局提出过申请，并记载在申请日以后公告的专利文件中；第二，与现有设计或者现有设计特征的组合相比，应当具有明显区别；第三，不得与他人在申请日以前已经取得的合法权利相冲突。

一、一般消费者

如同针对发明与实用新型专利的审查需要"本领域技术人员"这一虚拟主体一样，为了使对外观设计专利性的判断更为客观，《专利审查指南》中引入了"一般消费者"的概念。

在（**2011**）**行提字第 1 号**一案[①]中，最高人民法院明确，"**一般消费者是为了使得判断结论更为客观、准确而确立的抽象判断主体，其具有特定的知识水平和认知能力。从知识水平的角度而言，一般消费者对于与外观设计专利产品相同或者相近类别的产品具有常识性的了解，其通晓申请日之前相关产品的外观设计状况，熟悉相关产品上的惯常设计。从认知能力的角度而言，一般消费者对于形状、色彩、图案等设计要素的变化仅具有一般的注意力和分辨力，其关注外观设计的整体视觉效**

---

① 专利号为 200630067850.X 的外观设计专利。无效决定号为 WX13585，宣告专利权全部无效。一审判决号为（2009）一中行初字第 1797 号，撤销无效决定；二审判决号为（2010）高行终字第 124 号，维持一审判决。无效宣告请求人提起再审，最高人民法院裁定提审后，判决撤销一、二审判决，维持无效决定。

果，不会关注外观设计专利与对比设计之间的局部细微差别。所谓整体观察、综合判断，是指一般消费者从整体上而不是仅依据局部的设计变化，来判断外观设计专利与对比设计的视觉效果是否具有明显区别；在判断时，一般消费者对于外观设计专利与对比设计可视部分的相同点和区别点均会予以关注，并综合考虑各相同点、区别点对整体视觉效果的影响大小和程度"。

在（2010）行提字第3号一案①中，最高人民法院进一步强调，"基于被比设计产品的一般消费者的知识水平和认知能力，对被比设计与在先设计进行整体观察，综合判断两者的差别对于产品外观设计的视觉效果是否具有显著影响，是《专利审查指南》规定的判断外观设计是否相同或者相近似的基本方法。根据《专利审查指南》的规定，**一般消费者的特点是，对被比设计产品的同类或者相近类产品的外观设计状况具有常识性的了解，对外观设计产品之间在形状、图案以及色彩上的差别具有一定的分辨力，但不会注意到产品的形状、图案以及色彩的微小变化。**所谓'常识性的了解'，是指通晓相关产品的外观设计状况而不具备设计的能力，但并非局限于基础性、简单性的了解；所谓'整体'，包括产品可视部分的全部设计特征，而非其中某特定部分；所谓'综合'，是指对能够影响产品外观设计整体视觉效果的所有因素的综合"。

在（2010）行提字第5号、第6号两案②中，最高人民法院针对"一般消费者"的认识与前述两案出现了一些差别，在该两案的判决中，最高人民法院认为，"《审查指南》（2006）中对外观设计专利相同或相

① 专利号为01319523.9的外观设计专利。无效决定号为WX8105，宣告专利权全部无效。一审判决号为（2006）一中行初字第779号，二审判决号为（2007）高行终字第274号，均维持无效决定。专利权人提起再审，最高人民法院裁定提审后，判决撤销一、二审判决和无效决定。

② （2010）行提字第5号案涉及专利号为200630110998.7的外观设计专利。无效决定号为WX13657，宣告专利权全部无效。一审判决号为（2009）一中行初字第2719号，撤销无效决定；二审判决号为（2010）高行终字第467号，维持一审判决。专利复审委员会提起再审，最高人民法院裁定提审后，判决撤销一、二审判决，维持无效决定。（2010）行提字第6号案涉及专利号为200730112575.3的外观设计专利。无效决定号为WX13658，宣告专利权全部无效。一审判决号为（2009）一中行初字第2556号，撤销无效决定；二审判决号为（2010）高行终字第448号，维持一审判决。专利复审委员会提起再审，最高人民法院裁定提审后，判决撤销一、二审判决，维持无效决定。

近似的判断主体所作的上述规定合理可行，人民法院可以参照适用。作为判断外观设计相同或相近似的主体即一般消费者是一个具有上述知识水平和认知能力的抽象概念，而不是具体的从事某种特定工作的人。但如果只是认识到一般消费者是一个抽象的人，对于外观设计相同或相近似的判断而言不具有多少实际意义。问题的关键在于具体界定一般消费者的知识水平和认知能力。这就必然要针对具体的外观设计产品，考虑该外观设计产品的同类和相近类产品的购买者和使用者群体，从而对该外观设计产品的一般消费者的知识水平和认知能力作出具体界定。对于摩托车车轮产品的外观设计而言，由于摩托车车轮是摩托车主要的外部可视部件，在确定其一般消费者的知识水平和认知能力时，不仅要考虑摩托车的组装商和维修商的知识水平和认知能力，也要考虑摩托车的一般购买者和使用者的知识水平和认知能力"。在此基础上，最高人民法院否定了专利复审委员会针对二审判决的争辩理由。具体而言，专利复审委员会认为，"二审判决尽管否定了一审判决对于一般消费者的具体界定，但在此基础上将其界定为具体的几类人，即'维修商、组装商和一般购买者、使用者'，这种将一般消费者在各个不同类型的案件中作具体身份人群对应的审查方式是错误的"。对于此观点，最高人民法院表示难以认同，理由是："首先，二审判决在纠正一审判决对一般消费者群体界定过窄的同时，明确指出应当以对摩托车车轮产品具有常识性了解的一般消费者为判断主体，只是在概括一般消费者的范围时，才提及一般消费者既包括组装商、维修商，也包括一般购买者、使用者。而且，从二审判决的内容来看，二审判决将本专利产品的一般消费者认定为既包括组装商、维修商，也包括一般购买者、使用者，这一认定实际上是对专利复审委员会上诉理由的概括和认可。其次，《审查指南》（2006）中虽然规定一般消费者是一个抽象的人，但在具体的外观设计相同或相近似的判断时，必须结合所要判断的外观设计产品，需要将一般消费者这个抽象的概念具体化为与该产品相关的人群，而不可能如专利复审委员会在本案再审中所主张的那样完全进行抽象判断。因此，二审判决关于本专利相同或相近似的判断主体的认定并无明显不当。"

二、相同或相近类别的判断

根据《审查指南》（2006）第四部分第五章的规定，只有对相同或者相近类别的产品，才可能存在外观设计相近似的情况。在**（2013）知行字第56号**一案[①]中，最高人民法院明确，"**在确定产品的类别时，可以参考产品的名称、国际外观设计分类表以及产品货架分类，但是应当以产品的用途为准**"。该案的外观设计产品涉及一种手推刀片，最高人民法院认为，"1. 从产品的用途和名称来看，二者属于相同类别产品。用途是指应用的方面或者范围。本专利为手推刀片，在先设计为双刃多功能美术工艺刀，两种产品均属于刀具，功能均是用于刻画。本专利授权文本并没有限定本专利的具体应用范围。2. 从本专利与在先设计在国际外观设计分类表中的分类来看，二者属于相同类别产品。本专利授权文本中明确本专利的分类号为08－03。根据本专利授权时使用的国际外观设计分类表（第8版），08－03类的产品是指：切削刀具和器具，该产品分类的附注是：'（a）包括工具和器具。（b）不包括餐刀（07－03类）、厨房用切削刀具和器具（31类）、外科手术用刀（24－02类）。'该分类表中与刀有关的产品类别还有28－03类'梳妆用品和美容室设备'的'剃须刀'。除了上述与刀有关的产品类别外，该分类表中没有其他关于'刀'的产品类别。在先设计'双刃多功能美术工艺刀'属于切削刀具，也应当归入08－03类，与本专利显然属于相同类别产品"。

三、相同或相近似的对比基础

根据《专利法》第59条第2款的规定，外观设计专利权的保护范围以表示在图片或者照片中的该外观设计专利产品为准。**在进行相同或**

---

① 专利号为200630130035.3的外观设计专利。无效决定号为WX18221，宣告专利权全部无效。一审判决号为（2012）一中行初字第2014号，二审判决号为（2013）高行终字第99号，均维持无效决定。专利权人提起再审，最高人民法院裁定驳回。

相近似（或者相同与实质相同）的判断时，应当仅以产品的外观作为判断对象。对于组装关系唯一的组件产品，以组合状态下的整体外观设计为比对对象；对于组装关系不唯一的产品，应当以所有单个构件的外观为比对对象。

（2013）知行字第 56 号一案[①]涉及一种美工刀片，专利权人张志国在无效程序的口头审理过程中陈述，涉案专利组合状态图是涉案专利产品销售时的型态，主视图是涉案专利产品使用时的型态，且组合状态图是最主要的型态。基于这一陈述，最高人民法院认定，"本专利产品在销售时客观上是由多个等腰梯形刀片组成的条状刀片组，一般消费者在购买条状刀片组后，掰下等腰梯形刀片以供使用；本专利主视图实际上是组合状态图中的单元设计，有助于理解组合状态图。在确定本专利外观设计专利权的保护范围时，组合状态图和主视图均应当予以考虑……本案中，张志国在无效程序中于 2011 年 11 月 3 日提交的意见陈述书称，本专利属于组装关系唯一的组件产品，应以组合状态下的整体外观设计为对象进行相同或者相近似判断……张志国申请再审时又主张，本专利组合状态图完全不同于专利法中所描述的组件产品，不应当作为比较对象。根据《审查指南》（2006）第四部分第五章第 5.4.1 关于组件产品的规定，专利法中的组件产品的各个构件是独立存在的，且仅有 1 个构件无法作为完整的组件产品实现使用目的。因此，本专利产品不属于专利法意义上的组件产品"。

四、设计空间

设计空间是 2010 年修改《专利审查指南》时引入的一个概念，用于外观设计相同或相近似的判断。最高人民法院在（2010）行提字第 5

---

① 专利号为 200630130035.3 的外观设计专利。无效决定号为 WX18221，宣告专利权全部无效。一审判决号为（2012）一中行初字第 2014 号，二审判决号为（2013）高行终字第 99 号，均维持无效决定。专利权人提起再审，最高人民法院裁定驳回。

号、第 6 号两案[①]中，讨论了设计空间的概念及其对外观设计相同或相近似判断的影响程度。该案涉及一种摩托车车轮的外观设计，一、二审判决在有关涉案专利与在先设计相同或相近似的判断中，均以摩托车车轮的设计空间有限为前提，并在此基础上得出了涉案专利与在先设计的区别足以对整体视觉效果产生显著影响的结论。最高人民法院在判决中这样解释："设计空间是指设计者在创作特定产品外观设计时的自由度。设计者在特定产品领域中的设计自由度通常要受到现有设计、技术、法律以及观念等多种因素的制约和影响。特定产品的设计空间的大小与认定该外观设计产品的一般消费者对同类或者相近类产品外观设计的知识水平和认知能力具有密切关联。对于设计空间极大的产品领域而言，由于设计者的创作自由度较高，该产品领域内的外观设计必然形式多样、风格迥异、异彩纷呈，该外观设计产品的一般消费者就更不容易注意到比较细小的设计差别。相反，在设计空间受到很大限制的领域，由于创作自由度较小，该产品领域内的外观设计必然存在较多的相同或者相似之处，该外观设计产品的一般消费者通常会注意到不同设计之间的较小区别。可见，设计空间对于确定相关设计产品的一般消费者的知识水平和认知能力具有重要意义。在外观设计专利与在先设计相同或相近似的判断中，可以考虑设计空间或者说设计者的创作自由度，以便准确确定该一般消费者的知识水平和认知能力。"另外，"在考虑设计空间这一因素时，应该认识到，设计空间的大小是一个相对的概念。在设计空间极大的产品领域和设计空间受到极大限制的产品领域这两个极端之间，存在着设计空间由大到小的过渡状态。同时，对于同一产品的设计空间而言，设计空间的大小也是可以变化的。随着现有设计增多、技术进步、

①　（2010）行提字第 5 号案涉及专利号为 200630110998.7 的外观设计专利。无效决定号为 WX13657，宣告专利权全部无效。一审判决号为（2009）一中行初字第 2719 号，撤销无效决定；二审判决号为（2010）高行终字第 467 号，维持一审判决。专利复审委员会提起再审，最高人民法院裁定提审后，判决撤销一、二审判决，维持无效决定。（2010）行提字第 6 号案涉及专利号为 200730112575.3 的外观设计专利。无效决定号为 WX13658，宣告专利权全部无效。一审判决号为（2009）一中行初字第 2556 号，撤销无效决定；二审判决号为（2010）高行终字第 448 号，维持一审判决。专利复审委员会提起再审，最高人民法院裁定提审后，判决撤销一、二审判决，维持无效决定。

法律变迁以及观念变化等，设计空间既可能由大变小，也可能由小变大。因此，在专利无效宣告程序中考量外观设计产品的设计空间，需要以专利申请日时的状态为准。本案从专利复审委员会提供的证据《摩托车技术》（2003 年第 8 期）（即第 13657 号无效决定中的附件 3）来看，即使摩托车车轮均由轮辋、辐条和轮毂组成，且受到设定功能限制的情况下，其辐条的设计只要符合受力平衡的要求，仍可以有各种各样的形状，存在较大的设计空间。本案一、二审判决认定摩托车车轮的设计空间较小，缺乏证据支持。因此，本案一、二审判决以摩托车车轮的设计空间有限为前提得出本专利与在先设计的区别致使两者不相同也不相近似的结论，缺乏事实依据，应予纠正"。

五、商标申请权能否作为《专利法》第 23 条中在先取得的合法权利

《专利法》第 23 条规定的"他人在申请日以前已经取得的合法权利"主要是指，商标权、著作权、肖像权等。如果他人在先已经取得了上述合法权利，则专利申请人便不能以这些商标、美术作品等作为产品的外观设计取得专利权。

（2014）知行字第 4 号一案①的争议焦点在于，商标申请权能否作为《专利法》第 23 条规定的在先取得的合法权利？该案中，无效宣告请求人在无效宣告请求中未明确主张使用商标的申请权，专利复审委员会以商标专用权作为在先权利进行评判，认为不构成权利冲突。无效宣告请求人在二审中明确主张以商标的申请权作为在先权利，二审判决认为商标申请权属于在先权利。对于这一问题，专利复审委员会申请再审时认为：在先权利应当是合法权利，具有法律依据，否则专利实施行为就不可能构成侵权，也不会产生权利冲突。《商标法》中并不存在商标申请权，商标申请权也不属于《商标评审规则》规定的"与商标评审有关的

---

① 专利号为 003332527 的外观设计专利，无效决定号为 WX14261，一审判决号为（2010）一中行初字第 1242 号，二审判决号为（2011）高行终字第 1733 号，专利复审委员会均败诉。专利复审委员会提出再审申请被驳回。

权利"。即使商标申请权为一种合法权利，其也不会与外观设计专利权相冲突。因为外观设计专利的实施并不会妨碍商标申请权的行使，包括申请人对商标申请的处分，也就不会损害商标申请人在其后依法获得注册商标专用权。换言之，商标申请人获得商标专用权的权益并未遭受损害，不具备构成侵权的要件。

对于专利复审委员会的上述观点，最高人民法院未予认可。在裁定书中，最高人民法院指出："**注册商标专用权是 2000 年《专利法》第 23 条所称的在先取得的合法权利之一。如果在同一种商品或类似商品的外观设计中使用了与他人的注册商标相同或者近似的标识，外观设计专利权的实施可能会使相关公众误认为商品来自于商标权人，进而损害商标权人的合法权利，造成外观设计专利权与注册商标专利权的冲突。这种冲突的判断标准实质上是审查外观设计专利权的实施是否会侵犯到注册商标专用权。**本案中，第 1506193 号商标核准注册日在本专利申请日之后，注册商标专用权不是在先取得，仅是商标申请日早于本专利申请日。白象公司主张的在先权利也是基于商标在先申请享有的商标申请权。对此，本院认为，**在商标申请日早于外观设计专利申请日的情况下，外观设计专利权不会与商标申请权构成权利冲突，商标申请权不能作为 2000 年《专利法》第 23 条中规定的在先取得的合法权利。但是，基于商标申请权本身的性质、作用和保护在先权利原则，只要商标申请日在专利申请日之前，且在提起专利无效宣告请求时商标已被核准注册并仍然有效，在先申请的注册商标专用权就可以对抗在后申请的外观设计专利权，用于判断外观设计专利权是否与之相冲突。**"

最高人民法院得出这一结论基于以下三点理由：

第一，关于商标申请权的法律性质。最高人民法院认为，"首先，根据商标法关于商标申请在先原则的相关规定，两个或两个以上的申请人，在同一种商品或者类似商品上，以相同或者近似的商标申请注册的，商标局受理最先提出的商标注册申请。换言之，一旦申请人提交了商标注册申请，从申请日起就享有了排斥其他人在同一种商品或者类似商品上以相同或者近似的商标申请注册的权利。其次，根据《商标法实施条例》的相关规定，申请人可以转让其商标注册申请，即申请人可以根据自己的意志对商标申请权作为一种民事权益进行处分。最后，商标申请最终的目标即商标申请权的实现是商标获得注册，从这个角度讲，商标申请权是一种期待权，是对未来取得注册商标专用权的一种期待，自商标申请之日起存在，至商标被核准之日最终实现。综上，商标申请权本身是现实存在的合法权益，其在性质上是对注册商标专用权的一种期待权，应当受到法律的保护"。

第二，关于商标申请权在判断权利冲突中的作用。最高人民法院认为，"商标申请权是一项合法权益，在商标申请日早于外观设计专利申请日的情况下，外观设计专利权人实施不会影响到商标最终是否被核准注册，不会存在外观设计专利权与商标申请权的冲突问题，因此商标申请权并不能作为2000年《专利法》第23条所称的在先取得的合法权利……用于判断外观设计专利权是否与之相冲突，但商标申请权对于判断外观设计专利权和注册商标专用权的权利冲突具有重要意义，体现在：商标申请权作为一种期待权，最终期待的完整权利是注册商标专用权，只有商标获得注册，商标申请的最终权益才得以实现，此时，应当溯及既往地对商标申请权进行保护，确认商标申请日对于注册商标专用权的法律意义。只要商标申请日在外观设计专利申请日之前，在先申请的注册商标专用权就可以对抗在后申请的外观设计专利权"。

第三，关于保护在先权利原则。最高人民法院认为，"本案中，第1506193号商标获得注册后，本专利的实施客观上可能会与该商标构成权利冲突，而该商标是在先申请的，本专利相对于该商标而言并非在先权利，这种冲突的解决只能按照保护在先权利的原则，认定白象公司在先申请的注册商标专利权可以用于对抗陈朝晖的外观设计专利权。况且，第1506193号商标初步审定公告日也在本专利申请日之前。对于已经初步审定公告的商标，商标局已经对商标申请进行了初步审查并认为符合商标法的有关规定。商标经过公告，目的是征求相关经营者和社会公众的意见，在公告期内相关人员可以向商标局提出异议。本专利申请日在第1506193号商标初步审定公告日之后，客观上存在外观设计专利申请人模仿复制在先申请的商标的可能，这种情况也是《专利法》第23条立法予以防范的主要对象"。

基于这三点理由，最高人民法院得出结论认为："白象公司的第1506193 号商标的申请日在本专利申请日之前，且第 1506193 号商标被核准注册后在白象公司提起本次专利无效宣告请求时仍然有效，第1506193 号商标专用权可以对抗本专利，用于判断本专利是否与之相冲突。"

第十四章 结 语

综合以上案件总结可以看出，最高人民法院知识产权庭这些年已经通过大量的再审申请和提审案件，对专利授权确权案件的审查规则形成并提出了自己的意见和观点，这些观点虽然有很大一部分是对《专利审查指南》的确认，但是也存在对于《专利审查指南》及专利复审委员会审查规则的质疑；同时，针对某些问题，一、二审和最高人民法院之间或者最高人民法院知识产权庭内部也存在认识不太一致之处。笔者之所以选择以法律重述的方式进行总结，目的是通过原汁原味地呈现案件的原始状态，让读者通过第一手的信息，自行作出客观的判断。

实践中，读者既要关注案件审查/审判过程中四个审级观点存在差异的案件，也需关注四个审级观点一致的案件，后者比前者可能更为重要。因为如果四个审级的观点完全一致，表明针对相关问题，在审查/审判机关已经有一致认识。如果争议案件的焦点恰好为这一问题，意味着即使进入诉讼程序，通过辩驳改变审查结论的机会也相对渺茫。在本书引用的130案次的案件中，四个审级观点一致的案件高于50%。另外，也需关注专利复审委员会与最高人民法院观点完全一致的案件。由于这些案件表明最高人民法院知识产权庭就争议问题的认识与专利复审委员会一致，所以即使在一、二审期间审查结论可能存在反复，到申诉阶段，复审或无效决定的审查结论被最高人民法院维持的可能性非常大。在本书引用的130案次的案件中，这类案件约占三分之二（未被引用的案件中，专利复审委员会胜诉的案件占绝大多数，因此实际上，专利复审委员会最终胜诉的比例要远远高于这一比例）。

第二部分　法律评论

　　本部分笔者结合2009—2015年最高人民法院的相关案例，从授权、确权和侵权程序中权利要求解释的异同，专利保护客体的审查，充分公开的审查，权利要求是否清楚的审查，修改超范围的审查，复审和无效程序的性质及依职权审查等方面进行了讨论。

第二部分目录

第十五章　授权、确权和侵权程序中权利要求解释规则的异同

权利要求的解释是专利法领域一个永恒的话题。一直以来，围绕权利要求的解释，争论多集中于具体的解释规则，尤其是如何正确处理利用说明书及其附图的内容对权利要求进行解释与不恰当地将说明书及其附图中的内容引入到权利要求中之间的关系，但是，有一个问题不应忽视，即授权、确权和侵权程序中权利要求的解释规则是否应当相同，或者如果存在不同，不同将体现在哪些方面。

一、权利要求解释的含义

关于什么叫"权利要求的解释"，目前有两种不同的观点。一种观点认为，所谓"权利要求的解释"，是确定权利要求真实含义、界定权利要求的字面含义的过程①，是伴随专利产生的各个阶段都存在的概念。美国联邦巡回上诉法院在 Scipps Clinic & Research Foundation v. Genentech, Inc. 一案中写道，"专利权利要求的解释只是一种对简洁的权利要求语言进行详细描述的方式，目的是理解而不是改变权利要求的范围"②。另一种观点则认为，权利要求的解释，是侵权程序中独有的概念，是确定专利权保护范围的过程；因为目前大多数国家和地区为合理保护专利权人的利益，均采用"等同原则"将专利权的保护范围扩大到权利要求的

---

① 闫文军，《专利权的保护范围》，法律出版社，第 30 页。
② Scipps Clinic & Research Foundation v. Genentech, Inc. 927 F. 2d 1565, 18 U. S. P. Q. 2d 1001（Fed. Cir. 1991）。

字面含义之外，因此，等同范围的确定也属于权利要求解释的范畴。[①]
用一个简单的图（图1）来表示，前一种观点所指权利要求的解释，是
界定权利要求限定范围的过程，而后一种观点所指权利要求的解释，则
是确定专利权实际要保护的范围（即权利要求限定的范围＋等同范围）
的过程。

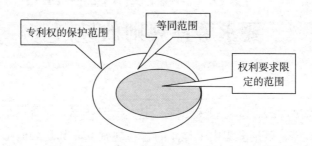

图1　专利权的保护范围、等同范围和权利要求限定的范围

笔者赞同第一种观点。首先，权利要求的解释并非侵权纠纷处理过
程中独有的概念，在专利授权和专利权无效宣告（以下简称专利确权）
程序中同样需要对权利要求进行解释。理论上讲，就尊重权利要求的公
示作用而言，这三个程序中对于同样的权利要求解释应当是完全一致
的。将权利要求的解释界定为"确定权利要求的真实含义"有利于实现
三个程序中权利要求解释的统一。其次，虽然确定等同范围离不开权利
要求书和说明书，但是否构成等同的判断，无论在判断方法还是判断目
的上，与确定权利要求的真实含义均有一定的区别。并且，等同范围的
大小将有可能随侵权行为发生日的不同有所差异，而权利要求的真实含
义却是在专利申请日时就已经确定，不会随侵权行为发生日的变化而变
化。因此，将权利要求的解释界定为确定权利要求真实含义的过程更为
合理，侵权判定过程中对权利要求的解释，实际上是还原授权或者确权
程序中所认定的权利要求限定范围的过程。

"专利权的保护范围"，其实是权利人实际能够获得保护的最大范
围，是在权利要求限定的范围基础上，通过适用等同原则所扩展到的范
围。专利授权程序是通过对申请文件进行审查，通过审查员与申请人之

---

① 解雯，"专利权利要求的解释"，西南政法大学硕士论文，2008年。

间的交流互动，明确权利要求限定的范围。确权程序是专利复审委员会基于无效宣告请求人的请求，根据提出的理由和提交的证据，确定已授权的权利要求限定的范围是否合适。专利侵权判定，则是审判机关在解释权利要求限定范围的基础上，通过对是否适用等同原则以及等同范围的确定，明晰权利人实际能够获得的保护范围。

二、授权、确权和侵权程序中权利要求解释的规则可以不同

虽然理论上讲，在授权、确权和侵权程序中，对权利要求保护范围的解释标准应当一致，这样才能"有利于专利权人和社会公众对于专利权的保护范围建立统一的预期，从而保障社会公众的可期待利益，并且有利于鼓励专利权人公开其发明创造"，从而达到鼓励发明创造的目的。[①] 但是，实践中，**由于三个程序的性质和任务不同、权利人修改专利申请文件或专利文件的尺度不同，权利要求的解释规则可以并允许存在一定的差异。一般情况下，为克服同样的缺陷，当事人修改专利申请文件尺度的大小应当与允许解释或者说明的尺度成反比。允许修改的尺度越大，允许解释的幅度就应当越小；相反，允许修改的尺度越小，允许解释的幅度就应当越大。**

（一）专利授权程序

专利授权程序中，审查员面对的是未授权的专利申请，其任务是对专利申请人提请审查的专利申请文件进行审查，以确保授予的专利权保护范围清晰、权利稳定性尽可能好，尽量避免授予有瑕疵的专利权。**因此，在授权程序中，审查员的审查重点应当是权利要求书。**假如审查员发现权利要求的某一特征按照其通用含义理解范围较宽，导致包含了现有技术中已经公开的内容而使得权利要求整体丧失新颖性，但基于说明书中给出的限缩性定义，该特征并未被现有技术覆盖，假如用说明书中

---

① 张鹏，"再论权利要求保护范围解释的时机"，《审查业务通讯》第 17 卷第 4 期。

的限缩性定义对该特征进行解释，权利要求将具有新颖性。此时，基于授予权利稳定、界线清晰的专利权的角度，将该特征理解为通用含义而避免用说明书的内容对其进行解释，并发出不具备新颖性的审查意见通知书更为合理。因为一方面，只有通过这种方式，才能让专利申请人在授权阶段对该特征作出澄清或者修改，从而避免后续程序中就此问题再生争议；另一方面，在授权程序中，只要不超出原始申请文件记载的范围，专利申请人几乎可以以任何方式修改权利要求来克服审查员指出的缺陷，通过修改权利要求，可以使得专利申请人真正对社会作出贡献的那些技术方案被记载在权利要求书中，这有利于维护权利要求的公示作用。

（二）专利侵权判定程序

相反，专利侵权判定程序中，法官面对的是已经授权公告的专利，其任务是判定被控侵权技术方案是否落入专利权的保护范围。根据我国专利法"二元制"的制度设计，专利权是否有效由专利复审委员会予以判断，在专利复审委员会未作出宣告专利权无效的决定之前，该专利权应当推定有效。当然，根据最高人民法院在（2012）民申字第1544号一案中所秉承的观点，除非存在"难以解释的模糊不清"导致无法判断被控侵权技术方案是否落入专利权的保护范围的情况出现。基于这一基本原理，针对之前所说的情况，法官应当而且必须用说明书中的限缩性定义对权利要求中的特征进行解释，而不是将其理解为该特征的通用含义。这是因为，侵权判定程序中，专利权人不具有修改专利文件的机会，如果不通过用说明书的内容对权利要求进行解释的话，将会导致权利人获得的保护与其对于社会所作的贡献明显不相适应，这显然是不合理的。

（三）专利确权程序

令人纠结的其实是专利确权程序。确权程序中，专利复审委员会面对的是已经授权公告的权利，其任务是借助无效宣告请求人提出的理由和证据重新审视专利授权是否恰当。如果专利权的授予不符合法定授权条件，专利复审委员会承担着通过宣告专利权无效或者部分无效来纠正不当授权的职能。因专利确权程序审查的是授权决定是否正确，因此理论上，在专利确权程序中应遵循与授权程序相同的解释权利要求的规则。但是，按照现行法律法规的规定，专利权人在确权程序中修改权利要求的尺度相比专利授权程序受到很大限制，尤其是，不能通过从说明书中提取特征补入权利要求中的方式修改权利要求。这就决定了，很多在专利授权程序中可以通过修改权利要求来克服的缺陷在专利确权程序中是不能克服的。此时，如果持与专利授权程序相同的权利要求解释尺度和规则，相关权利要求可能被宣告无效，因此会导致某些因为撰写瑕疵等原因造成的失误无法得到补救，有对微小失误施以过重惩罚之嫌，与鼓励发明创造的宗旨不太相符。比如以上例举的情况，假设依然按照所述特征的通用含义来理解，而不引入说明书中的相关内容对其进行解释，由于说明书的内容无法通过修改补入到权利要求书中，所以只能得出不具备新颖性、应予宣告无效的结论，这显然与专利权人对社会所作的贡献不相适应。因此，笔者以为，**在确权程序中，不能像授权程序中那样重点考虑权利要求书，完全以最大合理解释原则处理权利要求中需要解释的内容。**

即便如此，不可否认的是，在确权程序中，专利权人仍然可以通过修改专利文件来完善其专利权，重新划定专利权的保护范围，这是侵权判定程序中权利人不可能具有的权利；另外，如果完全遵循与侵权判定程序中相同的解释权利要求的方法和规则，确权程序的存在将毫无意义。因此，确权程序中权利要求的解释尺度也不能像侵权判定程序中那样大幅度地通过权利要求的解释来调和权利人与社会公众的利益，而是应当介于授权程序与侵权判定程序之间。

最高人民法院在（2010）知行字第53-1号一案中其实也表达了同样的观点①。该案中，最高人民法院基于专利授权、确权与侵权三个程

---

① 专利号为00131800.4的发明专利。无效决定号为WX11291，宣告专利权全部无效。一审判决号为（2008）一中行初字第1030号，维持无效决定；二审判决号为（2009）高行终字第327号，撤销一审判决和无效决定。无效宣告请求人提起再审，最高人民法院裁定驳回再审申请。

序各自的定位和职能不同，认为其权利要求解释的方法"既存在很强的一致性，又存在一定的差异性"，其中差异"突出体现在当事人意见陈述的作用上……在专利授权确权程序中，申请人在审查档案中的意见陈述在通常情况下只能作为理解说明书以及权利要求书含义的参考，而不是决定性依据。而在专利民事侵权程序中解释权利要求的保护范围时，只要当事人在专利申请或者授权程序中通过意见陈述放弃了某个技术方案，一般情况下应该根据当事人的意见陈述对专利保护范围进行限缩解释。"

围绕授权、确权和侵权程序中权利要求解释尺度和规则的问题，其实近期在美国也引发了激烈的讨论。自 2013 年 9 月 16 日新的双方复审程序（IPR）运行以来，美国专利审查和上诉委员会（PTAB）在 IPR 程序中一直依据最宽合理解释（BRI）标准，而不是侵权判定程序中的 Pillips 标准对权利要求进行解释。根据美国专利商标局 2015 年 6 月发布的数据，在 IPR 程序中，被宣告无效的权利要求占所涉权利要求总量的 84%，业界认为如此高的无效率与 PTAB 使用 BRI 标准有很大关系。据中国保护知识产权网 2016 年 1 月 20 日报道，美国最高法院批准了科佐速度技术公司（Cuozzo Speed Technologies）针对 PTAB 基于 BRI 标准宣告科佐公司车速表技术专利无效的裁决所提出的异议。[①] 科佐公司在复审请求中表示："撤销率这么高的主要原因是，虽然 IPR 被明确指定为法律诉讼的替代程序，但 PTAB 使用的权利要求解释标准与联邦法院并不相同……当然，解释越宽泛，相关现有技术的部署就越广泛，相应地，权利要求就越可能因现有技术被宣告无效。"该案的审理结果不仅会对美国专利实务界产生较大影响，对于我国明确确权与侵权程序中权利要求的解释标准也会有借鉴意义。

三、授权、确权和侵权判定程序中权利要求解释的异同

关于授权、确权和侵权判定程序中权利要求解释的异同，笔者部分

---

① 中国保护知识产权网，2016 年 1 月 20 日，"最高法院将审查 PTAB 的权利要求解释标准"。

赞同最高人民法院在（2010）知行字第 53 – 1 号一案①中的观点，即这三个程序中，权利要求的解释均属文本解释，应当遵循文本解释的一般规则，解释规则的差异突出体现在当事人意见陈述的作用上。但是，该案中，最高人民法院将专利授权、确权程序统称为"专利授权确权程序"，并将其与专利侵权判定程序进行对比，未进一步区分和讨论授权程序和确权程序中权利要求解释规则是否应当相同或者差异在哪些地方。

　　为进一步明晰三个程序中权利要求解释规则的差异，笔者将实践中常见的需要解释的情形进行了梳理，并对各种情形下的解释方式给出建议。如表 1 所示。

表 1　专利授权、确权和侵权程序中权利要求解释规则的对比

编号	情形	授权	确权	侵权	对比
1	自造词，说明书中有特定的含义	说明书中的特定含义	说明书中的特定含义	说明书中的特定含义	授权 = 确权 = 侵权
2	已知术语或上位概念，说明书中有特定含义	通用含义	说明书中的特定含义	说明书中的特定含义	确权 = 侵权
3	功能性特征	能够实现该功能的所有方式	能够实现该功能的所有方式	实施例 + 等同	授权 = 确权
4	权利要求存在明显错误	提出"明显错误"的审查意见	唯一正确的答案	唯一正确的答案	确权 = 侵权
5	权利要求不清楚，无法作澄清性解释	提出"不清楚"的审查意见	以"不清楚"宣告无效	无法对比，不侵权	授权 = 确权 = 侵权

　　① 专利号为 00131800.4 的发明专利。无效决定号为 WX11291，宣告专利权全部无效。一审判决号为（2008）一中行初字第 1030 号，维持无效决定；二审判决号为（2009）高行终字第 327 号，撤销一审判决和无效决定。无效宣告请求人提起再审，最高人民法院裁定驳回再审申请。

编号	情形	授权	确权	侵权	对比
6	权利要求不清楚，但可以作澄清性解释	提出"不清楚"的审查意见	作澄清性解释	作澄清性解释	确权＝侵权
7	权利要求清楚，但范围太宽，得不到说明书的支持	以权利要求为准，解释为通用含义	以权利要求为准，解释为通用含义	以权利要求为准，解释为通用含义	授权＝确权＝侵权
8	方法、用途和给药特征等限定的产品权利要求	如果对产品结构和组成不产生影响，不起限定作用	如果对产品结构和组成不产生影响，不起限定作用	所有特征均需考虑（整体原则）	授权＝确权

（一）三个程序解释规则完全一致的情形

情形 1、5 和 7 三种情形下，三个程序中的解释规则应当完全一致。情形 1 和 5 相对来说容易理解。针对情形 7——权利要求范围过宽而得不到说明书支持的情况，一方面，根据现行"二元制"的制度设计，审理侵权纠纷的法院不具有对专利有效性进行审理的职能，因此，即使法官认为权利要求的范围太宽，超出说明书可以支持的范围，在被控侵权人未提出无效宣告请求，或者专利复审委员会未宣告专利权无效之前，审理侵权纠纷的法院也应当以权利要求的内容为准，不应当利用说明书的内容对权利要求作限缩性解释，而构成对权利要求内容的实质性修改；另一方面，判断权利要求能否得到说明书的支持，并非像明显错误的更正式解释那样，仅依托说明书的内容就可以作出准确的判断，需要站位于所属领域普通技术人员的视角，依托大量对现有技术的了解。如果在权利要求清楚的情况下，允许侵权判定程序将说明书的内容限缩解释到权利要求中，不仅会使确权程序的存在毫无意义，而且会严重破坏权利要求的公示作用。

（二）确权与侵权程序解释规则一致，但与授权程序解释规则不同的情形

情形 2、4 和 6 三种情形下，在确权程序中应当使用与侵权判定程序相同，但与授权程序不同的解释方式。

授权和侵权判定程序中的解释方式相对容易理解。比如，情形 2，当权利要求中存在已知特征或者上位概念，说明书中对其作特定定义时，从授予权利稳定、界线清晰的专利权的角度，在授权程序中主要以权利要求的内容为准，通过将相应特征理解为其通用含义等方式，可以督促专利申请人把说明书中特定的定义或正确的内容修改到权利要求中，有助于避免在后续的确权或侵权判定程序中再生争议。侵权判定程序中，将其理解为说明书中的特定含义更有益于平衡权利人和社会公众之间的利益。又比如，情形 4，当权利要求中存在明显错误时，通过在授权程序中以权利要求为准而提出不清楚的反对意见，可以让专利申请人尽早注意到该错误并将其更正为唯一正确的答案，这样，有助于授权的权利要求界限清晰。相反，侵权判定程序中，在根据说明书可以获知其唯一正确的答案时，通过解释将权利要求中的明显错误更正为所述唯一正确的答案，不仅有利于有效保护专利权，也有助于权利人和社会公众之间利益的平衡。

相对纠结的其实是确权程序。笔者之所以主张应当利用说明书的内容对其进行澄清或更正性解释，原因在于，在这三种情况下，权利要求中出现的瑕疵多半是撰写的失误，是无心之失。能够用于补救所述失误的内容出现在说明书中，根据现行《专利审查指南》的规定，说明书中的这些内容无法通过修改专利文件的方式增加或补充到权利要求书中。出于保护真正的发明创造的角度，通过解释对于这些失误予以澄清是合理的。更重要的是，这三种情形下的解释是对有瑕疵内容的澄清而不构成对权利要求范围的实质性修改。

也许有人会将情形 2、4、6 和情形 7 进行对比，质疑为什么在确权程序中，在情形 2、4、6 的情况下允许用说明书的内容对权利要求进行解释，而在情形 7 的情况下却要以权利要求的内容为准而不将权利要求解释为说明书可以支持的部分？对比，笔者认为，首先，正如最高人民法院在多个案件中所强调的，在对权利要求进行解释时，要以权利要求中限定的技术特征为基础，避免将权利要求中没有限定而仅在说明书中予以描述的内容解释到权利要求中，从而不恰当地限缩权利要求的范围。情形2、4和6的解释是对权利要求内容的澄清，并没有限缩权利要求的范围，而情形7，如果允许在权利要求得不到说明书支持的情况下，将说明书可以支持的内容解释到权利要求书中，将会构成对权利要求范围的实质性修改。其次，用清楚、简明的语言概括要求保护的技术方案，表明专利申请要求保护的范围，并通过从属权利要求的递进式限缩，形成立体的保护体系，是提出专利申请时最先要面对的重要内容。即使是出于保护策略的考虑，在说明书能够支持的范围之外概括一个更大的范围，也应当通过从属权利要求的方式将说明书能够支持的范围记载在权利要求书，以供"不时之需"。仅记载大的保护范围而不通过从属权利要求的方式作进一步的防备，至多只能解释为"过于自信的过失"，而不是无心之失。更何况，在获得大的保护范围的同时，专利申请人也应当承担与之相适应的风险。因此，笔者以为，在情形7的情况下，通过用说明书可以支持的内容对权利要求进行限缩性解释是不合理的。

（三）确权与授权程序解释规则一致，但与侵权程序解释规则不同的情形

情形3和8两种情形下，在确权程序中应当采用与授权程序相同，但与侵权判定程序不同的解释方式。

最典型的是功能性特征。在授权程序中，根据《专利审查指南》的相关规定，应当将其解释为能够实现该功能的所有实施方式；而在侵权判定程序中，根据相关司法解释的规定，应当将其解释为实施例中例举的具体实施方式及其等同的实施方式。虽然业界针对前后程序解释规则的不一致多有诟病，但笔者以为，这种不一致其实是可以接受的。

首先，多数情况下，两种规则的差异只是文字层面的，实质的认定结果是相同的。在实质审查过程中，针对含有功能性特征的权利要求，审查员需要审查该功能限定是否能够得到说明书的支持。此时可能有两种情况：一是所述功能是以说明书实施例中记载的特定方式完成的；二

是所述功能的实现并不依赖于说明书实施例描述的具体实施方式，只要具备所述功能，任何部件或结构均能用于相关技术方案。针对第一种情况，审查员要审查本领域技术人员是否明了该功能还可以用说明书中未提及的其他替代方式完成，或者是否有合理的理由怀疑该功能性特征所包含的一种或多种方式不能解决发明所要解决的技术问题并达到相同的技术效果。这一判断过程与侵权判定程序中以说明书中描述的具体实施例为基础，判断是否存在或者有何种等同方式其实是一致的。因此，如果审查员允许该功能性特征，说明该功能性特征的含义是说明书实施例的具体实施方式及能够实现该功能的替代方式；如果审查员不允许该功能性特征，必然会要求专利申请人将其限缩到说明书实施例的具体实施方式及能够实现该功能的替代方式。这与侵权判定程序的结果是完全一致的。如图 2 所示。

图 2 相关功能只能由说明书实施例描述的实施方式完成

　　其次，**即使某些情况下，采用两种规则的认定结果可能会存在差异，从引导专利申请人尽可能用结构特征而非功能特征进行限定的角度出发，存在差异也是可以接受的。**例如，针对以上第二种情况，授权程序中，如果审查员认为所述功能的实现并不依赖于说明书实施例描述的具体实施方式，具备所述功能的任何部件或结构均能用于相关技术方案，会允许在权利要求书中出现功能性特征。此时，所述功能性特征的含义不仅包括实施例的具体实施方式、与所述具体实施方式等同的替代方式，还包括能够实现所述功能但与所述具体实施方式不属于基本相同的技术手段的那些替代方式。出现在授权权利要求中的这一功能性特征在侵权判定程序中将被理解为只包括前两类（如图 3 所示）。

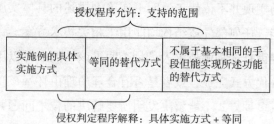

图3 相关功能的实现不依赖于说明书实施例描述的具体实施方式

在这种情况下，表面上看，规则的不同会导致专利权人的部分权利不能得到有效的保护。但究其实质，缘于专利权人采用了功能性特征这种不太推荐的方式来限定要求保护的发明所致。不太推荐采用功能性特征，并不意味着采用功能性特征必定会使专利权人的利益受损。如果专利权人认为相关功能的实现不依赖于说明书实施例描述的具体实施方式，采用功能性特征比结构特征更为恰当，除了在实施例中记载具体实施方式之外，还可以在说明书中对实现该功能的其他方式（如不属于基本相同的手段，但能实现所述功能的替代方式）进行列举与说明。这种情况下，应该不会出现图3所示有部分方案不能获得保护的情况。因此，授权与侵权判定两个程序中针对功能性特征采用不同的解释方式，有助于引导专利申请人更好地撰写申请文件。

至于确权程序的解释方式为什么应当同授权程序而非侵权判定程序，笔者认为原因与情形7类似，不再赘述。

总之，行政与司法作为专利制度的上下游，需要相互配合，共同调控权利人与社会公众之间利益的平衡。行政政策与司法政策就像两个钉子之间系一根松紧带，松紧带代表着权利人的利益。行政政策宽松，司法政策就需要收紧，否则权利人就会获得过度的利益，与其对社会的贡献不相适应；相反，行政政策收紧，司法政策就应当放松，否则权利人的利益就会受损，也无法与其对社会所作的贡献相相适应。授权、确权和侵权程序权利要求的解释也是如此。因三个程序的性质和任务不同、权利人修改专利申请文件或专利文件的尺度不同，权利要求的解释可以并允许存在一定的差异，这种差异除了表现在当事人意见陈述的作用之外，具体的解释规则也应当随具体情形的不同而允许有差别。

第十六章　专利保护客体的审查

对于什么样的发明创造属于可获得专利保护的客体以及要求保护的发明创造是否具备实用性，行政与司法的三个审级的认识基本上是一致的，鲜有在这两个问题上专利复审委员会败诉或者不同法院之间存在结论不一致的情况出现。

随着"互联网＋"行动计划的实施①，在未来的30—40年里，以互联、数据、集成、创新和转型为特点，围绕"智能制造"，在产品智能化、装备智能化、生产方式智能化、管理智能化和服务智能化五个方面，将可能出现大量软硬件相结合的新的发明创造，比如工业物联网、工业网络安全、工业大数据、云计算平台、MES系统、虚拟现实、人工智能、知识工作自动化等与工业机器人（包括高端零部件）、传感器、PFID、3D打印、机器视学、智能物流（AGV）、PLC、数据采集器、工业交换机等的结合。这些发明创造能否作为可被授予专利权的客体？或者假定不能作为专利权保护的客体，其是否值得保护或者可以以何种形式获得保护？诸如此类的问题在未来的一段时间内将成为业界争议焦点，同时必将引发针对传统工业产权保护范围的大讨论。

在这一大背景下，以"技术问题、技术手段、技术效果"为要素来判断要求保护的发明创造是否构成技术方案，或者以是否为"仅将现有公知设备进行人为规则的设定"作为不给予专利保护客体的判断基准是否适当，将是未来值得讨论的问题。

---

① 国外亦有类似的概念推出，比如德国推出的概念是"工业4.0"，美国叫"工业互联网"，其本质内容是一致的，就是"智能制造"。

第十七章　充分公开的审查

从目前的案件看，有关充分公开的认定，专利复审委员会与最高人民法院的认识基本一致，与北京市高级人民法院的分歧相对较大。比如在（2014）行提字第 8 号一案中，最高人民法院充分肯定了专利复审委员会关于充分公开的判断步骤与顺序。

就权利要求的技术方案在说明书中是否被充分公开的判断，实践中的争议集中在以下几个方面：（1）《专利法》第 26 条第 3 款的法律含义及其与其他相关条款，如《专利法》第 22 条的关系；（2）《专利法》第 26 条第 3 款的判断要素与方法；（3）化学领域发明（尤其是化学产品发明）是否被充分公开的判断要素等。

一、《专利法》第 26 条第 3 款的法律含义

《专利法》第 26 条第 3 款是对表达要求保护的技术方案的文字载体的要求，既是对申请人撰写申请文件的要求，也被认为是发明创造被授予专利权的必要条件，是"公开换保护"的必然要求。

首先，从发明创造产生的事实逻辑看，充分公开要求保护的发明创造是对申请人撰写申请文件提出的最基本要求。一项发明创造从产生到被授予专利权（或被驳回）要经历三个阶段：一是发明人产生技术构思、通过实验验证并完善技术构思形成发明创造；二是申请人将该发明创造用文字表达出来，形成能够提交专利局审查的申请文件，包括说明书、权利要求书和摘要；三是审查员对专利文件进行审查，考察要求保护的发明创造是否符合授权条件。申请人将发明创造形诸于文件的过程

中，需要清楚地阐明该发明创造的技术方案及本领域技术人员在实施该发明创造时所需的技术信息，即说明要求保护的技术方案是什么（what）、怎么做（how to make）和有什么用（how to use）。具体而言，当要求保护的是产品时，申请人需要说明该产品的结构组成、制造方法和用途；当要求保护的是方法时，申请人需要说明实施该方法的步骤与步骤顺序、各步骤的应用条件等信息。这些信息的披露其实就是充分公开发明创造的过程。如果缺乏全部或者部分信息导致本领域技术人员在实施要求保护的发明创造时存在困难或者根本无从实施，则申请人对发明创造的公开不充分，不具备获得专利保护的基本条件。由此可见，充分公开要求保护的发明创造是对申请人撰写申请文件的最基本义务。

其次，从专利法的体例结构和法律逻辑看，充分公开发明是发明创造被授予专利权的实质性条件。根据内容相关性，专利法将所有规定分为八章，分别是总则（第1—21条），授予专利权的条件（第22—25条），专利的申请（第26—33条），专利申请的审查和批准（第34—41条），专利权的期限、终止和无效（第42—47条），专利实施的强制许可（第48—58条），专利权的保护（第59—74条）以及附则（第75—76条）。从体例结构上看，《专利法》第26条第3款归属于"专利的申请"一章，这意味着立法者在制定专利法之初已经意识到，充分公开要求保护的发明创造主要是对申请人苛以的基本义务。发明创造在申请文件中的公开是否满足所属领域技术人员实施的要求，理论上在申请人将申请文件提交专利局的那一刻就已经盖棺定论，属于一个不以所属领域技术人员的主观意志为转移的客观事实。因为，如果申请文件存在公开不充分的缺陷，则意味着申请文件至少缺失一部分对于实施发明不可缺少的要素，而申请日后这些要素的增补都将因违反先申请制而以不符合《专利法》第33条的规定为由不被允许。因此，充分公开要求保护的发明创造对申请人撰写申请文件具有非常严格的约束力。但是，归属于"专利的申请"而非"授予专利权的条件"一章，既不意味着该条款仅约束申请人，也不意味着该条款非授予专利权的实质要件。这可以从两个角度进行解释。一方面，专利法的篇章结构存在不甚严密之处。[①] 虽然"授予专利权的条件"一章仅包括四个条款（新颖性、创造性、实用性和不授予专利权的主题），但其只表明，一项发明创造要获得专利权的保护，必须具备新颖性、创造性和实用性，并且不被《专利法》第25条所排除，并不意味着授予专利权的发明创造只需满足这四项要求。比如，能够被授予专利权的客体必须是专利法意义上的发明创造，保护客体不属于专利法意义上的发明创造的，因不符合《专利法》第2条的规定而不能被授予专利权（例如，如果就一项制备方法申请实用新型专利，该专利申请将不符合《专利法》第2条第3款的规定）。另一方面，从法律逻辑角度讲，要判断要求保护的发明创造是否具备新颖性、创造性，最基本的前提条件是所属领域技术人员能够理解权利要求的技术方案，同时说明书中对于所述技术方案的阐释满足"公开换保护"的要求，否则即使申请人提出的技术构思前无古人，后无来者，其对社会的贡献也没有到值得用给予其十年或二十年独占期来保护的程度，因为某些关键技术诀窍的保密使得没有人能从申请人提出的技术构思中获得任何利益。因此，虽然未出现在"授予专利权的条件"一章，但充分公开也应当是发明创造获得专利保护的实质性条件，不满足该条款要求的，审查员可以依《专利法》第38条的规定予以驳回。这意味着，《专利法》第26条第3款不仅是对申请人撰写申请文件提出的要求，也是审查员在专利审查中必须考虑的实质性条款。

再次，从《专利法》第26条第3款与《专利法》第22条的关系看，《专利法》第22条是对要求保护的技术方案本身的要求，而《专利法》第26条第3款是对表达要求保护的技术方案的文字载体的要求。 如果要求保护的技术方案本身不满足新颖性、创造性和实用性的要求，根据《专利法》第22条的规定，不能被授予专利权。但是，专利权的保护不可能基于抽象的技术方案，抽象的技术方案一定是需要用文字载体来表达的，这就是权利要求书和说明书。其中，权利要求书通过文字表达出要求保护的技术方案，而说明书则是对要求保护的技术方案进行

---

① 尹新天，《中国专利法详解》，知识产权出版社，第242页。

解释和阐明。作为对技术方案进行文字表达的载体，如果权利要求书不能清楚地描述该技术方案，同时说明书也不能对技术方案进行清楚的解释和阐明，导致本领域技术人员不能知晓专利申请人希望保护的技术方案是什么，则即使专利申请人心目中的技术方案满足《专利法》第22条的要求，也不能被授予专利权。这就体现了《专利法》第26条第3款的作用，即是对表达要求保护的技术方案的文字载体的要求。

二、《专利法》第26条第3款的判断要素和方法

目前《专利审查指南》给出的判断充分公开的标准是，本领域技术人员按照说明书记载的内容，是否"能够实现该发明或者实用新型的技术方案，解决其技术问题，并且产生预期的技术效果"，但实践中有一种极端的倾向，即过分关注对技术问题的认定和技术效果能否实现，忽略对技术方案本身是否清楚的确认。比如，在（2014）行提字第8号一案中，二审法院认为，"专利复审委员会并没有确定本发明要解决的技术问题……在未对发明要解决的技术问题进行整体考虑的情况下作出本专利公开不充分的认定显属不当"。

这一倾向其实是建立在一种非常理想的基础上，即专利申请人应当知晓全部现有技术并在说明书中准确界定要解决的技术问题、解决该技术问题的技术方案的全部必要技术特征，并将其完整记载到权利要求书中。但这一方面对专利申请人包括代理人撰写申请文件提出了很高的要求，另一方面也意味着审查员在审查之初或未经检索之时就能够准确界定发明要解决的技术问题，否则提出《专利法》第26条第3款的审查意见将缺乏法律基础。

专利制度的目的是促进科学技术的发展，鼓励创新。国家授予专利申请人10—20年的垄断期来换取其对要求保护的技术方案的公开，公开的程度要使得本领域技术人员能够站在该技术方案的基础上进行新的研发。从这一角度出发，结合发明创造产生事实逻辑，对于表达要求保护的技术方案的文字载体，首先需要本领域技术人员根据该文字载体知道要求保护的是什么，其次还必须能够再现或者实施要求保护的技术方

案，包括如何制造或者使用要求保护的技术方案，以及该技术方案有什么用途。由于权利要求书的作用是表达专利申请人意欲保护的发明或实用新型的范围，因此仅由权利要求书来清楚、全面地阐明要求保护的是什么、技术方案怎么制造或使用以及技术方案究竟具有什么用途的所有细节不太现实。这就要求说明书中必须给出上述三个方面的细节，以便本领域技术人员可以在不付出创造性劳动的基础上就能够实现该技术方案，一方面避免重复劳动，另一方面也避免专利申请人获得的利益与其对社会所作出的贡献不相适应。

因此，从专利制度的本质要求和实践操作的可行性出发，判断要求保护的技术方案是否满足《专利法》第 26 条第 3 款的规定时，以本领域技术人员能否知晓要求保护的技术方案是什么、该技术方案怎么制造或使用以及该技术方案有什么用途为要素，依次作出判断更具操作性。理解上述三要素时存在逻辑上的先后关系，即首先判断要求保护的技术方案是什么，然后判断技术方案怎么制造或使用，最后看技术方案有什么用途。这一思路正是最高人民法院在（2014）行提字第 8 号一案中所提出的审查思路，并且与美国联邦巡回上诉法院针对充分公开的审查思路也完全一致。

三、对于化学医药领域产品发明是否需要公开产品的用途

以上审查思路反映到化学领域产品的发明上，其实就是《专利审查指南》中所要求的，需要在说明书中公开产品的结构及其确认、产品的制备方法和用途。然而，有学者认为，"对于新化合物产品，本领域技术人员解决的技术问题是发现和表征一种新的化合物，并确定其能够客观存在……是否能够取得某种治疗效果或具体用途，不属于新化合物及其方法要解决的技术问题和需要实现的效果"。[①] 这是北京高院在（2014）高行终字第 79 号判决书中载明的观点。该案权利要求 1 请求保护一种通式化合物及其盐，说明书记载了化合物的一般合成方法，实施

---

① 该案涉及委内编号为 1F115089、专利号 200680037279.4 的发明专利，决定号 FS47537，一审判决（2013）一中知行初字第 1454 号行政判决维持复审决定，二审判决（2014）高行终字第 79 号行政判决维持一审判决。

例 1-478 提供了大量化合物的制备过程和确认数据,但没有提供采用表 1 的具体化合物进行的效果实验和数据。复审决定认为,说明书记载了化合物活性的测定方案,但未提供采用表 1 的具体化合物进行实验获得的效果实验和数据,在缺少现有技术证据时,化合物是否具有 PI3K 抑制活性及治疗癌症的功效无法通过理论分析或说明而确认。因此说明书公开不充分。二审法院虽然以说明书对化合物的公开充分,但对该化合物的盐的公开不充分为由最终维持了复审决定,但是其针对化合物公开充分的上述论述却引发了一定范围的讨论。

究其实质,针对化合物充分公开与否的以上两种观点本质上反映的不是审查标准问题,而是审查政策问题,即,对于化学医药产业,我国究竟是要保护重在理论探讨和研发的上游产业,还是要保护能够很快产生实际应用的下游产业?二审法院认为新化合物产品不需要公开用途及实验证据显然是偏重于保护处于研发上游的科学研究成果,而《专利审查指南》执行的标准则偏重于保护处于研发下游的实际应用。

专利制度的终极目标是通过对创新的保护,促进相关产业的发展,提升国家的整体经济实力。在我国专利制度的运行过程中,无论是专利审查政策,还是专利保护政策的制定,都应当立足并服务于国民经济的发展。笔者以为,针对新化合物专利保护采取什么样的政策,应当考虑以下几个方面的问题:

(1)我国国民经济的整体状况。当前,我国正处于从制造大国向大众创业、万众创新的阶段转化,促进产业尽快转型和升级,是现阶段专利制度运行面临的大环境。在每年发明专利申请直逼甚至超过百万件,但其中绝大多数基础专利技术都仍处于国外大型企业垄断的情况下,在短时间内,我国的创新主体达到能够在理论研究和发现方面超越国外大公司的程度不太现实,尤其是在化学医药领域。因此,加速技术的转化和应用,促进能尽快产生实际应用的下游产业,丰富市场供应,提振市场活力,才是目前制定审查政策要考虑的根本问题。从这一角度看,应当将专利权授予那些不仅制备出了新的化合物产品,而且对该产品的实际应用已经进行了相应科学研究的人。如果专利申请人不在专利说明书中公开其用途及相关实验证据,新化合物产品就难以迅速转化到实际应用当中，无法迅速有力地投入市场。

（2）化学医药产品的研发特点。药品的研发，化合物的合成和化合物库的形成仅是其中一个环节，活性筛选及应用才是研发的瓶颈。目前，化学产品的合成、分离等技术理论上已经非常成熟，如果采用如（2014）高行终字第 79 号一案中二审法院的观点，一方面，化合物专利将会如商标抢注一样，形成多而杂的专利申请丛林乱象，使得专利权更多掌握在进行基础研究的科研院所手中，一旦其应用和生产能力有限，而后续开发又受制于在先权利人的控制，将会导致技术沉睡，后续应用受到较大影响；另一方面，这一政策导向也并不会让国内专利权人更受益，因为国外大公司以其研发实力和专利布局能力，会抢占更多的先机，最终导致专利权更多地集中在国外大公司手中，不利于国内企业的发展，影响创新的大环境。

（3）对国外及国内创新企业的影响。产品合成理论成熟，结构设计和合成本身相对容易，形成具有创造性的发明相对较难。如果像目前《专利审查指南》中所秉承的，在充分公开认定标准和创造性认定标准上，把化合物的结构设计与靶点发现、化合物应用结合起来，将使得被授予专利权的发明创造更接近于产业而非基础理论，更有利于保护下游产业，使得专利与实际生产的距离更短。一方面，虽然表面上看同等增加了国内外企业获得专利的难度，但是由于化合物应用相比合成用时更长，开发成本更高，因此，实际上缩短了我国企业与国外公司之间获得专利权的难度差距，给国内公司留下更多的发展空间；另一方面，对于我国整体国民经济的结构调整更加有益。

综合以上分析，笔者以为，即使对于要求保护的是新化合物产品及其制备方法的专利申请，也需要在说明书中公开化合物的用途及证明其用途的实验证据，（2014）高行终字第 79 号一案中二审法院提出的新观点既脱离化学医药领域的研发实际，也脱离对我国国情现状及行业发展的实证论证。虽然截至目前，该案尚处于最高人民法院再审审查阶段，但是，从（2015）知行字第 340 号和（2015）知行字第 342 号两案中最高人民法院所持的观点，可以预期到二审法院的这一观点可能不会被最高人民法院认可。

四、化学领域产品发明用途的公开程度

既然针对化学医药产品发明，需要在说明书中公开产品的用途，那么，用途公开到什么程度才能被认为已经满足充分公开的要求是不得不面临的一个问题，其实这一问题在业界已经争论了很多年，尤其是，在过去的近 5 年间，国外医药公司提出了诸多不同意见，甚至直接引发了在中美商贸谈判中就此问题展开讨论并发表声明。

说明书中对于化学医药产品用途的公开可能存在四种情形：一，仅仅提及化合物的一般性用途，不公开实验方法，也没有任何数据；二，只有实验方法，不公开采用具体样品进行验证的实验数据；三，公开部分实验数据范围，但不记载具体的样品指向，如采用"本发明化合物的 IC_{50} 值在……范围内"的方式来表达产品的使用效果；四，实验数据完备，针对实验所采用的样品有很详细的指向。以上四种情形，第一种、第二种被认为未公开产品的用途、第四种被认为满足充分公开的要求，争论多集中在第三种，即采用"本发明化合物的 IC_{50} 值在……范围内"的方式来表达产品的使用效果能否被认为已经公开了产品的用途？

在（2015）知行字第 340 号和（2015）知行字第 342 号两案中，最高人民法院已经给出了明确的答案。笔者完全认同其中的论述和观点。

笔者以为，对于这一问题的正确判断，需要考虑医药产品的研发与专利申请之间的关系，所涉及产品的整体研发状况，并把握申请日或者优先权日时已经完成发明这一底线。

（一）医药产品的研发与专利申请之间的关系

第一，申请专利的时机。现代药物研发通常包括两个阶段——药物发现阶段和药物开发阶段。大部分药物的研发起源于作用靶点的发现。随着对靶点的标识和确认，测定药物有效性的方法将会得到促进，同时有大量的化合物被合成出来进入筛选评价阶段，这为先导化合物的发现奠定良好基础。之后，通过对先导化合物的结构优化，获得药物候选化合物。经过一系列药物临床前优化后筛选获得的具有开发前景的药物经

临床试验，获得药监部门批准后进入市场。以上研发过程中，何时提起专利申请以及在提出专利申请时如何概括权利要求的保护范围是最重要的两个需要考虑的问题。通常，品牌制药公司会选择在药物发现阶段提出专利申请（参见图4①），但在具体确定首次提出专利申请的时机时，一般会考虑以下三个因素：一是所选择的靶点的新颖性，二是所选择的靶点或化学物质的竞争激烈程度，三是确保获得专利授权。如果所选择的靶点是新的并且公司还在进行一系列的改进，品牌制药公司通常会考虑通过提交首次申请取得优先权日，之后在首次申请后的12个月内补充提交申请文件，从而最大程度地降低专利申请不被授权的风险。

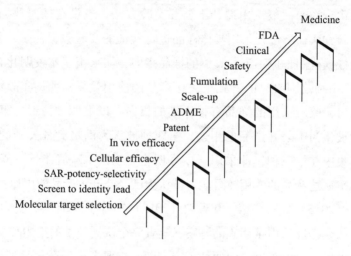

图4　品牌制药公司的药物研发及专利申请时间表

　　第二，申请专利时的策略。提出专利申请时，一方面，为了保证在申请日时还未完全开发出来的化合物至少能在某种程度上受到原申请的保护，品牌制药公司通常选择在首次申请的权利要求中概括相对较宽的保护范围，而在后续专利申请中要求保护在首次申请范围内的更窄范围的化合物或者具体化合物；另一方面，在确保首次申请获得授权的同时，品牌制药公司还会对某些关键性基团的选择进行设计，以避免首次申请的公开内容成为破坏其在后专利申请新颖性或创造性的对比文件。

---

①　参见刘桂明，2014级国际药物工程管理硕士课程讲义《药物专利策略》。

第三，品牌制药公司的布局策略。品牌制药公司在技术研发过程中所采取的专利保护策略，一般可以分为两大类：进攻性策略和防御性策略。其中，将自己的核心研究成果申请专利，形成自己的专利保护网的方式是最基本的进攻策略。在形成专利网的过程中，品牌制药公司通常会采用虚实结合的方式进行布局，其中既有基础专利，又有从属专利，还有起到防御作用的 Paper 专利。

第四，专利文件撰写的特点。一般来说，提出基础专利时，品牌制药公司会用化学通式的方式表达要求保护的产品，同时在专利申请中包括大量的化合物制备例。同时，品牌制药公司一般会选择公开满足最低授权条件的部分实验数据，不会主动公开全部实验数据，而且，所述数据通常会以"本发明的化合物"或者至多"本发明的实施例的化合物"方式表达活性试验所用的样品。因为在这一阶段如果把其发现的先导化合物的活性数据纳入专利说明书中的话，会随着专利申请的早期公开，让竞争对手更早地发现其目标先导化合物，丧失竞争优势。在提出从属专利时，由于产品的研发已经进入到比较成熟的阶段，相比提出基础专利时，品牌制药公司对于公开数据的谨慎程度降低，在专利文件中提供数据的几率更高，也更为详细。但是，如果提出作为防御策略的外围专利，业界更多称之 Paper 专利，品牌制药公司在专利申请文件中通常仅提供众多的化合物制备例，至多以"本发明的化合物"的形式提供泛泛的活性数据范围。

（二）所涉产品的技术研发整体状况

判断说明书对于要求保护的产品是否充分公开，不应当仅局限于专利申请文件来身，还必须考察与专利申请所涉产品相关的技术研发整体状况和相关专利申请对于产品用途的表现手法，综合判断涉案专利申请涉及的技术在这一领域中究竟处于何种阶段，基于申请日时所属领域普通技术人员普遍认可的实验方式和证明手段作出判断。在具体判断过程中，应当综合考量实验设计、实验结果与技术方案是否成立之间的关联性、相关领域的技术发展水平、惯常实验手段以及客观条件的限定等因素，既要避免设定与相关领域惯常做法不符，甚至超出现有技术发展水平或在客观条件下不可能实现的理想的实验数据证明标准，不切实际地对于实验数据提出过高的要求；也要避免出现对于实验数据的要求过低而导致专利申请人对社会作出的贡献与其获得的权利不相对应的情况出现。在这一基本原则下，应适当鼓励开拓性发明、严格从属专利，不应因化合物产品专利已授权，就降低对其从属的用途专利的实验数据的要求。

（三）把握申请日或优先权日时已经完成发明这一底线

我国专利法在实施初期就选择了先申请制的基本制度，在《专利法》第 26 条第 3 款中规定了专利申请人为获得专利独占权所必须承担的义务，即在说明书对发明作出清楚、完整的说明，并以本领域技术人员能够实现为准。这一规定是为了保证社会公众能够从专利申请文件中获得新的有用信息，将专利权授予那些在申请日时已经完成的发明，避免部分专利申请人通过抢占申请日而对其后作出的发明创造获得早于其本来应标识的申请日，违背先申请制的初衷。另外，专利权要保护的不是技术构思、想象或猜想，而是实实在在的技术方案。至少在申请日提交的专利申请文件中，要有初步的证据表明其不只是猜想，而是有科学依据的发明创造。

这一要求并非中国专利法特有，在美国专利实践中其实也存在类似的要求。例如，针对 CAFC 认为，"申请人必须提供实质性的证据，除非所属技术领域技术人员能够断定权利要求显然是正确的。"当现有技术中未建立起方案与用途之间有效的关联时，申请人应当在说明书中提供证明相应用途的数据。"如果 §112 可实现性的试验仅仅是要求听起来有道理，那么申请人完全可以获得由一些更多是具有一定成功可能性的设想所构成的'发明'专利权"；"当一种设想之后被证明是正确时，'发明人'的称号将被授予那些'掠夺者'而不是证明了该方法实际可行的那一方"，这样一种情况"与发明人应当使发明可以实施而不是仅仅提供一个未经证实的假设的法律要求完全不一致"。①

总之，对于化学医药产品有关用途的实验数据要求不能一刀切，要根据专利申请所涉产品本身的特点和其在现有技术中所处的状态来判断。在说明书中提供实验数据的作用只是使本领域技术人员从申请日提交的申请文件中能够初步确定技术方案已经完成并且可行，避免对无法实现的技术方案授予专利权，也避免给予专利权人与其对现有技术贡献不相适应的权利。

五、用于证明充分公开的申请日后提交的实验证据

关于申请日后补充提交的证据能否用于证明说明书是否充分公开了要求保护的技术方案，《专利审查指南》在第二部分第十章第 3.4 节规定，"判断说明书是否充分公开，应当以说明书和权利要求书记载的内容为准，申请日后补交的实施例和实验数据不予考虑。"这一规定是2006 年修改审查指南时引入的，实践中，审查员引用这一规定对补交的实施例和实验数据一刀切地不予考虑的做法近年来引发了业界的广泛讨论。

虽然最高人民法院在（2014）行提字第 8 号一案中对此规定予以修正，根据所述实验证据的证明事项和目的将其分为两类：一是证明本领域技术人员在申请日前的知识水平和认知能力的实验证据，二是证明本领域技术人员在申请日前的知识水平和认知能力之外的其他事项的实验证据。对于第一类实验证据，最高人民法院明确表示"可以纳入考虑"；对于第二类实验证据，尽管最高人民法院在判决中未予明确说明，结合

---

① Rasmusson 诉 Smith Kline Beecham Corp. 一案，413 F. 3d 1318，75 U. S. P. Q. 2d（BNA）1297（Fed. Cir. 2005）。该案中，申诉委员会认为，对于涉案的 Rasmusson 的专利申请而言，Rasmusson 不能够要求其在先提交的专利申请的优先权。因为不付出过度的劳动，所属技术领域技术人员无法相信 Rasmusen 所要求保护的化合物非纳斯特胺（finasteride）可用于治疗前列腺癌；同时，根据所属技术领域的发展状况以及 Rasmusson 未提供证明效果的数据，也无法预测其会是一种有效的治疗方式。因此，所述 Rasmusson 专利申请不能拥有先于 Smith Kline 专利及其再颁专利申请的优先权且。CAFC 认为申诉委员会的决定有充分的证据支持且未违反法律，因此予以维持。

上下文及之前针对创造性评价中是否允许考虑申请日后提交的实验证据的诸多案例可以推测，这类实验证据不应当被考虑。原因在于，这类实验证据绝大多数是为了证明专利申请所要求保护的技术方案可以实现，这应当是专利申请人在申请日之前就应当完成的任务。

当然，假设申请日后提交的实验证据属于证明专利申请人在申请日时已经完成了验证技术方案可以实现的任务，仅仅是未将其记载在专利说明书中，这类证据，如果其证据资格可以被认可，笔者以为接受该证据也是合理的。

第十八章　关于权利要求是否清楚的审查

权利要求书是专利申请文件非常重要的一部分，表达的是申请人想要获得专利保护的范围。权利要求应当清楚地限定要求保护的范围，在中国专利法①和美国专利法②中都有非常明确的规定。其中，《美国专利法》35 U. S. C. §112 第二段规定："说明书应当包括一项或多项权利要求，特别指出并明确专利申请人认定属于其发明的主题。"该规定既是专利审查过程中审查员可以援引驳回的条款，也是专利授权后法院或PTO认定权利要求无效的条款。

关于权利要求是否清楚，实践中出现争论的几率较大，但大多涉及的是事实问题，具有法律意义的争论点不多或者目前还有没有显现。笔者研究了美国联邦巡回上诉法院（以下简称 CAFC）2001—2013 年所有涉及权利要求清楚的案例，认为最值得探讨的问题是：专利授权程序、确权程序和侵权程序针对权利要求是否清楚是否需要秉承同样的标准。以下笔者将结合对于美国 CAFC 案例的研究阐述这个问题。

一、立法本意

关于法律为什么作出这一规定，美国最高法院于 1931 年在 *permutit*

---

① 我国《专利法》第 26 条第 4 款规定：权利要求书应当以说明书为依据，清楚、简要地限定要求专利保护的范围。

② 35 U. S. C. §112 第二段规定：The specification shall conclude with one or more claims particularly pointing out and distinctly claiming the subject matter which the applicant regards as his invention.

v. *Graver Corp.* 一案①中解释了这一规定背后的理由:"法律要求专利权人不仅要解释其设备原理,以所属领域技术人员在专利期满后仍然可以制造和使用发明的术语来描述其设备,而且要告知社会公众,使其知晓在专利权人所要求的专利独占期间内,未经专利权人许可实施哪些制造或使用行为是安全的或者是不安全的。"也就是说,如果权利要求是不清楚的,它将不能清楚地给社会公众划定关于专利权人权利边界的警告线,不能告知社会公众其实施的行为究竟是否侵权。另外,如果允许专利权人拥有模糊不清的权利要求,客观上将会鼓励更多的专利权人撰写不清楚的权利要求,因为模糊不清的权利要求将会迫使竞争对手扩大与专利权人势力范围之间的安全距离,从而事实上扩张专利权的保护范围②,这不利于鼓励发明创造、推动科学技术的发展。

因此,法律规定"权利要求应当清楚"主要有两个目的:第一,确保所属领域技术人员能够理解并应用发明的教导;第二,通过要求专利保护范围的确定性而鼓励企业进行发明创造③,避免给予专利权人不合理的大范围以致于损害社会公众的利益,避免其他发明人因无法准确界定专利权的边界而降低进一步实验和发明创造的兴趣,以及避免当竞争对手对不清楚的专利权范围作出不恰当的判断时增加诉讼的可能性和风险。④

二、权利要求清楚与否的判断准则

美国联邦巡回上诉法院(以下简称 CAFC)针对权利要求是否清楚,目前采取的主流观点是"难以解释的模糊不清"(Insolubly Ambiguous)

---

① 284 U. S. 52, 60 (1931).

② General Elec. Co. v. Wabash Appliance Corp. , 304 U. S. 364, 369 (1938).

③ 317 U. S. 228, 55 U. S. P. Q. (BNA) 381 (1942). "The statutory requirement of particularity and distinctness in claims is met only when they clearly distinguish what is claimed from what went before in the art and clearly circumscribe what is foreclosed from future enterprise. A zone of uncertainty which enterprise and experimentation may enter only at the risk of infringement claims would discourage invention only a little less than unequivocal foreclosure of the field. Moreover, the claims must be reasonably [clear – cut] to enable courts to determine whether novelty and invention are genuine. "

④ Athletic Alts. , Inc v. Prince Mfg. , Inc. , 73 F. 3d 1573, 1581 (Fed. Cir. 1996).

标准，其含义是，如同 CAFC 在 *Exxon Research and Engineering Co. v. United States* 一案①中所解释的，"为了避免将权利要求判定为不清楚，我们不再坚持简单地看权利要求本身，而是要看能否对权利要求作出解释，无论这种解释的任务有多么困难。"即只有当"权利要求存在难以解释的模糊不清之处，并且对其不能恰当地采用限缩性解释"时，权利要求才被判定为不清楚。仅仅是权利要求的解释存在难度不能成为认定权利要求不清楚的理由。

CAFC 之所以秉承这种观点，原因之一在于其认为，根据《美国专利法》35 U. S. C. § 282 的规定，一项权利要求应当被假定是有效的；另外一个原因，就像 CAFC 在 *Funai Electric Co. v. Daewoo Electronics Corp.* 一案②中所道出的：由于对专利申请施以很严格的规则，因此权利要求的术语不能总是用最优美、最直接的语言表达出来。具体体现在：一，根据法律要求，无论发明多么复杂，权利要求都必须用一句话写出来，所以撰写权利要求的方案时可能会使用笨拙的措辞；二，因惯例的原因，权利要求的内容被负以很重的责任；三，权利要求的撰写人，虽然他知道权利要求是为对发明所属领域有一定了解和认知的技术人员所撰写的，但是他也知道，最终专利能否被维持有效，必须依赖于外行的法官和陪审员。因此，对于"笨拙"的权利要求，当根据专利文件的内容，发明所属领域的技术人员能够理解其含义时，就不能被认定是不清楚的。

适用"难以解释的模糊不清"准则意味着法院其实很难接受权利要求不清楚的理由。据统计，1998—2008 年这十年间，CAFC 共受理涉及权利要求不清楚的案件 48 件，其中 32 件被法院认定为清楚的，只有 16 件被法院认定为不清楚的，不清楚的案件绝大部分还都集中在"手段加功能"的权利要求上③。2009—2013 年五年间，共有 15 件案件涉及权利

---

① 265 F. 3d 1371, 1375 (Fed. Cir. 2001).

② 616 F. 3d 1357, 96 U. S. P. Q. 2d (BNA) 1329 (Fed. Cir. 2010).

③ "A Definite Claim On Claim Indefiniteness: An Empirical Study Of Definiteness Cases Of The Past Decade With A Focus On The Federal Circuit And The Insolubly Ambiguous Standard", 10 – CHI. – Kent J. Intell. Prop. , 25 (2010).

要求是否清楚的问题，其中仅有一件被判定为不清楚，其余的案件均被认为未达到"难以解释"的程度。

三、权利要求是否清楚的界定

鉴于 CAFC 针对权利要求是否清楚一直秉承"难以解释的模糊不清"标准，因此实践中，在界定权利要求是否清楚时，CAFC 适用的具体规则呈现以下特点：（1）界定权利要求是否清楚以申请日时所属领域技术人员的知识和能力为基准；（2）界定权利要求是否清楚的方法与解释权利要求的方法基本一致；（3）不因专利是否授权而对界定权利要求是否清楚的方法进行区分。

（一）以申请日为界线

判断权利要求是否清楚，以申请日时所属领域技术人员为视角，但是，可以使用申请日后出现的专利和出版物来解释权利要求的语言①。

（二）使用权利要求解释的方法

判断权利要求是否清楚，需要以所属领域技术人员为视角，既要考虑说明书的内容，又要考虑所属技术领域的知识。证明权利要求不清楚应当满足"精确的标准"，即，"主张权利要求因不清楚而应予以无效的一方当事人必须用清晰而有说服力的证据表明，所属领域技术人员根据权利要求的语言、说明书、审查档案以及相关技术领域的知识不能够明晰权利要求的保护范围"②。这说明，CAFC 界定权利要求是否清楚的方法与权利要求的解释方法是基本一致的。

---

① U. S. Steel Corp. v. Phillips Petroleum Co. , 865 F. 2d 1247, 1251, 9 U. S. P. Q. 2d（BNA）1461, 1464（Fed. Cir. 1989）; In re Glass, 492 F. 2d 1228, 1232, 181 U. S. P. Q. （BNA）31, 34（C. C. P. A. 1974）.

② Haenonetis Corp. v. Baxter Healtheare Corp. , 607 F. 3d 776, 783.

（1）权利要求的语言。

权利要求是由若干技术特征共同构成的技术方案，考察某一技术特征是否清楚，不能脱离开权利要求的整个方案，需要首先对权利要求中与该技术特征相关的其他特征进行考量。

例如，在 *Marley Mouldings Ltd. v. Mikron Industries*，*Inc.* 一案[1]中，CAFC 就是根据权利要求的其他特征来解释争议术语的含义。涉案专利权利要求中的争议术语是"以（体积）份数计"。地区法院认为，该术语的意思是给定的配方中一种组分相对于所有其他组分的体积比，从这一含义出发，就需要计算木屑的体积，这是确定要求保护的方法是否制备得到成品的关键因素，也是实施发明的关键所在；权利要求中没有明确这一点，从说明书也无法了解这一点，因此权利要求是不清楚的。CAFC 推翻了地区法院的这一认定。在判决中，CAFC 这样解释：如果所属领域技术人员在阅读说明书的整体后，能够合理地理解权利要求的内容，则权利要求满足清楚的要求。本案中，根据权利要求 1 的记载，要求保护的方法在第一段中木屑的最低量为 11.1 体积%（总计 135 份，木屑占 15 份），在第二段中木屑的最低量为 10.7 体积%（总计 140 份，木屑为 15 份）。可见，从权利要求的语言即能够确定"以（体积）份数计"这一术语的含义，地区法院关于该事实的认定存在错误，权利要求的术语"以（体积）份数计"的含义并不是不能进行解释的。

（2）说明书的内容。

说明书作为专利申请文件的一部分，是专利权人的辞典。它不仅是权利要求解释的重要依据，也是界定权利要求是否清楚的基础。如果权利要求仅仅是不借助于说明书的帮助而难以理解，这种情况不能被认为是不清楚[2]。反过来，如果说明书的内容与权利要求的主题存在矛盾而导致权利要求的范围无法确定，则权利要求将被认为是不清楚的[3]；同时，为使权利要求满足清楚的要求，说明书的详细程度取决于发明的具

---

[1] 417 F. 3d 1356, 75 U. S. P. Q. 2d（BNA）1954（Fed. Cir. 2005）.

[2] S3, Inc. v. Nvidia Corp., 259 F. 3d 1364, 1369（2001）.

[3] In re Cohn, 438 F. 2d 989, 993, 169 U. S. P. Q.（BNA）95, 98（C. C. P. A. 1971）(rejecting claims as indefinite upon a finding ofan inconsistency between the claims).

体案情和现有技术的状况①。

在 *Wellman*，*Inc. v. Eastman Chemical Co.* 一案②中，Wellman 持有两项专利，均涉及塑料饮料容器用的慢结晶聚苯二甲酸乙二醇酯（PET）树脂。与通常的树脂相比，所述慢结晶的 PET，其加热结晶放热曲线峰值温度（T_{CH}）明显更高，这使得其具有预料不到的可视透明度和低雾化性能。T_{CH} 是用差示扫描量热测定仪（DSC）测定的，为确保测量结果的一致性，该仪器要求精确的样品条件和测试参数。地区法院认为，涉案专利没有提供充分的用于解释权利要求中 T_{CH} 术语的指引，因此以不清楚为由宣告该专利权无效。CAFC 首先考察了说明书，发现其中有非常多的内容能够用于将权利要求中的 T_{CH} 术语解释为无定形原料所需的测试。Wellman 的专家也称，说明书中公开的"低于 4% 的结晶度"，在工业上应当理解为无定形的 PET 原料。其次，尽管权利要求的术语没有明确记载 DSC 测定的湿度条件，但是，所属领域技术人员将会意识到同时也会采用公知的测定 DSC 的工业标准，即，使用规定的湿度和受热历程条件。鉴于所属领域技术人员将有能力根据说明书和公知国际标准解释权利要求，因此 CAFC 得出结论，认为地区法院关于权利要求不清楚的认定是不正确的。

（3）审查档案。

审查档案是指专利审查过程中申请人与审查员之间就专利申请进行沟通的所有文件，包括审查意见通知书、专利申请人的答复意见、提供的证据等。审查档案中审查员和专利申请人就某一技术特征的讨论，尤其是专利申请人针对该技术特征的含义及其与现有技术的区别所提供的意见，构成对该技术特征进行解释的依据，也构成认定该技术特征是否清楚的基础。

All Dental Prodx v. Advantage Dental Products 一案③涉及一种制作定制

---

① Polymer Indus. Prods. Co. v. Bridgestone/Firestone, Inc., 10 F. App'x 812, 817（Fed. Cir. 2001）（quoting Shatterproof Glass Corp. v. Libbey – Owens Ford Co., 758 F. 2d 613, 624, 225 U. S. P. Q.（BNA）634, 641（Fed. Cir. 1985））.

② 642 F. 3d 1355, 98 U. S. P. Q. 2d（BNA）1505（Fed. Cir. 2011），cert. denied, No. 11 – 584, 2012 WL 538344（U. S. Feb. 21, 2012）.

③ 309 F. 3d 774, 776 – 77 64 U. S. P. Q. 2d（BNA）1945, 1946 – 47（Fed. Cir. 2002）.

牙痕的方法，权利要求中的争议措辞为"原来未确认的物质"。CAFC 认为，虽然这一措辞可能不是典型的清楚用词，但是在说明书的上下文中，所属领域技术人员将能很容易地理解它的含义。另外，审查档案可以用来澄清该措辞的含义。专利权人在审查过程中曾两次明确，由于这一措辞的限定，其发明与现有技术能够明显区别开来。因此，根据审查档案的内容，该措辞应当被解释为缺少任何具体形式的物质，基于这一解释，权利要求应当是清楚的。

在另外一个案例 *Howmedica Osteonics Corp. v. Tranquil Prospects, Ltd.* 一案①中，CAFC 也讨论了审查档案对于权利要求用语含义的澄清作用。该案的两项涉案专利均涉及骨髓内修复器械，用于髋关节球的替换和骨髓内修复的外科整形植入。两项专利的说明书相同，权利要求中均需要修复物的"横截面尺寸"占髓管"横截面尺寸"的一定百分比。地区法院认为，尽管"横截面"是指垂直于骨骼纵向的部分，但是"尺寸"一词究竟是不是指这一部分横截面的直径是不明确的，因此术语"横截面尺寸"的使用导致权利要求不清楚。CAFC 推翻了这一认定，理由是：①所属领域技术人员从专利的书面描述很容易确定所谓"横截面尺寸"要求的是二维的横截面测量；虽然对于"横截面尺寸"可能存在两种解释，即解释为相对松的配合或非常紧的配合，但说明书中有充分的信息表明，在髓管的修复中需要的是非常紧的配合，因此所属领域技术人员很容易理解本案应该用后一种解释。②因为二维测量提供的是滑动配合，这是本发明的核心，所以很明显，应当将"横截面尺寸"解释为横截面的面积。③其实在审查档案中还有很多参考文献可以支持这一解释。尽管这些参考文献是在专利复审程序中出现的，并不直接解决权利要求是否清楚的问题（权利要求是否清楚应当基于专利申请日时的技术状态进行评价），但是所属领域技术人员将会认识到，它们与专利申请日时权利要求的含义相关，因此可以用来解释专利申请日时术语的含义。基于以上理由，CAFC 推翻了地区法院关于权利要求不清楚的认定。

但是，相比权利要求书和说明书的解释作用，对审查档案的内容不

---

① 401 F. 3d 1367, 74 U. S. P. Q. 2d（BNA）1680（Fed. Cir. 2005）.

能太过强调。在 *HTC Corp. v. IPCom GmbH & Co., KG* 一案[①]中，CAFC 提到，"审查档案本身的性质可以理解为申请人在与美国专利商标局（以下简称 USPTO）进行谈判，不像说明书那样具有确定性"，因此，如果申请人在审查过程中提到的内容与从权利要求、说明书所指向的内容不一致，应当以权利要求和说明书的内容为准，不能过分强调申请人在审查档案中的陈述。

（4）所属领域技术人员的知识和能力。

所属领域技术人员是专利法中一个非常重要的概念，贯穿专利审查和侵权判定的始终。在界定权利要求是否清楚时，也需要以所属领域技术人员的视角作出判断。

在 *Star Scientific, Inc. v. R. J. Reynolds Tobacco Co.* 一案[②]中，CAFC 推翻了地区法院关于权利要求不清楚的认定。Star 的专利涉及一种烟草加工方法，该方法能够最大化地消除烟草加工过程中在烟叶上形成烟草特效亚硝胺（TSNAs，一种已知的致癌物质）的概率。普通的烟草加工方法使用柴油气或丙烷气加热器，它们会释放出废气并产生厌氧条件，这反过来可能导致 TSNAs 的形成。Star 的专利公开一种"可控的环境"，通过控制湿度、温度、温度变化速率、气流、烟叶的布置、一氧化碳和/或二氧化碳和/或氧气的用量中的至少一种因素来减轻厌氧条件的产生，从而减少或消除 TSNAs 的形成。被控侵权人 R. J. Reynolds Tobacco Co.（RJR）认为 Star 的专利不清楚，理由是所属领域技术人员不能确定常规的方法与专利所需的"可控的环境"之间的差异。陪审团同意 RJR 的结论，认为"可控的环境"一词是不清楚的，但理由与 RJR 不同，陪审团认为"可控的环境"之所以不清楚，原因在于涉案专利中没有给出确切的湿度、温度和气流的测量值。CAFC 认为，该案的争议焦点在于"所属领域技术人员是否知道如何构建可控的环境来实施要求保护的方法"。CAFC 注意到，专利本身就将"可控的环境"指向"美国商业上通用的常规方法"，基于这一内容，所属领域技术人员能够确定

---

① 667 F. 3d 1270（Fed. Cir. 2012）.

② 655 F. 3d 1364, 99 U. S. P. Q. 2d（BNA）1924（Fed. Cir. 2011）.

Star 专利中公开的"可控的环境"。尽管专利中没有公开测量数值或数值范围，但"可控的环境"并不是"无法解释的模糊不清"，因此不能被认定是不清楚的。①

（5）综合考察内部证据和外部证据。

在解释权利要求时，要综合考虑内部证据（权利要求的语言、说明书和审查档案）和外部证据（技术辞典、教科书等）。同样，在界定权利要求是否清楚时，也要综合考察，不能忽略任何一方面的内容。

Datamize, LLC v. Plumtree Software, Inc. 一案②很好地诠释了这一点。该案的争议焦点是，权利要求中的术语"美学上令人愉悦的"是否清楚。针对这一焦点问题，CAFC 的逻辑思路如下：

首先，考察 35 U. S. C. §112 第二段关于权利要求清楚的要求，即，专利权人应当使用足以使社会公众知晓其排他权界线的语言确定权利要求的保护范围。

然后，界定"美学上令人愉悦的"一词的常规含义，即包括美丽、漂亮。

随后，CAFC 指出，应当结合内部证据来解释这一术语：

① 权利要求 1 本身的语言："权利要求 1 本身并没有对'美学上令人愉悦的'一词给出任何有意义的定义，仅仅将该词理解为涉及界面的外观和感觉，由此所属领域技术人员不能确定界面上元素的集合排布什么情况下是'美学上令人愉悦的'，或者界面是否是'美学上令人愉悦的'"。专利权人没有提供任何客观标准来鉴别界面何时是"美学上令人愉悦的"，而这种客观标准对于使社会公众明晰权利要求的保护范围来说非常重要，因为如果没有一定的客观标准的情况下，"美学上令人愉悦的"将取决于每个人的主观感受。

② 说明书的内容：说明书的书面描述仅仅指出有"良好的美学标

---

① Dyk 法官不同意这一观点。他认为，Star 的专利并未将"可控的环境"等同于常规的加工方法，因此，所属领域技术人员不可能依赖常规的加工知识来认识 Star 专利中的"可控的环境"。Star 的专利将所要求的"可控的环境"描述为不同于常规的加工方法，但没有解释二者之间的区别，使得所属领域技术人员无法确定权利要求的边界。

② 655 F. 3d 1364, 99 U. S. P. Q. 2d（BNA）1924（Fed. Cir. 2011）。

准"，没有提供任何客观标准来确定界面是否是"美学上令人愉悦的"。在没有提及美学设计专家、数据库专家、公众渠道信息库系统等方面的基础理论研究和用户的选择及其存在问题的情况下，对于如何确定，例如按键的风格、大小和位置排布来说，将不存在任何关于什么情况下属于"美学上令人愉悦的"的指导。

之后，CAFC考察了外部证据。"甚至专利权人方的专家利用他描述的参数也无法确定具体的界面外观和感觉是否是'美学上令人愉悦的'，相反，这充分证明了界面是否是'美学上令人愉悦的'是一个多角度的问题，是一个无法用文字来解释的问题。也就是说，'美学上令人愉悦的'这一用词无法准确描述专利权利要求的范围，是不清楚的。"

（三）不区分专利是否授权

CAFC采用权利要求的解释方式来界定权利要求是否清楚并不区分专利是否授权，即，无论案件处于审查阶段还是授权之后，均以对权利要求进行解释的方式来衡量权利要求是否清楚。比如，在 *Standard Oil Co. v. American Cyanamid Co.* 一案[①]中，CAFC认为，"说明书的发明内容有助于确定权利要求的范围和含义，因为权利要求的文字必须以说明书的描述内容为基础。因此，说明书是用来解释权利要求的最重要的基础。"同样，在 *In re Marosi* 一案[②]中，CAFC也认为，"在确定权利要求的术语，即合成沸石化合物的方法中'基本上不含碱金属'一词的含义时，说明书可以提供充分的指引"。

（四）界定权利要求是否清楚的注意事项

通过对CAFC于2001—2013年审结的所有涉及权利要求是否清楚的案例进行调研，笔者发现，同样的术语出现在不同的权利要求中，是否会导致权利要求不清楚，依技术领域和具体案情的不同而有不同；并且，权利要求范围宽并不必然意味着其含义不清楚，同样，权利要求存

---

① 774 F. 2d 452, 227 U. S. P. Q. 293（1985）.
② 710 F. 2d 799, 218 U. S. P. Q. 289（1983）.

在多种含义也不意味着其必然不清楚。

（1）权利要求是否清楚因领域不同而异。

权利要求中的语言应当为清楚描述发明服务。权利要求的术语是否清楚，判断基准是所属领域技术人员能否从听起来模糊的语言中体会到清晰的含义。某些听起来模糊不清的术语，如"基本上等于"、"大致接近于"等，如果能够被解释为所属领域技术人员可操作的或可区分的差异，则其也有可能是清楚的。[①]

权利要求中的术语是否清楚，依技术领域或者具体案情的不同可能会有差异。例如，在 *Exxon Eng'g & Res. Corp. v. U. S.* 一案[②]中，CAFC 认为权利要求中的术语"基本上增加"一词是清楚的，而在 *Verve, LLC v. Crane Cams, Inc.* 一案[③]中，法院却认为，虽然术语"基本上"可能会让所属领域技术人员注意到存在某些情况下如何满足权利要求之要求的问题，但是，从内部证据的整体来看，该术语是不清楚的。

（2）权利要求的范围宽并不等同于不清楚。

权利要求的范围宽窄与权利要求是否清楚是两个截然不同的概念，前者考察的是权利要求所能覆盖保护范围的大小，后者则涉及权利要求的文字表述。仅仅是要求保护发明的范围较宽并不会导致权利要求不清楚。

在 *Ultimax Cement Mfg. Corp. v. CTS Cement Mfg. Corp.* 一案[④]中，涉案专利保护一种高强度的水泥，其中包含一种特殊的结晶化合物（说明书中将其命名为"晶体 X"）和另一种看起来需要同时存在氟原子和氯原子的化合物，该化合物在自然界并不实际存在。权利要求使用复杂的化学式来定义晶体 X，其中包括了 5000 种以上可能的组合。地区法院认为

---

① Rosemount, Inc. v. Beckman Indus. , 727 F. 2d 1540, 1546 –47（1984）.

② 265 F. 3d 1371（2001）。该案涉及一种将天然气转化为液烃产品的方法，其中包括术语"足以基本上增加起始催化剂的时间"。CAFC 认为，说明书中将"基本上增加"定义为增加至少 30％，并且通过实施例对于如何测量增加的程度给出了合理的指引；同时，说明书中还公开，多长时间可能就足够了；另外，双方当事人也认可，足够的时间可以通过测定活性来确定。因此，CAFC 解释道："对于使用的程度措辞，必须考察专利说明书中是否给出了一些测定程度的标准。"

③ 60 U. S. P. Q2d 1219, 1221（2001）.

④ 587 F. 3d 1339, 1352 92 U. S. P. Q. 2d（BNA）1865, 1873（Fed. Cir. 2009）.

权利要求不清楚，原因是：①晶体 X 的化学式太过宽泛；②关于所述另一种化合物的定义中缺少一个逗号将氟原子和氯原子分开（"F Cl"），使得表面上来看该化合物中需要同时存在氟原子和氯原子。CAFC 认为地区法院的以上两点理由均不成立。CAFC 这样解释："仅仅是权利要求的范围宽既不会造成权利要求存在难以解释的模糊不清，也不会干扰社会公众理解专利的保护范围。"本案中，首先，尽管晶体的结构式复杂、范围较宽，但并不是模糊不清的，因为所属领域技术人员能够确定其行为究竟是否落入该结构式定义的范围之内；其次，关于氟原子与氯原子之间的逗号，虽然法院不能纠正权利要求中的实质性错误，但是可以纠正所属领域技术人员在阅读权利要求、说明书以及审查档案之后不存在争议的明显的排版打字错误。地区法院已经认识到，同时具有氯原子和氯原子的化合物并非已知物质，所属领域技术人员也知道所述化学式中应当包含一个逗号，这种情况下，所述化学式就不是不清楚的。

CAFC 在 *Smith Kline Beecham Corp. v. Apotex Corp.* 一案①中也得出类似的结论，即"权利要求是否清楚，并不取决于潜在的侵权人确定其被控侵权产品性质的能力，而是取决于权利要求是否向所属领域技术人员描述了发明的界线"，权利要求的范围宽并不等于不清楚，因此即便权利要求的范围宽到覆盖了要求保护的发明所未曾检测到的内容，也不能由此认定权利要求不清楚。

（3）权利要求存在多种含义并不必然不清楚。

权利要求应当清楚，目的是要准确告知社会公众专利权的边界，从这一角度来看，如果权利要求存在多种含义，社会公众将可能不知道其行为是否落入专利权的保护范围，因此权利要求可能是不清楚的。但是，权利要求存在多种含义并不意味着权利要求必然不清楚，关键要看所属领域技术人员能否确定其恰当的含义。

Microprocessor Enhancement Corp. v. Texas Instruments, Inc. 一案②诠释了这个问题。该案专利涉及一种计算机处理器结构及提高微处理器效能

---

① 403 F. 3d 1331, 74 U. S. P. Q. 2d（BNA）1398（Fed. Cir. 2005）.

② 520 F. 3d 1367, 86 U. S. P. Q. 2d（BNA）1225（Fed. Cir. 2008）.

的方法。其中，权利要求 1 保护一种在流水线处理器中执行命令的方法，权利要求 7 保护一种流水线处理器。地区法院认定这两项权利要求不清楚基于两点理由：①在同一权利要求的不同部分，相同的术语需要作不同的解释；②权利要求不允许在同一个权利要求中存在不同的主题类型（如同时保护方法和设备）。CAFC 认为以上两点理由均不成立。关于第一点理由，尽管争议术语可能具有两种含义中的一种，但是从整个上下文能够很容易地确定其恰当的含义；同时，尽管通常来说，权利要求中的术语在整个专利的所有权利要求中都应当作一致性定义，但是，专利权人仅使用带有"前述"字样的术语时，并不必须把两个术语解释为具有相同的含义。关于第二项理由，尽管权利要求 1 表面上看来似乎同时在描述用于执行所述方法的方法和设备，但是，对于设备的描述实际上是在描述前序部分的一个部件，而不是单独要求保护该部件。因此，权利要求的范围很清楚，保护的是在具有所述必不可少结构的流水线处理器中实施要求保护的方法，不存在模糊不清之处。相应地，权利要求 7 仅仅是在设备权利要求中使用了功能性语言，一方面，法律允许使用手段加功能的限定方式，另一方面，权利要求 7 限定的是具有一定的结构并仅能够执行一定功能的设备，不存在任何不清楚之处。据此，CAFC 推翻了地区法院关于权利要求不清楚的认定。

四、引发权利要求是否清楚问题的情形

综看 2001—2013 年 CAFC 审结的所有涉及权利要求是否清楚问题的案例，易于引发权利要求是否清楚的争议集中在：例如，权利要求的主题是否明确、手段加功能的权利要求是否清楚、权利要求中采用的程度性用语是否导致权利要求保护范围界线不清晰、专利局授权时出现的错误是否会导致权利要求不清楚等问题上。

（一）权利要求的主题

一项权利要求的主题应当明确，其或者保护产品，或者保护方法。如果同一项权利要求的主题中既包括产品，也包括方法，将会导致社会

公众不清楚其所实施的行为是否落入权利要求的保护范围，这样的权利要求是不清楚的。

IPXL Holdings, L. L. C. v. Amazon. com 一案①的专利涉及一种电子交易系统，其权利要求 25 如下："根据权利要求 2 的系统……其中，预定的交易信息既包括交易类型，也包括与交易类型相关的交易参数，用户使用输入方式或者用来改变预定的交易信息，或者用来接收所显示的交易类型和交易参数。"CAFC 认为该权利要求既包括产品，也包括方法，因此是不清楚的。具体理由是："当某个人生产了一种允许用户改变预定交易信息或者接收所显示的交易的系统时，他将不清楚是否侵犯权利要求 25；或者当用户实际上使用了输入方式来改变交易信息或者接收所显示的交易时，他也不知道是否会发生侵权。因为权利要求 25 既描述了一种系统，也描述了使用所述系统的方法，它没有告知所属领域技术人员权利要求的范围，因此不满足 § 112 第二段的要求。"

判断一项权利要求的主题究竟是保护产品、方法，抑或既保护产品又保护方法，不能仅看权利要求表面的文字，要将权利要求、说明书和审查档案结合起来，一并考虑。

在 *HTC Corp. v. IPCom GmbH & Co.，KG* 一案②中，IPCom 的权利要求覆盖一种移动电话网络中的"handover"，当移动电话（移动站）从一个塔台（即基站）转换到另一基站时，发生"handover"。权利要求中记载了实现"handover"的要素。地区法院认为，IPCom 的权利要求是不清楚的，因为该权利要求既要求保护设备，又要求保护方法步骤。CAFC 对此予以否定，认为地区法院错误地解释了权利要求，理由是：（1）地区法院没有充分审查权利要求本身。权利要求中记载的六个要素为独立要求的网络提供功能性的结构，这意味着它们并不属于方法步骤；（2）地区法院也没有审查说明书。根据说明书的内容，是网络而非移动站来完成所述六项功能的；（3）虽然申请人在审查过程中曾提到"所要求保护的方法"这一句话，但是，地区法院太过强调这一点，因

---

① 430 F. 3d 1377（Fed. Cir. 2005）.

② 667 F. 3d 1270（Fed. Cir. 2012）.

为权利要求的语言和说明书的内容并不能表明申请人在要求保护一项方法。由于审查档案本身的性质可以理解为申请人在与 USPTO 进行谈判，因此，审查档案并不如说明书那样具有确定性，对审查档案的重视不应给予过大的比重。

（二）手段加功能的权利要求

手段加功能的权利要求表达方式是实践中最容易引发权利要求清楚问题的一类权利要求，也是 CAFC 最终认定结论为不清楚的案件最集中的权利要求类型。

（1）手段加功能权利要求的发展。

权利要求通常包括两类特征，一类是结构特征，一类是功能性特征，其中，结构特征表达的是"是什么"，而功能性特征表达的则是"能做什么"。相比结构特征，功能性特征的范围要大得多，包括任何能够实现该功能的结构。

美国早期的专利体系中，禁止在权利要求中使用功能性术语，例如美国最高法院在 1946 年的 *Halliburton Oil Well Cementing Co v. Walker* 一案[①]中，就将功能性术语认定为是仅仅用于撰写过宽权利要求的一种技术，把"用于将……转换为……的方式"的权利要求宣告无效。部分因该案的影响，1952 年《美国专利法》修改时出现了目前的 §112（f）条款："权利要求中的特征组合可以表述为用于完成特定功能的手段或步骤而非相应的结构、材料或动作，这样的权利要求应当理解为说明书中描述的相应的结构、材料或动作及其等同方式。"

该条款从文字表面上看非常宽泛，但是，从实践中对于该条款的主流解释来看，由于在该条款中提到了"特征组合"，因此那些仅包括能够完成特定功能的所有方式的"纯功能"权利要求是不允许的。例如，在 *In re Hyatt* 一案[②]中，CAFC 认为，"用于将一种物质保留在另一种物质上的设备，包括用于将第一物质连接到第二物质上的手段"的权利要

---

① 329 U. S. 1（1946）.
② 708 F. 2d 712 – 713（Fed. Cir. 1985）.

求属于纯功能权利要求，应当予以无效。

（2）手段加功能权利要求的清楚要求。

对于手段加功能的权利要求，若要满足清楚的要求，说明书必须公开充分的信息，表明这种限定方式的含义是什么，即充分公开相应的结构。判断说明书对于相应结构的公开是否达到充分的程度，要以"书面描述必须清楚地将结构与所要求的功能联系起来"[①]为准。至于究竟需要公开多少结构才能清楚地确认手段加功能的权利要求，需要基于发明所属领域的具体情况个案判断。[②]

CAFC 于 2008 年审结的 *Aristocrat Technologies Australia Pty Ltd. v. International Game Technology* 一案[③]就涉及手段加功能的限定方式是否清楚的问题。涉案专利涉及一种电子自动贩卖机，它允许用户选择自己所赢得的符号位置的组合。争议权利要求中存在术语"控制方式"、"游戏控制方式"。专利权人承认，说明书唯一一处描述实现所述"控制方式"功能的结构只是描述所属领域技术人员"通过适当的程序能够在任何标准的微处理器基板集成电路游戏机上引入 methodology"。CAFC 认为这样的描述方式并没有充分公开必不可少的结构，不满足 35 U. S. C. § 112 的规定。具体理由是：对于使用手段加功能的方式限定的权利要求，说明书中应当公开结构而不仅仅是通常目的的计算机或微处理器。当专利权人要求完成特定功能的方式，但是仅仅公开通常目的的计算机作为用来实现该功能的结构时，这种权利要求被认为是纯功能的权利要求。所谓完成功能的相应结构不是指"通常目的的计算机或微处理器，而是设计用于完成所公开算法的特定目的的计算机"。涉案专利中引用"标准的微处理器"和"适当的程序"不足以描述能够实现所要求功能的结构。说明书公开的仅仅是通常目的的计算机。尽管"并不要求专利权人列出源代码表或者更详细地描述所使用的算法"，但专利权人至少需要

---

① Telcordia Technologies, Inc. v. Cisco Systems, Inc. 612 F. 3d 1365, 95 U. S. P. Q. 2d（BNA）1673（Fed. Cir. 2010）.

② Intel Corp. v. VIA Technologies, Inc. , 319 F. 3d 1357, 65 U. S. P. Q. 2d（BNA）1934（Fed. Cir. 2003）.

③ 521 F. 3d 1328, 86 U. S. P. Q. 2d（BNA）1235（Fed. Cir. 2008）.

提供一些"将通常目的的微处理器转化为特定目的计算机"的算法，以满足相应的手段加功能权利要求的结构要求。涉案专利没有公开这一点，地区法院认定其权利要求不清楚的结论是正确的。

2008 年，还有另外两个判决也得出类似的结论。一个是 *Finisar Corp. v. The DirecTV Group, Inc.* 案[①]，另一个是 *Net MoneyIN, Inc. v. Verisign, Inc.* 案[②]。这两个案件中，CAFC 均认为，涉案专利没有公开完成所主张功能的相应结构。

（三）手段加功能之外的功能性语言

除 35 U. S. C. § 112（f）定义的手段加功能的权利要求表达方式外，实践中还存在另外一些表明"做什么"而非"是什么"的功能性语言，也容易引发权利要求是否清楚的问题。

例如，在 *Halliburton Energy Services, Inc. v. M – I, LLC* 一案[③]中，CAFC 维持了地区法院关于权利要求不清楚的认定。涉案专利保护一种油田钻井的方法，权利要求中使用一个术语"易碎胶"。Halliburton 主张，该术语指的是这样一种胶：（1）它在压力作用下（比如当开始钻井时）容易转变成液态，在压力解除（比如停止钻井）时回到胶状；（2）能够悬浮在钻井切削和压重材料中。对此，CAFC 认为：（1）说明书中包括易碎胶的定义并不足够，关键是所属领域技术人员是否能将其转换为有意义的、确切的权利要求的范围，即使能够把权利要求中术语的定义归纳为文字，如果所属领域技术人员不能将其转换为有意义的、确切的权利要求范围，权利要求仍然是不清楚的。（2）涉案专利中没有任何内容充分地界定与现有技术相比必不可少的易碎度，即，当施加压力时所述胶多快就突变了或者当压力解除时所述胶多快就恢复原状了；同时涉案专利也没有描述需要多大的悬浮能力（即胶的强度）。（3）在具体的油井中，影响液体－胶体转变或凝胶强度的因素多种多样（例如

---

① 523 F. 3d 1323, 86 U. S. P. Q. 2d（BNA）1609（Fed. Cir. 2008）.

② 545 F. 3d 1359, 88 U. S. P. Q. 2d（BNA）1751（Fed. Cir. 2008）.

③ 514 F. 3d 1244, 85 U. S. P. Q. 2d（BNA）1654（Fed. Cir. 2008）.

地形地质学、井孔的尺寸、深度以及角度），所属领域技术人员无法确定，当从一个油井换到另一个油井时，一种具体的钻井液是否会落入到权利要求的范围内。（4）当专利权人主张的解释需要所属领域技术人员针对每一种可能使用所述组合物的情况个案分别判定是否侵权，而这种判定又可能会导致不同的结果，比如有些情况下侵权而有些情况下却不侵权时，这样的解释就可能是不清楚的。（5）涉案专利中易碎胶的定义是功能性的，即定义流体时使用的是"它能干什么"而不是"它是什么"的表达方式，这种仅使用功能性的限定来定义权利要求以将发明与现有技术区别开来的方式是有风险的。尽管权利要求不会因为使用功能性的语言而必然被认为不清楚，但使用功能性的语言可能会因不能清楚描述要求保护主题的范围而导致权利要求不清楚。正是由于这些原因，本案中易碎胶的定义无法解决权利要求范围模糊不清的问题，CAFC 维持了地区法院关于权利要求不清楚的认定。

相反，在 Hearing Components, Inc. v. Shure Inc. 一案[①]中，CAFC 却认为"易于……"的术语是清楚的。涉案专利涉及一种助听元件，该助听元件需要一种设备，所述设备的结构要使得"用户易于安装和替换"。地区法院认为，术语"易于安装"是不清楚的。CAFC 推翻了这一认定，其认为，并不是所有的功能性术语都是不清楚的，关键要看"专利说明书是否提供了一些确定该术语范围的标准"。涉案专利的说明书中解释了涉案专利的一个优点，即"它不需要任何工具进行安装或摘除"，同时，许多戴这种助听器的人都是老年人，他们中的很多人存在视力问题，使用小部件不方便。这些事实表明，涉案专利已经能够与摘除和替换相对困难的现有技术区别开来。因此，权利要求是清楚的。

（四）权利要求中的程度用语

通常而言，程度用语，比如"近"、"远"、"多"、"少"、"约"等词，由于不具有固定的对比基准，表达的含义会存在模糊不清之处。但是，这并不意味着权利要求中绝对禁止使用这类程度用语，关键是所属

---

① 600 F. 3d 1357, 94 U. S. P. Q. 2d（BNA）1385（Fed. Cir. 2010）.

领域技术人员能否将权利要求的范围与现有技术区分开来，以及让社会公众知道什么情况下会侵权。

Young v. Lumenis，Inc. 一案①的专利涉及切除家猫脚爪的外科手术方法，权利要求包括一个步骤"在接近于脚爪端的表皮上形成一个切口"。地区法院认为，"接近"一词是不清楚的，因为它不能将发明与现有技术区分开来，也不能让所属领域技术人员知道哪种行为将构成侵权。CAFC 推翻了这一认定，理由是，从专利的附图和用于测量的参考文献，所属领域技术人员能够理解"接近"一词的含义，能够给该术语一个合理的有意义的定义。在另外一个案例 *Enzo Biochem，Inc. v. Applera Corp.* 一案②中，CAFC 也碰到了程度术语是否清楚的问题。涉案专利涉及用于标记和检测核酸（如 DNA 和 RNA）的技术，权利要求中存在一个术语"基本上不妨碍"。CAFC 认为，尽管专利没有给出"精确的计数测定"，但是专利说明书和审查档案"至少提供了一些"用来确定权利要求范围的指引，因此，该术语的使用不会导致权利要求不清楚。

（五）方法定义的产品权利要求

产品权利要求通常用该产品的结构和组成特征加以限定。当用产品的制备方法或者参数进行限定时，也容易引发权利要求是否能将发明与现有技术区别开来，社会公众是否知道专利权边界等权利要求是否清楚的问题。

在 *Amgen Inc. v. F. Hoffmann – La Roche Ltd.* 一案③中，Roche 辩称，在作出发明时，所属领域技术人员尚不知晓人体 EPO 的确切氨基酸序列；同时，权利要求表面上并不能将其从功能和结构上与现有技术区别开，因此争议权利要求的来源限定是不清楚的。CAFC 没有支持 Roche 的这一主张，其认为，当所要求保护的产品与现有技术之间的区别属于难以（用结构）予以定义的情形时，允许专利权人用方法定义的产品权

---

① 492 F. 3d 1336，83 U. S. P. Q. 2d（BNA）1191（Fed. Cir. 2007）.
② 599 F. 3d 1325，94 U. S. P. Q. 2d（BNA）1321（Fed. Cir. 2010）.
③ 580 F. 3d 1340，92 U. S. P. Q. 2d（BNA）1289（Fed. Cir. 2009）.

利要求的方式获得产品专利，即使专利权人不能充分地描述将其产品与现有技术区分开来的特征。如果这种情况下认为方法限定不清楚，将有悖方法定义产品权利要求的目的。

（六）专利局授权时的错误

在专利审查和授权过程中，由于当事人或者审查员的原因，授权公告的专利文件可能会存在一定的问题，导致权利要求的保护范围不清晰。这些问题是否会导致权利要求因不清楚被宣告无效？CAFC 在以下三个案例中似乎给出了一个界线。

第一个案例是 *Group One Ltd. v. Hallmark Cards, Inc.* 一案①。该案专利要求保护一种卷带设备，审查过程中申请人修改权利要求，增加了一个限定。但是，由于 PTO 的印刷错误，增加的这一限定没有体现在专利授权公告的权利要求中。地区法院认为其没有权力更正这一错误，CAFC 对此予以认同。CAFC 认为：根据 35 U. S. C. §254 的规定，PTO 有权更正上述错误，然而专利权人没有向 PTO 寻求更正。虽然地区法院可以追溯性地更正某些错误，但仅限于从专利的表面来看显而易见的错误。本案中的错误不属于这种情况，因为即使要审查员来加入所述被遗漏的文字作为授权的条件，仅阅读专利也不能确定哪些文字被遗漏了，而所述被遗漏的文字对于维持专利有效性来说又是非常重要的，专利权人并没有对这一认定提出质疑。因此，CAFC 最终维持了地区法院以权利要求不清楚为由宣告该专利无效的决定。

另一个案例情形与此相似，是 *Hoffer v. Microsoft Corp.* 一案②。该案的争议焦点是，从属权利要求的引用错误是否会导致该从属权利要求不清楚。争议的权利要求 22 应当引用权利要求 21，但它却错误地引用了权利要求 38。地区法院认为，PTO 在准备印刷授权公告文本而重新对权利要求进行编号时没有纠正文本中权利要求的编号，专利权人也未提出有关"PTO 应当对所述错误负有责任"的辩论意见，这种情况下，地区

---

① 407 F. 3d 1297, 74 U. S. P. Q. 2d（BNA）1759（Fed. Cir. 2005）.

② 405 F. 3d 1326, 74 U. S. P. Q. 2d（BNA）1481（Fed. Cir. 2005）.

法院没有权力来纠正权利要求 22 的错误。需要说明的是，在此之后，专利权人收到 PTO 根据 35 U. S. C. §254 的规定对权利要求进行更正的证书。CAFC 认为，由于没有证据表明专利权人存在过失或者对延迟的官方更正存在欺骗行为，而一项专利不应当仅仅因为明显的行政管理方面的过失而被无效掉。当专利中存在错误，但该错误对社会公众无害，双方也未提出合理理由对此予以辩论时，法院可以纠正这一错误。基于这一理由，CAFC 推翻了地区法院关于权利要求 22 不清楚的认定。

从以上两个案件可以看出，对于 PTO 审查过程中出现的错误，CAFC 的观点似乎是：一方面要考察从专利的表面上是否能够看出所述错误是明显错误，另一方面还要考察当事人针对这一错误的主观态度，即是否主动寻求 PTO 的更正救济。

关于法院能否在当事人未寻求或未获得更正证书的情况下通过解释的方式更正专利中的错误问题，CAFC 在 2003 年审结的一个案例，即 *Novo Indus. Inc. v. Micro Molds Corp.* 案①中作出了说明。该案专利涉及一种用于重新调整百叶窗偏离条方向的运载装置，权利要求有一个特征如下："在一个可与所述支撑针一起旋转的（装置）上形成，并向外伸出，与一个或两个在所述支架上形成的相互间隔开来的停止元件相交的停止装置"。术语"一个可与……一起旋转的"在原始申请文件中并不存在。Novo 认为该错误属于可以更正的明显印刷错误。地区法院认定，"一个可与……一起旋转的"中的词语"一个"（即"a"）应当指的是"和"（"and"）而不是"一个"，基于此解释，权利要求不存在不清楚的缺陷。

CAFC 发现，Novo 从未寻求也未从 PTO 获得根据 35 U. S. C. §254 的更正证书，因此，本案的焦点问题在于，地区法院能否在专利权人没有寻求或获得更正证书的情况下，通过解释的方式更正专利中的错误。对此，CAFC 作出如下分析：

首先，35 U. S. C. §254 和 255 中没有任何文字提到，国会想否定地区法院具有一定的更正权力，但是"在更正发生效力之前，专利不能享

---

① 350 F. 3d 1348, 1353, 69 U. S. P. Q. 2d（BNA）1128, 1131（Fed. Cir. 2003）.

受任何因更正所带来的利益。"其次，地区法院没有权力更正"那些依据§254 和§255 的规定授予 PTO 来更正的错误"，如果允许地区法院更正那些可根据§254 和§255 来更正的错误，那么地区法院往往会在其作出决定之前就追溯性地予以更正，而不像 PTO 所颁发的更正证书那样，只在更正证书颁发之后的决定中才追溯性地予以更正。因此，地区法院只能更正以下两类错误："（1）基于权利要求的语言和说明书，对所述更正无须或未提出合理理由予以辩论；（2）审查档案中从未对权利要求有过不同的解释。"最后，本案中，不仅 Novo 自己给出了两种不同的更正意见，即或者删除"一个与……一起旋转的"的措辞或者删除"与所述"的措辞，而且，地区法院通过将"一个"解释为"和"时又提出了第三种可能性。基于此，CAFC 认为，"因为我们不知道哪一种更正更为恰当或者权利要求该如何解释，所以我们只能认为目前这种形式的权利要求是不清楚的，应当被宣告无效。"

五、美国界定权利要求是否清楚的规则对中国国家知识产权局的借鉴作用

综上所述，在界定权利要求是否清楚时，CAFC 案件中反映出的主流观点主要呈现以下特点：（1）采用"难以解释的模糊不清"的标准；（2）采用与解释权利要求完全相同的方法界定权利要求是否清楚；（3）针对未授权专利申请和授权专利适用相同的规则和标准。

采用这样一种规则来界定权利要求是否清楚在实践中具有一定的优点。例如，可以在一定程度上弥补当事人撰写权利要求的瑕疵，避免仅因撰写失误而使整个发明创造不能获得授权，有利于那些对社会真正具有贡献的发明创造得到保护；另外，授权、确权与侵权阶段对权利要求的理解采取统一的标准，一定程度上也有利于专利权的稳定，有利于尊重整个专利文件的公示作用。

但是，由于这一规则不区分专利授权、确权与侵权阶段（即无论专利处于哪一种阶段，对权利要求是否清楚的判断均采用相同的规则和标准），如果在我国照搬适用，将会存在一定的问题。比如，会使专利申

请人/专利权人过分依赖于应用说明书的内容对权利要求进行解释，而不注重权利要求概括与表述的准确性和精确度，在一定程度上使权利要求的解释更向中心限定原则方向偏移；另外，也可能促使实际案件中进行权利要求解释的情形进一步扩大，增加因审理机关或者审理者不同而针对相同问题出现不同解释的几率，甚至因此导致同案不同判的情况进一步恶化，增加诉讼案件的数量，加大上级法院统一审判尺度的难度。

笔者以为，在我国现阶段，针对权利要求是否清楚的审查，应当将授权程序与确权、侵权程序的适用标准区分开来：对于授权程序，更多从权利要求本身的表达判断是否清楚，杜绝适用"难以解释的模糊不清"规则；对于确权和侵权程序，可以借鉴适用美国所谓的"难以解释的模糊不清"规则，只有在借助于说明书和/或审查档案难以对不清楚之处进行解释时，才应当得出权利要求不清楚的结论。

首先，这是授权与确权、侵权程序性质和任务上存在本质区别的要求。专利申请的授权审批是审查员基于申请人提交的专利申请文件，考察其权利要求书中的发明创造是否能够被授予专利权的程序；专利确权是专利复审委员会借助无效宣告请求人提出的无效请求重新审定专利授权是否恰当的程序；而专利侵权则是人民法院判定被控侵权技术方案是否落入专利权利要求保护范围的过程。

专利授权程序中，审查员面对的是未授权的专利申请，其任务是对申请人提请审查的专利申请文件进行审查，以确保授予的专利权保护范围清晰、权利稳定性尽可能好，尽量避免授权有瑕疵的专利。因此，在专利授权程序中，审查员的审查重点应当放在权利要求书上。假如审查员发现权利要求没有清楚地划分权利范围边界，可能导致社会公众对权利要求的保护范围产生歧义，则应当发出审查意见通知书，通知申请人进行修改或者作出明确解释。如果申请人修改权利要求书或者对不清楚之处进行解释、澄清其含义，解决了审查员的疑问，克服了不清楚的缺陷，则不清楚的问题不再成为问题；相反，如果申请人拒绝对权利要求书进行修改或者解释不足以消除审查员的疑问，则审查员可以以不清楚为由拒绝对专利申请授予专利权。即使审查员认为可以借助说明书中的内容对权利要求作清楚的解释，但如果请求人未予明确或者未修改权利要求，或者请求人对权利要求的解释与审查员的理解不一致，基于授予权利稳定、界线清晰的权利角度，审查员以不清楚为由拒绝对专利申请授权也存在合理之处。

专利确权程序中，审查员面对的是已经授权固化的权利，其任务是借助无效宣告请求人提出的理由和证据重新审视专利授权是否恰当。因此，一方面，如果权利要求不符合清楚的要求，不应当被授予专利权，专利复审委员会可以依《专利法》第 26 条第 4 款将其宣告无效；另一方面，如果权利要求仅是因撰写原因而存在细微瑕疵，通过说明书的内容或者依据本领域的常识可以对其作清晰的界定，社会公众基于对专利文件整体内容的理解能够清楚地区分专利权的保护范围，则基于能够对权利要求进行解释而认定权利要求清楚，相比以权利要求不清楚为由宣告专利权无效将更加有利于平衡专利权人与社会公众之间的利益平衡，也更有利于维持授权专利的稳定性。

专利侵权程序中，法官面对的也是已经授权公告的专利，其任务是判定被控侵权技术方案是否落入专利权的保护范围。根据我国专利法"二元制"的制度设计，专利权是否有效由专利复审委员会予以判断，在专利复审委员会未作出宣告专利权无效的决定之前，该专利权应当推定有效。基于这一基本原理，即使法官在进行侵权判定过程中认为涉案专利权利要求存在不清楚的缺陷，也应当运用各种方法和手段对其进行解释，避免以权利要求存在不清楚之处而将其确认为无效的专利权。原则上，如果严格遵循"二元制"，则在法官认为权利要求存在不清楚缺陷的情况下，应当中止侵权案件的审理，等待专利复审委员会的无效决定。如果当事人未提起无效宣告请求，或者在专利复审委员会未作出宣告专利权无效的决定之前，即使权利要求的不清楚之处再严重，也应当对其进行解释，而不应当适用美国"一元制"制度下的"难以解释的模糊不清"规则。实践中，严格遵循"二元制"的这种做法虽然在法理上具有一定的合理性，但是，在一个不清楚、不应当获得授权的权利要求的基础上作出侵权的结论，确实也存在不合理之处。因此，笔者认同最高人民法院在（2012）民申字第 1544 号一案中的观点，即"准确界定专利权的保护范围是认定被诉侵权技术方案是否构成侵权的前提条件，对于保护范围明显不清楚的专利权，不应认定被诉侵权技术方案构成侵权"。该案采用的其实就是"难以解释的模糊不清"规则。

其次，这是授权与确权、侵权程序中专利申请文件/专利文件不同修改尺度的要求。从专利授权、确权到侵权程序，专利申请人/专利权人修改专利申请文件/专利文件的尺度逐渐受到限缩。在专利授权程序中，只要修改不超出原始申请文件记载的范围，专利申请人几乎可以以任何方式修改权利要求来克服审查员指出的或者专利申请人自行发现的不清楚缺陷。相应地，在确权程序中，专利权人修改权利要求的尺度受到很大限制，尤其是，不能通过从说明书中提取特征补入权利要求中的方式修改权利要求。针对权利要求不清楚的缺陷，即使说明书中存在清楚的表述，也无法再通过修改权利要求的方式克服这一缺陷。在侵权判定程序中，专利权人完全不具有修改权利要求的权利。为克服同样的缺陷，当事人修改专利申请文件尺度的大小应当与允许解释或者说明的尺度成反比。允许修改的尺度越大，允许解释的幅度就应当越小；相反，允许修改的尺度越小，允许解释的幅度就应当越大。

总之，针对权利要求是否清楚，只有区分不同的程序采用不同的标准，才可能真正平衡权利人和社会公众的利益，促进专利制度的健康发展。

第十九章　关于修改超范围的审查

《专利法》第 33 条是近些年来在业界一直备受争议的条款，仅最高人民法院就在多个案件中对《专利法》第 33 条的立法目的、法条含义以及法条理解等问题发表了其意见。从相关判决看，即使在最高人民法院内部，对于判断修改是否超范围所适用的标准也不完全相同。例如，在（2011）知行字第 17 号、（2011）知行字第 62 号、（2011）知行字第 85 号和（2011）知行字第 54 号中，最高人民法院认可《专利审查指南》中所提及的"直接、毫无疑义地确定"的审查标准，但在（2010）知行字第 53 号中，最高人民法院提出了"直接、明确推导出且显然易见"的判断规则，到 2013 年，在（2013）行提字第 21 号中虽然重新回到"直接、能够确定"的判断标准上，但同时提出了需要区分"发明点"与"非发明点"的修改的理论。

综合以上这些判决以及标引过程中出现的相关观点，笔者以为，就修改超范围的判断规则而言，主要需解决以下几个方面的问题：(1)《专利法》第 33 条的立法本意或目的；(2)"原说明书和权利要求记载的范围"的理解，即修改超范围判断基准上"确定论"与"支持论"在法理上和实务操作上的可行性；(3) 在修改超范围判断基准上区分"发明点"与"非发明点"的修改是否可行或者存在哪些问题；(4) 是否有必要对授权后"非发明点"的修改设置特别的"回复程序"来挽救因撰写或答复失误造成的权利丧失。

一、《专利法》第 33 条的立法本意

关于《专利法》第 33 条的立法本意，最高人民法院在（2010）知行字第 53 号以及（2013）行提字 21 号两案中均明确阐释，"《专利法》第 33 条的立法目的在于实现专利申请人的利益与社会公众利益之间的平衡，一方面使申请人拥有修改和补正专利申请文件的机会，尽可能保证真正有创造性的发明创造能够取得授权和获得保护，另一方面又防止申请人对其在申请日时未公开的发明内容获得不正当利益，损害社会公众对原专利申请文件的信赖。"[①]

就该立法本意，在业界并不存在争议。真正存在争议的，其实是对《专利法》第 33 条中"修改不得超出原说明书和权利要求书记载的范围"的理解。

二、"原说明书和权利要求记载的范围"的理解

对于"原说明书和权利要求书记载的范围"当如何理解，最高人民法院的两个不同判决表达了不同的认识。其中：在（2010）知行字第 53

[①]　在（2010）知行字第 53 号中，最高人民法院认为，"《专利法》第 33 条包括两层含义：一是允许申请人对专利申请文件进行修改，二是对专利申请文件的修改进行限制。之所以允许申请人对专利申请文件进行修改，其主要理由在于：一是申请人的表达和认知能力的局限性。申请人将自己抽象的技术构思形诸于语言文字，体现为具体的技术方案时，由于语言表达的局限，往往有词不达意或者言不尽意之处。同时，申请人在撰写专利申请文件时，由于对现有技术以及发明创造等的认知局限，可能错误理解发明创造。在专利申请过程中，随着对现有技术和发明创造等的理解程度的提高，特别是审查员发出审查意见通知书之后，申请人往往需要根据对发明创造和现有技术的新的理解对权利要求书和说明书进行修正。二是提高专利申请文件质量的要求。专利申请文件是向公众传递专利信息的重要载体，为了便于公众理解和运用发明创造，促进发明创造成果的运用和传播，客观上需要通过修改提高专利申请文件的准确性。在允许申请人对专利申请文件进行修改的同时，《专利法》第 33 条也对专利申请文件的修改进行了限制，即发明和实用新型专利申请文件的修改不得超出原说明书和权利要求书记载的范围。这一限制的理由在于：一是通过将修改限制在原说明书和权利要求书记载的范围之内，促使申请人在申请阶段充分公开其发明，保证授权程序顺利开展。二是防止申请人将申请时未完成的发明内容随后补入专利申请文件中，从而就该部分发明内容不正当地取得先申请的利益，保证先申请原则的实现。三是保障社会公众对专利信息的信赖，避免给信赖原申请文件并以此开展行动的第三人造成不必要的损害。"

号案中，最高人民法院认为，"原说明书和权利要求书记载的范围应该包括如下内容：一是原说明书及其附图和权利要求书以文字或者图形等明确表达的内容；二是所属领域普通技术人员通过综合原说明书及其附图和权利要求书可以直接、明确推导出的内容。只要所推导出的内容对于所属领域普通技术人员是显而易见的，就可认定该内容属于原说明书和权利要求书记载的范围。"但是，在（2013）行提字第 21 号中，最高人民法院却认为，"'原说明书和权利要求书记载的范围'应当理解为原说明书和权利要求书所呈现的发明创造的全部信息，是对发明创造的全部信息的固定，这既是先申请制度的基石，也是专利申请进入后续阶段的客观基础。""原说明书和权利要求书记载的范围"具体可以表现为：原说明书及其附图和权利要求书以文字和图形直接记载的内容，以及所属领域普通技术人员根据原说明书及其附图和权利要求书能够确定的内容。

（一）"支持论"与"技术信息确定论"的异同

以上两种不同的表述，虽然仅是措辞上的差别，但结合两案的具体案情，反映的是两种完全不同的观点和价值取向。其中，（2012）知行字第 53 号秉承的是"支持论"（以下简称观点 1），即修改被允许的范围辐射到本领域技术人员在原申请文件基础上能够显而易见地"直接、明确推导"出的内容；而（2013）行提字第 21 号则坚持"技术信息确定论"（以下简称观点 2），即修改被允许的范围辐射的是本领域技术人员在原申请文件基础上能够"确定"的内容。这两点观点的异同可以用以下案例简单予以说明。

假设对于某一技术特征，原申请文件记载了三种可选方式 a1、a2、a3。在审查过程中，审查员指出 a3 特征不清楚，为此专利申请人仅修改该特征，对其他特征均未作修改，修改情况如表 2 所示。

表 2 "支持论"与"技术信息确定论"的修改允许情况对比

原说明书	原权利要求书	修改（仅修改权利要求）	观点 1	观点 2
a1、a2、a3	a1、a2、a3	修改 1：A	√	×
		修改 2：a1、a2、a4	√	×
		修改 3：a1、a2、a3′	√	√

注：修改 1 和修改 2 中 A 和 a4 的修改均为从原申请文件可以直接、明确推导出的内容，且显而易见的是，上位概念 A 中所有的下位具体方式（包括 a4）均可解决相应的技术问题；修改 3 中 a3′是原申请文件隐含的内容。

从表 2 分析可见，观点 1 和观点 2 就原申请文件隐含公开内容的修改而言是完全一致的，二者的区别在于，观点 1 允许修改为包括申请日时明显的等同方式，而观点 2 则不允许。这一区别的实质在于以下两点：（1）申请日前明显的等同方式在侵权判定过程中是否能够适用等同原则将其纳入保护范围？（2）申请人的撰写失误应当由谁来承担不利后果？

（二）从等同原则角度分析"支持论"和"技术信息确定论"

理论上，等同原则的引入是为了解决申请日后由于科技发展所带来的明显等同方式的出现可能导致多年之前在申请日时提出的专利技术方案无法得到有效保护的问题，并不是为了挽救申请人在撰写申请文件时的失误。原则上，申请人在撰写申请文件时，对于申请日前明显的等同方式应当有充分的了解，应当通过在申请文件中列举，尤其是以概括的方式将这些明显的等同方式纳入专利保护范围。如果申请人知道或应当知道在申请日前存在这些明显的等同方式，但没有将其明确记载入申请文件中，似乎意味着申请人从主观上并不想对其予以保护，此时，与申请人将某些技术方案记载到说明书中但没有记载到权利要求书中一样，应当适用捐献原则，认为这些明显的等同方式被申请人捐献给了全人类。这是业界针对等同原则适用的一种主流观点，即申请日前明显的等同方式，在侵权判定过程中不能通过适用等同原则再将其纳入保护范围。这也同时意味着，申请人撰写申请文件的失误应当由其自身承担不利后果，而不能通过在授权后等同原则的适用加以补救。

按照这一理论，根据观点 1 的规则，显然会将那些因撰写失误本不应当予以保护的方案通过修改专利文件重新纳入保护范围，而根据观点 2 的规则，则由申请人承担因撰写失误所带来的风险和不利后果。

当然，需要考虑到，这一理论对申请文件的撰写提出了非常高的要求。我国施行专利制度刚满 30 年，虽然近些年，随着《国家知识产权战略纲要》的推进，社会公众的专利保护意识有了一定的提高，但是保护意识的快速提高与保护能力的相对不足之间的矛盾越趋激化，尤其是申请人或代理人撰写申请文件的能力与技巧还存在非常大的提升空间，因撰写原因而导致发明创造不能得到应有保护的实例比比皆是。在这一大背景下，严格适用上述理论可能会影响到专利法"鼓励发明创造"的宗旨的实现，在不违反基本法理的前提下，由行政机关和司法机关协调一致作出合理的折衷与变通，也许是现阶段需要考虑的首要问题。

观点 1 确实是解决这一问题的一条途径，它给予申请人在专利审查过程中将未记载在申请文件中的申请日前的明显等同方式纳入保护范围的机会。但是，随之带来的两个问题是：一，可能将那些原本属于等同侵权的技术方案通过专利申请文件的修改变成了字面侵权；二，如果允许此技术特征在侵权判定过程中能够再次适用等同，可能会造成专利权的过度保护。

采用观点 2，并不意味着就一定会如部分人所担心的，对专利申请人撰写失误施以过重的惩罚。相反，采用观点 2，最大的优点在于能够使得修改后的申请文件保持与原申请文件技术信息的一致性；在此基础上，如果将等同原则的适用从申请日后因科技发展所带来的明显等同方式扩展到不区分申请日前的等同，还是申请日后的等同，同样可以挽救因撰写不当带来的权利上的损失。另外，这一变通既不会对基本法理造成干扰，把本应当属于等同侵权的技术方案变成字面侵权；在实际操作过程中也不再需要区分申请日前的等同与申请日后新出现的等同，无论是对权利人还是法官，判断过程将更为简洁明了。

综合以上分析，笔者以为，观点 2 中将"原说明书和权利要求书记载的范围"理解为原说明书和权利要求书所呈现的发明创造的全部信息，无论是在理论上还是在实际操作过程中更具有合理性。

三、区分"发明点"与"非发明点"的修改

正如最高人民法院在（2013）行提字第 21 号案中所述，"一般而言，一项技术方案包含多个技术特征，其中体现发明创造对现有技术作出贡献的技术特征通常被称为'发明点'，'发明点'使发明创造相对于现有技术具有新颖性和创造性，是发明创造能够被授予专利权的基础和根本原因"。实践中，确实申请人既可能对"发明点"进行修改，也可能对"非发明点"进行修改。表面上看，如果对二者施以相同的修改超范围的判断标准，可能会因为专利申请文件中"非发明点"的修改超出原申请文件记载的范围而导致整个发明创造难以取得专利权，似乎将使得专利申请人获得的利益与其对社会作出的贡献不相适应，有违实质公平。但是，笔者认为，从修改超范围的判断标准上对"发明点"和"非发明点"，无论是法理上，还是实践操作中，均存在着较大障碍和难度，刻意区分的最终结果只能是导致更大程度的不公平。

首先，所谓"发明点"和"非发明点"，是相对于最接近的现有技术而言的，最接近现有技术的变化会导致"发明点"和"非发明点"之间发生变化或转换。一方面，申请人在作出发明时基于的现有技术起点未必是真正的最接近现有技术，导致申请人认为的"发明点"未必是真正的"发明点"；另一方面，对现有技术文件的检索是不可能穷尽的，实质审查过程中审查员检索到的最接近现有技术在无效过程中完全有可能被推翻，导致"发明点"在不同的阶段发生很大的变化。在这种情况下，针对"发明点"和"非发明点"区分采用不同的修改超范围的判断标准完全有可能出现曾经允许的修改因为最接近现有技术的变化而不允许，或者曾经不允许的修改随后因新的最接近现有技术的出现而变得应当允许。如此多变将会使得修改超范围这样一个"事实"认定问题变得非常复杂。

其次，正如前面一部分所论述的，"原说明书和权利要求书记载的范围"应当理解为原说明书和权利要求书中所呈现的发明创造的全部信息，本领域普通技术人员在对这些信息作出判断时，会结合其所掌握的

本领域的常识来判断信息的全貌，而不仅仅是简单机械地依据原申请文件记载内容的多少。并且，通过调整等同原则的适用规则已经能够弥补"非发明点"的撰写失误，那些未被记载在申请文件中的明显等同方式已经能够通过等同的适用加以补救。

因此，在修改超范围的判断标准上对"发明点"和"非发明点"的特征作出区分没有意义，而且只会使操作更加复杂，最终结果更加主观。

四、授权后对"非发明点"的修改失误的补救程序设计

针对"非发明点"的修改超范围救济问题，最高人民法院在(2013)行提字第21号案中建议，"可以考虑通过在专利授权确权行政审查过程中设置相应的回复程序，允许专利申请人和专利权人放弃不符合《专利法》第33条的修改内容，将专利申请和授权文本再修改回到申请日提交的原始文本状态等程序性途径予以解决"，以"避免确有创造性的发明创造因为'非发明点'的修改超出原说明书和权利要求书记载的范围而丧失其本应获得的与其对现有技术的贡献相适应的专利权，以推动科技进步和创新，最大限度地提升科技支撑引领经济社会发展的能力。"

以上建议具有一定的合理性，但是，在程序设计上需要考虑程序的设置目的、操作细节、与其他相关程序的衔接、对整体审批程序效能的影响等多种因素。另外，还需要基于性质的不同，考虑授权前和授权后救济的差异。

(一)授权前设置"回复程序"的可行性

一项专利申请能否被授予专利权，需要经历初审和/或实审程序，甚至复审程序。如果申请人对申请文件的修改被认为超出原申请文件记载的范围，无论是针对"发明点"还是"非发明点"的修改，审查员均会发出审查意见通知书。按照目前《专利审查指南》的相关规定，在初审和/或实审程序中，申请人针对同一修改至少有两次发表意见或者再

次提交修改文本的机会；即使该案件被驳回进入到复审程序，申请人在提出复审请求和针对合议组发出的复审通知书进行答复时也至少有两次再次修改以克服修改超范围缺陷的机会。

专利审批是行政机关基于国家的授权行使行政职能的程序，兼顾公平和效率是行政机关作出具体行政行为时必须要考虑的因素，既不能为了公平无限制地牺牲效率，也不能为了效率牺牲公平。《专利审查指南》规定通常情况下在驳回决定作出前，针对同一缺陷至少给予当事人两次答辩的机会就是基于公平和效率的双重考虑。在审查意见通知书已经明确告知申请人某一特征的修改不能从原申请文件确定且具体理由也很充分的情况下，如果在上述四次修改答复机会之外，再设置针对"非发明点"修改超范围问题的"回复程序"，一方面会因为与初审和/或实审程序功能重合而导致程序过于冗长，另一方面也会给申请人错误的导向，不重视对审查意见通知书或者复审通知书的答复，客观上造成整个审批程序的延长，审批效率降低；另外，如果案件确有授权前景，通过增加一次审查意见通知书或者接受当事人主动针对"非发明点"的修改文本也可以解决这一问题，而并非必须通过设置所谓"回复程序"才能予以解决。

因此，对于授权前的专利申请案件设置"回复程序"来救济"非发明点"修改超范围的缺陷没有太多必要。实践中，可以通过审查政策引导审查员具体问题具体分析，平衡"推动科技进步和创新"与行政效率的关系。

（二）授权后设置"回复程序"的可行性

我国针对发明专利实行实质审查制度，针对实用新型和外观设计专利实施初步审查制度。在专利授权后，任何人（包括专利权人）认为专利权的授予不符合专利法的有关规定，只能通过启动无效宣告程序来纠正不当授权。因此，如果授权专利存在修改超范围的缺陷，无论是"发明点"还是"非发明点"修改超范围，只能启动无效宣告程序，结果也只有一个，即专利权被宣告无效。

其实，不仅仅是"非发明点"的修改会碰到这个问题，其他实质性授权条件，包括权利要求概括太宽、权利要求存在不清楚之处，甚至新颖性和创造性方面，也都存在相同的需求。例如，对于实用新型案件，由于仅进行初步审查，申请人在审查过程中一般不会收到有关新颖性、创造性方面的质疑。但是，当专利被授权后，假设专利权人向专利局提出专利权评价报告请求，并收到部分权利要求不具备新颖性或创造性，或者具有修改超范围等缺陷的评价结论，此时专利权人只能通过自行启动无效宣告程序，或者被动等待他人启动无效宣告程序来进行权利要求的修改，从而解决授权不当的问题；即便如此，因授权后专利文件的修改存在诸多限制，对于撰写失误的救济幅度也非常有限，且结果基本上都不利于专利权人。因此，如何通过程序设计，多元化地对专利权人的失误予以补救，是在制度设计上需要考虑的一个重点。

很多国家对于专利授权后程序的设置都呈多元化态势。比如，为了减轻司法的压力，美国在不断调整专利授权后程序的设置，目前运行的主要程序包括：订正程序、再颁程序、单方再审程序、双方再审程序、针对商业方法的授权后再审程序等，这些不同程序分别担负着不同的任务，给予不同类型的当事人多样化的行政权利的选择。其中，当发现专利授权中的书写、打字等小错误时，专利权人或专利权受让人可以请求，或者美国专利商标局可以主动启动订正程序来修正专利中的非实质性错误[1]；当发现授权专利中存在可能被无效的权利要求或者部分实质性错误时，专利权人可以启动声明放弃程序[2]或者再颁程序[3]；任何人（包括专利权人）可以启动单方再审程序[4]，引用专利或者公开出版物类现有技术提出新颖性或创造性的挑战，或者社会公众（不包括专利权人）可以根据授权后经历时段的不同，提起授权后重审[5]或者多方重审程序[6]，全面对专利权的有效性进行挑战。

---

① 现行《美国专利法》第 254—256 条。
② 现行《美国专利法》第 253 条。
③ 现行《美国专利法》第 251—252 条。
④ 现行《美国专利法》第 301—307 条。
⑤ 现行《美国专利法》三十章第 301—307 条。
⑥ 现行《美国专利法》三十一章第 311—318 条。

　　日本的专利授权后程序也多种多样，主要包括订正审判程序①、异议程序②、和无效审判程序③。其中，订正审判程序是给予专利权人主动补救授权失误的程序，由专利权人提起，用于限缩权利要求的范围、更正授权文本中的错误或不正确的翻译、澄清权利要求中的模糊不清之处以及解释权利要求之间引用关系等；异议程序则是为了更早地确定专利权的稳定性，给予社会公众对不符合授权条件的专利权提出质疑的程序，任何人如果认为专利不应当被授权，可以在专利公告后 6 个月内向日本特许厅审判部提出申请；与此相对应，专利无效审判程序则是为了解决当事人之间就专利有效性发生的争议，由利害关系人提起，由日本特许厅审判部按"准司法"程序进行审判。

　　我国无效宣告程序同时担载了纠正不当授权、修改权利要求以及解决双方当事人就专利权有效性发生的争议等多重任务，近几年承受了许多不该承受的争议。在这一大背景下，尤其是在实用新型和外观设计专利实行初步审查的制度下，设计一个专门的程序来纠正不当授权（参见本书第二十一章），通过给予专利权人启动简单有效的自我纠错程序的机会调动专利权人的积极性来提高专利权的稳定性，不仅可以解决因"非发明点"修改超范围所带来的权利失衡，对于降低无效宣告程序的压力、满足不同类型当事人的需求应当具有积极的作用。

---

　　① 《日本特许法》第 126 条。

　　② 《日本特许法》第 113 条，第 118 条，第 120—125 条。

　　③ 订正审判、无效审判属于两种日本专利审判制度，此外日本专利审判制度还包括对驳回审定的复审（相当于我国的专利复审程序）等其他制度，因对驳回审定的复审不属于授权后程序，此处不再进行介绍。另外，审判制度还可分为"审定系审判"和"当事人系审判"，"审定系审判"是指审判请求人以特许厅为对象进行的审判，例如"订正审判"。"当事人系审判"则是指审判请求人不是以特许厅为对象，而是以专利权人为对象的审判，例如"无效审判"。

第二十章　复审程序中的依职权审查

根据现行《专利审查指南》的规定，复审程序系因专利申请人对驳回决定不服而启动的救济程序，同时也是专利审批程序的延续。这一双重属性决定了，专利复审委员会一般仅针对驳回决定所依据的理由和证据进行审查，不承担对专利申请全面审查的义务；但是，为了提高专利授权的质量，避免不合理地延长审批程序，专利复审委员会也可以依职权对驳回决定未提及的明显实质性缺陷进行审查。

一、专利复审委员会与人民法院的共识与分歧

从众多专利行政诉讼案件反映的总体情况看，针对复审程序的双重属性，人民法院与专利复审委员会之间并不存在分歧，人民法院认可在特定情况下，专利复审委员会可以依职权引入驳回决定未涉及的缺陷进行审查。比如，以下情形的依职权审查，均得到了人民法院的支持。

（1）合议组在驳回决定指出的缺陷克服后，依职权引入在先审查过的理由。例如，（2013）高行终字第 358 号一案[①]，在克服驳回指出的修改超范围的缺陷后，合议组依职权引入在先审过的创造性理由并以此为由维持驳回决定。

---

① 　该案中，在实审程序中审查员曾提出创造性的审查意见，为克服该缺陷，当事人修改申请文件，审查员以修改超范围为由作出驳回决定。复审程序中，当事人再次对专利申请文件进行修改，克服了驳回决定指出的修改超范围的缺陷，但相对于审查员在实审程序中引用的对比文件，涉案专利申请依然不具备创造性。因此，合议组依职权引入创造性的理由进行审查，并以此为由维持驳回决定。该复审决定得到了一、二审法院的支持。两审法院认为在复审程序中可以引入驳回之前已经审查过的理由。

（2）当事人在复审程序中对申请文件进行修改的情况下，合议组依职权对修改是否超范围进行审查，例如，（2011）高行终字第 823 号①和（2013）高行终字第 368 号一案②。

（3）合议组依职权引入与驳回缺陷密切相关的理由。例如，（2012）高行终字 1573 号一案③，为审查驳回决定指出的不支持缺陷，合议组依职权引入了公开不充分的理由。

（4）不依职权引入某些缺陷的审查将会使得对于驳回缺陷的审查没有意义或者不合理。例如，（2010）高行终字第 1034 号④、（2010）高行终字第 1129 号⑤、（2011）高行终字第 473 号和（2011）知行字第 68 号⑥四案中，合议组依职权引入《专利法实施细则》第 2 条第 1 款、第 2 款对涉案专利申请是否属于专利保护的客体进行审查；又如，（2011）高行终字第 625 号一案中，驳回决定指出涉案专利申请不具备创造性，合议组依职权对相关权利要求是否清楚进行审查。

实践中，专利复审委员会与人民法院的分歧主要体现在两个方面：一，专利复审委员会依职权审查的尺度究竟有多大，二，专利复审委员会行使依职权审查的职能是否需要满足一定的前提条件。

---

① 该案中，驳回理由是权利要求不具备实用性。复审程序中，合议组认为相关权利要求的修改超范围，引入《专利法》第 33 条并以此为由维持驳回决定。一、二审法院均予以维持。

② 该案中，驳回理由是权利要求不具备创造性。合议组认为请求人在复审程序中提交的文本修改超范围，引入该理由进行审查并最终以不符合《专利法》第 33 条维持驳回决定。该复审决定得到了一、二审法院的支持。两审法院认为《专利法》第 33 条属于复审程序中对文本的审查，专利复审委员会可以依职权引入。

③ 该案中，驳回理由是权利要求得不到说明书的支持，复审程序中引用公开不充分的缺陷，并以此为由维持驳回决定。一、二审法院均支持了这一复审决定。理由是《专利法》第 26 条第 3 款是判断是否符合《专利法》第 26 条第 4 款的前提，《专利法》第 26 条第 3 款的缺陷属于明显实质性缺陷。

④ 该案中，驳回理由是权利要求 1、3 不具备新颖性，权利要求 2、4 不具备创造性。复审程序中合议组依职权引入《专利法实施细则》第 2 条 1 款进行审查，并以此理由维持驳回决定。一、二审法院均予支持。

⑤ 该案中，驳回理由是权利要求 1—5 属于《专利法》第 25 条不授予专利权的主题，复审程序中，合议组依职权引入《专利法实施细则》第 2 条第 2 款进行审查，并以此理由维持驳回决定。一、二审法院均予支持。

⑥ 该案与（2011）高行终字第 473 号针对的是同一份复审决定。驳回理由是权利要求 1—10 不清楚，不符合《专利法实施细则》第 20 条第 1 款的规定，复审程序中，合议组依职权引入《专利法实施细则》第 2 条第 2 款进行审查，并以此理由维持驳回决定。一、二审法院和最高人民法院均予支持。

针对第一个问题，笔者发现，双方最大的分歧其实集中在，人民法院基本不支持复审程序中合议组从新颖性到创造性的跨越，即驳回决定之前从未审查过创造性，但在复审程序中依职权引入创造性的理由。例如在（2014）高行终字第 1101 号一案①，实审程序中，审查员以权利要求 1—3 和 5 不具备新颖性、权利要求 4 不具备创造性为由作出驳回决定。复审程序中，复审请求人删除权利要求 2，将权利要求 1—5 修改为权利要求 1—4，专利复审委员会以修改后的权利要求 1—4 不具备创造性为由作出第 FS48402 号复审决定，维持驳回决定。一审判决（2013）一中知行初字第 1569 号维持复审决定，二审判决（2014）高行终字第 1101 号撤销一审判决和复审决定。理由是：根据《审查指南》（2001）的相关规定，尤其是避免审级损失原则和有关审查顺序的规定，"在专利复审程序中，原则上应当仅针对驳回决定所依据的理由和证据进行审查，但是，如果专利申请还存在驳回决定所依据理由和顺位之前的其他驳回理由的，专利复审委员会可以依职权引入该在先的驳回理由进行审查，并作出驳回复审决定"。由于创造性审查在新颖性审查之后，因此，专利复审委员会在该案中依职权引入创造性的审查理由，违反了《审查指南》（2001）的规定，造成了行政相对人的审级损失，构成程序违法。

再如，（2014）知行字第 2 号②一案。该案实审阶段，审查员发出第一次审查意见通知书，指出权利要 1—11 不具备新颖性，经修改专利申请文件，审查员最终以权利要求 1—31 不符合《专利法》第 33 条的规定作出驳回决定。复审程序中，复审请求人修改了权利要求，合议组认为修改后的权利要求 1—11 不具备新颖性和创造性，并最终以权利要求 1—11 不具备创造性为由作出第 FS30895 号复审决定，维持驳回决定。一审判决（2011）一中行初字第 2876 号，二审判决（2012）高行终字第 1486 号，均撤销复审决定。专利复审委员会申请再审，最高人民法

---

① 该案涉及申请号为 200580019074.9 号发明专利申请，驳回理由是权利要求 1—3 和 5 不具备新颖性，权利要求 4 不具备创造性；复审程序中，合议组以权利要求 1—5 均不具备创造性为由维持驳回决定。二审法院撤销复审决定，认为应当根据审查顺序判断哪些理由属于在先审查过的理由。针对权利要求 5，无论如何前审不可能审查过其是否具备创造性。

② 该案涉及申请号为 200410047791.X 的发明专利申请。

院裁定驳回。

该案的争议焦点在于，对创造性的评判是否属于专利复审委员会可以依职权引入的"明显实质性缺陷"，对此，专利复审委员会认为：在复审程序中，合议组一般仅针对驳回决定所依据理由和证据进行审查，但审查指南并没有禁止对驳回理由之外的理由进行审查；该案中，判断涉案专利申请是否具有创造性，本领域技术人员无须深入调查即可得出结论，因此，这一缺陷属于可以依职权引入的"明显实质性缺陷"。一审法院认为：《审查指南》（2001）第一部分第一章第 1 节、第 7 节列举的"明显实质性缺陷的审查"均未明确包括创造性。虽然相关规定均属于针对发明专利申请的初步审查，但根据《专利法实施细则》第 53 条的规定，在相关"明显实质性缺陷审查"的规定中并不包括审查创造性问题。因此，专利复审委员会主动审查涉案专利申请是否具备创造性不属于对"明显实质性缺陷"的审查。二审法院认为：初步审查与实质审查本身的审查范围、方式、内容存在差异，其所对应的复审程序也必然存在区别，导致针对初审驳回与实审驳回的复审案件，二者所涉及的"明显实质性缺陷的审查"范围也必然存在差异，一审判决将发明专利初步审查与实质审查中的"明显实质性缺陷的审查"范围等同界定缺乏依据；其次，创造性的理由并非专利复审委员会在审查驳回决定时所必然涉及的事由，对创造性的认定也并非属于以本领域技术人员的知识和水平无须深入调查证实即可得出的事由，因此，专利复审委员会引入创造性问题不应属于"明显实质性缺陷"的范畴，同时专利复审委员会关于节约当事人时间、避免案件在实审程序和复审程序之间来回振荡的上诉主张，也不能作为决定合法性的依据。最高人民法院认为：首先，审查指南在"初步审查"部分列举了属于"明显实质性缺陷"的各种情况，创造性的评价并不包括其中。"实质审查"部分未对"明显实质性缺陷"作出具体规定。虽然初步审查、实质审查、复审无效审查的审查范围不应当完全一致，但三者性质应当相同，因此应当参照"初步审查"列举的性质，根据个案的具体情形判断。其次，对本领域技术人员来说，发明创造的创造性判断，不仅要考虑发明创造的技术方案本身，还要考虑发明创造所属的技术领域以及所解决的技术问题和产生的技术效果，因此，不宜将审查指南列明的"明显实质性缺陷"扩大解释到创造性。

针对第二个问题，最具代表性的案件是（2013）高行终字第 902 号一案①。该案中，二审法院指出，尽管复审程序中专利复审委员会的依职权审查"在一定程度上牺牲了申请人申请复审的程序正义，但鉴于专利复审委员会审查的是'明显实质性缺陷'，并从纠纷的实质性解决及兼顾公正与效率的目标出发，在一定程序上可以容忍专利复审委员会……依职权审查'驳回决定未提及的明显实质性缺陷'。但是，对专利复审委员会依职权审查的容忍也应仅仅限于'驳回决定未提及的明显实质性缺陷。'……至于什么是'驳回决定未提及的明显实质性缺陷'，《审查指南》② 未予明确规定。发明专利申请审查实践中，尽管专利复审委员会审查'驳回决定未提及的明显实质性缺陷'确有一定的合理性，但专利复审委员会确有滥用'驳回决定未提及的明显实质性缺陷'之嫌，这主要表现在专利复审委员会在未审查复审请求的基础上直接以驳回决定未提及的理由作出维持驳回决定的情形越来越多，同时，专利复审委员会解释'驳回决定未提及的明显实质性缺陷'的随意性越来越大，专利复审委员会任意变更驳回决定的理由几乎都被解释为驳回决定未提及的明显实质性缺陷'。在这种情况下，应当从严解释'驳回决定未指出的明显实质性缺陷'，而且，专利复审委员会一般应当在审查复审请求并认定申请人的复审请求不能成立后，才可以审查'驳回决定未指出的明显实质性缺陷'。"**这其实是对复审程序中专利复审委员会依职权引入新的理由提出了新的要求。**

另外，在对专利行政诉讼案件的整理分析中，笔者发现，其实就同样或类似的问题，二审法院也存在前后认识和处理不一致之处。比如，

---

① 该案涉及 200480043469.8 号发明专利申请，驳回理由是权利要求 1—8 不符合《专利法》第 25 条，权利要求 9 和 11 不具备新颖性，权利要求 10、12—17 不具备创造性。复审程序中，合议组以权利要求 1 不符合《专利法》第 26 条第 4 款为由维持驳回决定。二审法院认为，应当从严解释明显实质性缺陷，并且，对于明显实质性缺陷的依职权引入，需要在审查复审请求并认定其不能成立之后，才可以进行审查。

② 此处《审查指南》，按照最高人民法院其他案件中的观点，应指案件申请日时适用的《审查指南》，即《审查指南》（2001）。

同样是针对复审程序中引入在先未审查过的"权利要求得不到说明书支持"的缺陷，在（2011）高行终字第 654 号一案[①]中，二审法院认为，"不符合《专利法》第 26 条第 4 款的规定属于《审查指南》[②] 所规定的存在明显实质性缺陷的情况⋯⋯专利复审委员会在第 17592 号决定中对本申请权利要求是否符合《专利法》第 26 条第 4 款的规定进行审查，并无不当。"然而，在（2013）高行终字第 902 号一案[③]中，二审法院则认为，"新颖性的审查相应引入对比文件，而涉及《专利法》第 26 条第 4 款规定的审查仅需要审查专利文件，没有证据证明涉及《专利法》第 26 条第 4 款规定的审查必然优先于涉及新颖性的审查，或者说没有证据证明发明专利申请审查程序中如果审查到发明专利申请是否具备新颖性，就必然意味着该发明专利申请经审查符合《专利法》第 26 条第 4 款规定。因此，专利复审委员会认定从本申请不具备新颖性的驳回理由变更到本申请不符合《专利法》第 26 条第 4 款规定的驳回复审理由属于'驳回决定未指出的明显实质性缺陷'缺乏法律依据"。

以上案例反映的情况表明，对于复审程序中专利复审委员会依职权审查尺度的问题，并不单纯是行政机关与司法机关的认识分歧，在司法机关内部其实也存在分歧。笔者以为，要解决这一问题，需要从以下四个方面进行讨论：（1）复审程序的设置目的和专利复审委员会在复审程序中依职权引入驳回理由之外的其他理由的必要性；（2）在确定依职权审查范围的尺度时需要考虑的因素；（3）创造性的理由能否被纳入依职权审查的范围；（4）专利复审委员会行使依职权审查职能时是否必须以复审请求不成立为前提条件。

---

① 该案中，驳回理由是权利要求 1—7 不具备创造性。合议组维持驳回决定的理由是权利要求 1—7 得不到说明书的支持。虽然该案中，二审法院认为复审决定对于权利要求得不到说明书支持的结论有误，并因此败诉，但针对合议组依职权引入这一理由，二审法院予以支持。

② 此处《审查指南》应为《审查指南》（1993）。

③ 该案中，驳回理由是权利要求 1—8 不符合《专利法》第 25 条，权利要求 9 和 11 不具备新颖性，权利要求 10、12—17 不具备创造性。复审程序中，合议组以权利要求 1 不符合《专利法》第 26 条第 4 款为由维持驳回决定。二审法院认为，应当从严解释明显实质性缺陷，并且，对于明显实质性缺陷的依职权引入，需要在审查复审请求并认定其不能成立之后，才可以进行审查。

二、复审程序的设置目的和复审程序中依职权审查的必要性

目前《专利审查指南》关于复审程序双重属性的规定是在 2006 年修改审查指南时加入的，根据《指南修改导读》的说明，设置复审程序，一方面，是为了通过纠正专利审批过程中出现的失误，保障申请人的正当权益，同时也为申请人提供通过进一步陈述意见、补充证据、修改申请文件以获得最终授权的机会；另一方面，是为了通过赋予专利复审委员会对驳回决定未提及的明显实质性缺陷进行审查，提高授权专利的质量和权利的稳定性，避免不合理地延长审批程序[①]。

回溯复审程序的设置，是因为实践中难以保证所有驳回决定的作出均合理、正确。为充分保障专利申请人的合法权益不受侵害，我国在专利法建立初期，就选择在专利法体系中设置复审程序，允许申请人对驳回决定不服而提出申诉[②]。专利复审委员会依专利申请人的请求进行复审作为申诉制度的第一个环节，具有类似于行政复议的性质，是在驳回决定不当时给专利申请人提供一条救济途径。但是，由于专利审查不同于一般的行政审批，尤其是，根据现行专利法的规定，专利申请人在复审程序中有修改专利申请文件的权利，这就导致复审程序面对的事实经常会发生变化。也正因此，不能将复审程序等同于单纯的行政复议程序。因为如果将复审程序作为单纯的行政复议程序，要么不允许专利申请人在复审程序中修改申请文件，以便能够针对性地审查驳回决定的作出是否合法；要么如果允许专利申请人提交修改文件，那么只要驳回决定针对的事实发生变化，就应当撤销驳回决定，由前审部门继续审批程序。如此一来，审查过程中几乎难以穷尽的事实变化将导致整个审批程序久拖不决，专利申请人不得不在实审与复审程序之间来回振荡，既会造成行政资源的浪费，也不利于当事人利益的保护。**在这一意义上，复**

---

① 国家知识产权局审查业务管理部编，《审查指南修改导读 2006》，知识产权出版社，第 254 页。

② 尹新天，《新专利法详解》，知识产权出版社，第 452 页。

审程序的"救济"应当理解为广义的救济，既包括专利申请人认为前审程序的审查存在错误时予以救济，也包括专利申请人认为自身在先存在错误予以改正的救济。

复审程序作为审批程序的一个环节，是专利复审委员会根据法律的授权，行使行政审批职能的行政程序，在保证公正公平的基础上快速高效地行使职权是行政法的最基本要求。尤其是，在专利申请量快速增长、发明专利年均申请量直逼百万件、年均复审立案量突破 2 万件的今天，在专利纠纷呈迅猛增长态势、行政审批程序和司法保护程序双双面临案件量快速增长与人员严重短缺的矛盾的态势下，以对专利申请人的程序利益予以基本保护为前提，尽早解决专利权能否授予和是否值得国家用 10—20 年的垄断期对其予以保护的问题，尽量避免那些明显不能被授予专利权的专利申请因种种原因在实审与复审程序之间来回振荡，无谓地浪费行政资源，从社会整体运行效能角度来讲是有益的，也是当今知识产权保护形势的要求。**在这一意义上，复审程序作为"审批程序延续"的属性不应当被弱化。**

三、确定复审程序中依职权审查范围尺度需要考虑的因素

即使如此，由于行政效率的提高不能以不合理地牺牲公平公正和当事人的利益为代价，所以，复审程序中平衡救济属性和审批程序延续属性依然应当坚持救济为主，审批程序延续为辅的基本思路。相应地，与救济属性相对应的请求原则应当作为一项最基本的原则，与审批程序延续属性相对应的依职权审查原则只能是请求原则的例外和补充。由于依职权审查原则是在特殊情形下为兼顾公平与效率采取的变通做法，因此，一方面，应当保持依职权审查的尺度适度；另一方面，**依职权审查范围的确定应当"以实现救济为目的、以不代替实质审查为原则、以不混淆法律逻辑为限度，兼顾公平与效率"。**笔者以为，这是在确定依职权审查范围时需要重点加以考虑的几个要素。

"以实现救济为目的"是界定依职权审查尺度最基本的要求。复审程序的一个最基本的职能是为当事人不服驳回决定而提供救济，所以即

使要超出驳回决定依据的理由和证据进行审查，也应当围绕提供"救济"这一基本目的。比如，在对驳回所依据的创造性理由进行审查时，可以依职权引入新颖性的理由。这是因为，通过特征对比找出区别特征是评价创造性的必经阶段，在特征对比阶段如果发现权利要求中的所有特征均被公开，此时引入新颖性的理由正是为了实现针对创造性理由的救济，是合理的；相反，假如驳回理由是不具备新颖性，在复审程序中，合议组发现权利要求与对比文件相比存在区别特征，这意味着驳回理由已不成立，此时假若合议组依职权引入创造性的理由，一方面，有悖当事人提出复审请求的初衷，另一方面，也不是为了解决"救济"的问题。

"以不代替实质审查为原则"是界定依职权审查尺度的第二项要求。专利制度运行体系中，不同的程序有不同的目标和价值，虽然不同程序之间具有相互关联，但不能相互替代，否则某一程序的设置就将失去其存在的意义。发明专利申请在授权过程中可能会经历初步审查、实质审查、复审和行政诉讼，其中实质审查是授权过程中最全面的审查，行政诉讼是对行政审查的司法监督，复审审查介于二者之间，这一地位决定了其不能完全代行实质审查的所有职能。如果对于实质审查中完全未曾涉及的理由进行审查（比如从新颖性到创造性的跨越），实质上是代替实质审查决定了专利申请的去向。

"以不混淆法律逻辑为限度"是界定依职权审查尺度的第三项要求。一项发明创造是否能被授予专利权，除了对技术方案本身有要求之外（具备新颖性、创造性和实用性，属于可授权的客体等），对于表达该技术方案的载体也有要求（比如，符合《专利法》第 26 条第 3 款、第 4 款的规定等）。虽然不是绝对严格，但是在审查过程中，这些法律条款之间具有天然的逻辑顺序。比如，对于不属于可授权客体的技术方案评价其新颖性和创造性没有意义；要求保护的技术方案如果在说明书中没有充分公开，即使其具备新颖性和创造性，也不能被授予专利权，等等。如果驳回理由依据法律逻辑处于相对靠后的序位，则意味着审查员在实质审查中应当已经审查过序位在其之前的法条；相反，如果驳回理由序位靠前，则在复审程序中依职权引入相对靠后的法条可能就会混淆基本的法律逻辑。

"兼顾公平与效率"是界定依职权审查尺度的第四项要求。行政机关的行政行为既追求公平，也追求效率。复审程序中，复审请求人对申请文件的修改可能会导致复审程序面临的事实相比驳回决定发生很大变化，此时如果单纯追求公平，将会使审查久拖不决；相反，如果单纯追求效率，将会背离复审程序的救济目的。因此，在依照前三项确定专利复审委员会依职权审查尺度时不能脱离"兼顾公平与效率"的要求。目前实践中被普遍接受的、《专利审查指南》中规定的可以依职权审查的情形（1）和（3），其实就是兼顾公平与效率的体现。

四、如何判断哪些缺陷属于可以依职权引入的明显实质性缺陷

引发业界争议最多的是《专利审查指南》规定的可以依职权审查的情形（2），即哪些缺陷属于专利复审委员会可以依职权引入的明显实质性缺陷。正如（2014）知行字第 2 号一案中所体现的，针对这一问题有诸多不同的观点。笔者以为，其中最值得探讨的有两个问题：一是能否依照是否需要深入调查来确定依职权的尺度？二是参照"初步审查"列举的明显实质性缺陷的性质来判断哪些缺陷属于专利复审委员会可以依职权引入的明显实质性缺陷是否合理？

（一）能否依照是否需要深入调查来确定依职权的尺度

（2014）知行字第 2 号一案中，合议组之所以在复审程序中引入创造性的理由，原因在于，复审请求人为了克服驳回决定所指出的新颖性缺陷，在提出复审请求时对权利要求书进行了修改，加入了新的技术特征，而新加入该技术特征又被合议组认定属于公知常识。如果以克服了驳回缺陷为由撤销驳回决定，原审查部门必将会在满足听证原则的基础上以不具备创造性为由再次作出驳回决定，这样将导致明显不具备授权前景的申请占用太多的行政资源，合议组在不需要对新加入的技术特征进行深入调查的基础上，依职权引入创造性的理由是出于解决专利性实质争议的考虑。

笔者以为，解决实质争议的出发点本身无可厚非，但是，依照是否需要对技术特征进行深入调查作为划分依职权范围和尺度的标尺，在实务操作中缺少可行性。

首先，复审程序的双重属性并不是根据技术方案或者特征的简单或者复杂进行划分的。即便是针对简单的技术方案，如果在前审级作出的驳回决定适用法律错误、缺少必要的证据支持或者违反法定程序，合议组也应当撤销驳回决定，实现对当事人权益的救济。

其次，是否需要进行深入调查属于仁者见仁、智者见智的范畴，具有相当的不确定性。尽管根据法律的要求，每一个审查员在案件审查过程中都需要将自己培养成本领域的技术人员，但这永远是一个理想状态，审查员只能无限趋近而不可能完全成为本领域的技术人员。不同的审查员基于其掌握知识的多少、能力的大小以及审查过程中所做准备的情况，对于哪些事项属于需要进行深入调查的事项、哪些事项属于不需要深入调查即可认定的情况得出的结论可能完全不同，以此为标准划定依职权的范围和尺度将会导致同案不同判的情况，影响审查标准的执行一致。

另外，以此为标尺区分专利复审委员会可以依职权的范围将会增加复审请求人的不可预期性。根据行政法的基本要求，行政机关的职权范围应当是清晰的，是行政相对人可以预期的，尤其是其职能的行使将有可能对行政相对人不利时。虽然有些情况下，在复审程序中合议组行使依职权的职能是为了使当事人获得更加稳定的专利权（例如当驳回所指出的缺陷已经克服，而专利申请尚存在与驳回缺陷性质相同的缺陷时，合议组依职权引入所述性质相同的缺陷，更多是为了避免专利申请因存在该缺陷而导致再次驳回或者存在该缺陷的专利申请被授权随后又因此被宣告无效），但是，大多数情况下，合议组依职权引入驳回决定未提及的缺陷会得出对复审请求人不利的结论。因此，合议组依职权审查的范围必须是清晰和可预期的。如果将是否需要进行深入调查作为划定是否需要依职权审查的标尺，其主观性和不确定性将会使依职权审查范围完全不可预期。

虽然在（2014）知行字第 2 号一案中，对于新加入的技术特征，合议组不需要进行深入调查就可以判定其为公知常识，并因此引入创造性的理由，表面上看似乎有助于解决有关可专利性的实质争议，但是，创造性理由的引入远远超出复审请求人的预期。复审请求人启动复审程序是为了对新颖性的驳回缺陷进行救济，而加入新的技术特征来克服新颖性的缺陷是业界最常见的方式，通过这一方式也确实达到了克服驳回缺陷的目的。此时，复审请求人能够预期的是，该复审请求将因克服了驳回缺陷而被撤销，但是，合议组却引入了不具备创造性的理由，并以此理由维持了驳回决定，这是复审请求人无法预料到的。合议组的这一做法不能理解为是以实现救济为目的的审查，同时也容易混淆实质审查与复审之间的界线。即便该判断规则在个案中具有一定的合理性，也并不意味着将其上升为一般性的规则是合理的。

（二）参照"初步审查"列举的明显实质性缺陷的性质判断哪些缺陷可以引入是否合理

尽管从立法技巧讲，一部规章中如果在不同章节使用同样的措辞，那么原则上应当将该措辞理解为具有相同的含义。但是，实践中，对于所述措辞真实含义的理解，需要结合该措辞所处的上下文及相关内容表达的语境来考虑。

正如（2014）知行字第 2 号一案中二审法院所认定的，在发明专利申请授权之前，专利局对发明专利申请要进行初步审查和实质审查。其中，初步审查主要是对专利申请文件的形式是否符合专利法和专利法实施细则的相关规定进行审查，原则上不涉及与授权有关的实质性问题，尤其是，初步审查过程中审查员不进行检索，基本上不会基于与对比文件的比对提出有关创造性的审查意见，这也是《专利审查指南》在第一部分未将创造性纳入"明显实质性缺陷"范畴的原因；相反，在实质审查过程中，审查员要对发明创造进行更为深入和全面的审查，尤其是，要在进行现有技术检索的基础上，重点对发明创造是否符合"三性"发表意见，因此，初步审查与实质审查的审查范围完全不同，因初审驳回和因实审驳回而进入复审程序后，合议组针对"明显实质性缺陷"的审查范围也必然会存在差异。一审判决依照、再审判决参照初步审查章节中列举的明显实质性缺陷的性质来判断哪些缺陷属于复审程序中可以依职权引入的"明显实质性缺陷",笔者认为不具有说服力。

（三）按照审查逻辑顺序确定哪些缺陷属于明显实质性缺陷的合理性和可操作性

2006 年修改审查指南时，除了明确复审程序的性质外，还在删除 2001 版审查指南中的"避免审级损失原则"和"程序经济原则"的同时，删除有关审查顺序的规定。根据《指南修改导读》的解释，之所以进行这一修改，是因为《审查指南》（2001）第四部分关于复审程序的审查顺序与第二部分实审程序的审查顺序存在差异。合议组依照复审审查顺序来推定实审程序中"应当审过"的理由和证据可能不准确，这些理由和证据可能在实审程序中并没有审查过，甚至也不属于"应当审过"的理由和证据；并且，不同案件中不同理由的逻辑关系并非一成不变，因此导致推定的准确性受到影响，依照审查顺序来推定在先审级"应当审过的理由和证据"可能导致事实上的审级损失。[①]

以上理由具有一定的合理性。但是，笔者以为，近几年来，国家知识产权局在推行全面审查和以"三性"评价为主线的审查理念。这意味着，针对一项专利申请，仅仅对授予专利权的部分条件进行审查即作出驳回决定的情况越来越少，需要专利复审委员会行使依职权审查职能的机会也越来越小。在这一大背景下，在遵循上述四个考虑因素的基础上，依据审查逻辑顺序来判断哪些缺陷属于可以依职权引入的明显实质性缺陷，一方面可以增加复审请求人对依职权审查范围的预期，另一方面也有助于不同合议组之间保持执行标准一致。

五、行使依职权审查职能是否必须以复审请求不成立为前提条件

在（2013）高行终字第 902 号一案中，二审法院提出一个观点，即

[①] 国家知识产权局审查业务管理部编，《审查指南修改导读 2006》，知识产权出版社，第 254 页。

"专利复审委员会一般应当在审查复审请求并认定申请人的复审请求不能成立后，才可以审查'驳回决定未指出的明显实质性缺陷'。"这一观点虽然富有新意，理论上似乎也有一定的道理，但是缺乏对审查实践的了解，缺乏可操作性。

首先，审查实践中，无论合议组最终是否依职权引入了驳回理由之外的其他理由，面对一个复审案件，合议组在梳理审查过程的基础上，首先要审查的是复审程序中是否提交修改文本，如果提交修改文本的话，修改文本能否被接受；然后要审查驳回决定指出的缺陷是否被克服；之后再审查该案中是否存在需要合议组依职权审查的情形，不可能出现合议组不对驳回理由进行审查即审查驳回理由之外的其他理由的情况。

其次，复审程序的审查也遵循专利审查的一般性规则——"否定性"审查，即合议组仅在复审通知书或者复审决定中指出不能被接受的理由，对于哪些理由能够被接受，或者同一权利要求是否存在多个不能被接受的理由，一般并不予发表正面评述。因此，对于合议组依职权引入了驳回理由之外的其他理由的情形，一则不能一概推定复审理由成立或者不成立；二则，在复审通知书或者复审决定中未正面发表意见也不意味着合议组"审查过"。

再次，审查实践中，专利复审委员会依职权审查的情形包括三类，发生这三类情形的基本情况通常如下：

第一，如果合议组依职权引入在先审过的理由（《专利审查指南》规定的情形（1）），一般情况下是驳回缺陷已克服，复审请求成立。之所以行使依职权审查职能，原因多在于如果不依职权引入在先审查过的理由，将可能导致在撤销驳回决定后前审部门不进行听证即二次驳回，造成程序的无谓振荡。

第二，如果合议组依职权引入与驳回缺陷性质相同的缺陷（《专利审查指南》规定的情形（3）），既有可能是驳回缺陷已经通过修改等方式得到克服，也有可能是驳回缺陷未克服。此种情形下合议组行使依职权职能，原因多在于提高授权质量。比如权利要求 1 和 5 均存在相同的措辞导致权利要求不清楚的缺陷，驳回决定仅提及权利要求 1 不清楚，遗漏了权利要求 5。如果权利要求 1 的不清楚缺陷被克服，合议组在复审程序中指出权利要求 5 不清楚，是为了避免在驳回决定被撤销后，前审部门直接授权而导致在授权文本中存在这一缺陷，最终因此被宣告无效。如果权利要求 1 的不清楚未被克服，合议组在复审程序中指出权利要求 5 不清楚，是为了提醒当事人一并改正，从而获得质量更高的、稳定的专利权。此时，如果依照二审法院的这一观点，后一种情况将不允许进行依职权审查，最终的后果是"眼睁睁地"看着有瑕疵的专利权被授予或者不得不将审查意见分成两次。这种做法显然是不合理的。

第三，如果合议组依职权引入明显实质性缺陷，多半是经审查之后发现无法对复审请求发表准确的意见（例如，在权利要求不清楚的情况下无法判断其是否具备创造性）或者对复审请求的成立与否发表意见没有意义（例如，在不属于专利保护客体的情况下评述要求保护的方案是否具备创造性没有任何意义）。此时，硬性要求在复审请求不成立的情况下才可以依职权引入驳回理由之外其他理由，既不合理也缺乏可操作性。

综上所述，笔者认为，现行形势下，应当坚持复审程序的双重属性，允许专利复审委会在某些情况下依职权引入驳回理由之外的其他理由；在行使依职权职能时，不应当设定"复审请求不成立"的前提条件，而是应当综合考虑四个因素——"以实现救济为目的、以不代替实质审查为原则、以不混淆法律逻辑为限度，兼顾公平与效率"，合理确定专利复审委员会可以依职权的范围。

第二十一章 无效程序中的依职权审查

根据现行《专利审查指南》的规定，在无效程序中，专利复审委员会遵循两项基本原则——请求原则和依职权审查原则——来确定案件审查范围，即一般仅审查无效宣告请求人提出的无效理由和证据，但是在特定情形下，可以依职权引入无效宣告请求人未提及的其他理由或证据。

随着第四次专利法的修改，无效程序中专利复审委员会的依职权审查职能及范围再次引发了业界广泛的讨论，赞成者有之，反对者亦有之。笔者对近些年专利诉讼案件中涉及无效程序依职权审查的案件进行了梳理和分析，发现争议其实集中体现在以下三个问题上：（1）无效程序的法律性质，无效程序究竟是纠正不当授权的行政程序还是解决无效宣告请求人与专利权人之间就专利权有效性产生的争议的居中裁决的民事程序？（2）依职权审查原则是否应当作为无效程序的一项基本原则，专利复审委员会在适用依职权审查原则时应当严格限于《专利审查指南》列举的几种情形，还是可以扩张适用于其他情形？（3）无效宣告请求人撤回部分请求或者放弃部分无效理由和证据的，专利复审委员会是否可以根据《专利法实施细则》第72条的规定依职权进行审查？

以下笔者将结合部分案例分别对以上三个问题进行讨论。

一、无效程序的法律性质

专利无效宣告程序是专利法中最重要的程序之一。关于该程序究竟是纠正不当授权的行政程序，还是解决专利权有效性纠纷的居中裁决的民事程序，业界一直存在争论。笔者认为，在现行法律框架下，无论是将专利权无效宣告程序界定为单纯的居中裁决的民事程序，还是界定为单纯的纠正不当授权的行政程序，都是不准确的，现行法律框架下的无效宣告程序兼具纠正不当授权与解决专利权有效性纠纷的双重功能，决定了其法律性质亦兼具双重属性。

（一）不能将专利权无效程序界定为单纯的居中裁决的民事程序

从无效程序解决的纠纷性质、无效宣告制度的立法沿革、无效程序的目的以及与其他国家或地区类似程序的对比等几个方面来考察，不能将专利权无效宣告程序界定为单纯的居中裁决的民事程序。

（1）以无效程序解决的纠纷性质为视角。

关于专利权无效纠纷究竟是民事纠纷还是行政纠纷，目前存在两种观点。认为专利权无效纠纷属于民事纠纷的学者所持的主要理由是，专利权属于私权，宣告专利权无效是无效宣告请求人与专利权人之间就该私权是否成立的确认之诉，专利复审委员会其实是在代行司法权。笔者以为，这一观点值得商榷。

首先，虽然根据 TRIPS 协议的规定，专利权属于私权，但该私权不同于传统意义上的物权，不是与生俱来的，而是通过法律规定由国家授权产生的，其产生、行使都离不开代表国家权力的行政机关的介入，因此，专利权属于行政权力介入的私权；其次，受限于行政成本和审查效率，专利局在对专利申请进行审查时，不可能做到绝对全面的审查，在行政成本允许的合理范围内，如果"没有发现驳回理由"，即对专利申请授予专利权。这种授权只能是"暂时"授权，而不是意味着该专利权不存在不应授权的缺陷。对于这种不应当授权却又被不当地授予的专利权，应当予以撤销。由于现行专利法对于专利授权程序的设置，只有通过启动无效宣告程序才可以将已经授予的专利权宣告其自始不存在。虽然现行专利法将启动无效宣告程序的权利给予"任何人"，但其本质是请求专利复审委员会撤销专利授权决定，因为授权决定才是产生专利权的直接依据。因此，专利权无效纠纷实质上是针对专利局授予专利权行为的有效性纠纷。这一纠纷的双方当事人理论上应该是无效宣告请求人与专利局，专利权人是第三人。只是由于专利权人能更好地维护专利权，维护授权决定的合法性，专利局参与程序的必要性不大，所以法律才规定专利权无效程序由无效宣告请求人和专利权人参与。

将专利权无效纠纷与驳回专利申请的纠纷进行对比可以发现，二者具有相同的性质。比如，驳回专利申请的纠纷，是由专利复审委员会审查驳回决定的作出是否存在错误；而专利权无效纠纷，则是由专利复审委员会审查授权决定的作出是否存在错误。这两种纠纷的区别仅是前者在授权之前，后者在授权之后。如果说驳回专利申请的纠纷系因专利申请人不服驳回决定而引发的行政争议，那么只因纠纷发生在授权之后，便将性质极其类似的无效宣告请求人不服专利授权决定而引发的争议界定为民事纠纷，着实存在不合理之处。

因此，从专利无效程序要解决的纠纷性质来看，不宜将无效程序界定为纯粹的民事程序。

（2）以专利权无效宣告制度的立法沿革为视角。

在专利法历次修改过程中，专利授权后程序发生过多次变化。1984年颁布的专利法规定了异议程序，即任何单位或者个人在授予专利权之前的异议期内可以向专利局提出异议；1992年第一次修改专利法时，将授权前的异议程序改为授权后的撤销程序，目的是为公众提供一个评价专利局授予的专利权是否符合专利法规定的机会，协助专利局纠正错误的授权，以保护社会公众的利益。根据相关规定，撤销程序一经启动，审查组不仅要考虑撤销请求人提出的理由，还可以自行引入各种撤销理由。2001年第二次修改专利法时，考虑到撤销程序的目标实质上可以通过无效程序来实现，因此取消了撤销程序，仅保留了无效程序，通过无效程序来实现社会公众协助专利行政部门纠正错误授权的任务。这一制度设计一直持续至今。

从这一历史变革可以看出，现有的无效程序承继了之前异议程序和撤销程序防止和纠正不当授权的行政职能，将无效程序界定为纯粹的民事程序不符合历史发展的客观事实。

（3）以专利权无效程序的目的为视角。

对原本不应授权的专利申请授予专利权在任何一个国家都是难以避

免的，这一失误侵害社会公众的合法权益，因此需要建立一种机制，对授权后发现存在授权失误的情况予以补救。将本不应当被授权的专利权宣告无效，其实就是在专利授权后引入公众监督，通过调动社会公众，尤其是利益相关方的力量，在专利权被授予后，对专利权进行再审查，剔除不符合授权条件的专利权，保护公共利益的过程，这是专利权无效程序的一个目的。另外，无效审查并不是以宣告专利权无效为目的。作为专利制度的一部分，无效程序的根本目的还在于保护应当或者值得保护的发明创造，激励技术创新。因此，无效程序还向专利权人提供了修改专利文件、重新界定专利权的保护范围，从而获得更加稳定的权利的机会。

从以上两个目的出发，专利权无效程序其实是专利复审委员会根据双方当事人提交的理由和证据，结合专利权人的修改文本，重新审视是否仍然作出授予专利权的决定的问题，而不仅仅是专利权人与无效宣告请求人关于专利权是否符合授权条件的争议，不应当将专利权无效程序仅仅界定为解决双方当事人就专利权有效性发生的民事争议。

（4）以与其他国家和地区的相应制度比较为视角。

考察其他国家和地区的专利权无效程序，不难发现，**大多数国家和地区都没有把专利权有效性纠纷简单地定性为民事纠纷，将专利权无效程序简单地定位为民事程序。**

比如日本，在专利授权后，可以通过异议程序和无效程序对专利权有效性提出挑战。其中异议程序是为了更早地确定专利权的稳定性，使得社会公众可以对不符合授权条件的专利权提出质疑。任何人如果认为专利不应当被授权，可以在专利公告后6个月内向日本特许厅审判部提出请求；与此相对应，专利无效程序则是为了解决当事人之间就专利有效性发生的争议，由利害关系人提起，由日本特许厅审判部按"准司法"程序进行审判。前者是典型的行政程序，后者是"准司法"程序。即便如此，对无效决定不服向东京高等法院提起诉讼，虽然在诉讼中以请求人和专利权人为原被告，特许厅审判部不作为被告出席诉讼程序，但其仍然将这种诉讼定性为行政诉讼，而不是民事诉讼。这意味着，特许厅审判部的无效审查程序并非单纯的民事程序。

在德国，虽然专利权无效案件由德国联邦专利法院审理，仅无效宣告请求人和专利权人参加，德国专利局不作为被告参加到程序中，但是，德国联邦专利法院的专利权无效诉讼程序仍与行政法院的诉讼程序类似，只是部分借鉴了民事诉讼法的规定。

在中国台湾地区，任何人如果认为专利权违反"智慧财产法"第71条的规定，可以向专利审查机关提出举发申请。"智慧财产局"指定未参与原申请案审查的人员重新审查，并作出决定。对于"智慧财产局"再审查决定不服的，当事人可以依据"诉愿法"向"经济部诉愿审议委员会"提起"诉愿"。如果一方当事人经过"诉愿"后认为其权利仍然没有得到救济，还可以再以"智慧局"或"经济部诉愿审议委员会"作为被告向智慧财产法院提起行政诉讼，请求撤销复议决定及原行政决定。因此，台湾地区的无效程序也并非是典型的民事程序。

（5）以现行法律规章的规定及审查实践为视角。

实践中，虽然无效案件的审查遵循当事人处置原则，但是，根据《专利法实施细则》第72条的规定，如果专利复审委员会根据已经进行的审查工作可以宣告专利权无效或者部分无效，即使当事人撤回无效宣告请求，专利复审委员会也可以不终止审查，而作出宣告专利权无效或者部分无效的决定。如果将无效程序界定为纯粹的民事程序，那么当事人处置原则就应当成为这一程序最基本的原则，即请求人撤回其无效请求的，专利复审委员会应当终止审理，这与现行《专利法实施细则》第72条的规定是不相符的；其次，如果将无效程序作为纯粹的民事程序，则解决该争议的结论就应当仅对双方当事人有效而不能产生对世效力，但从目前的法律规定来看并非如此；另外，无效程序是专利授权后唯一的一个程序，如果将其界定为纯粹的民事程序，则对于专利局的不当授权就不再存在任何的监督和纠正的程序，这不符合行政法的基本要求。从这三点来看，目前的无效程序具有解决双方当事人争议的性质，但还不能被界定为是纯粹的解决专利权有效性争议的民事程序。

（二）不能将专利权无效宣告程序界定为纯粹的纠正不当授权程序

就目前的法律规定和实践执行情况来看，也无法将无效程序界定为纯粹的纠正不当授权的程序。

如果是典型的纠正不当授权的程序，则程序的启动将不仅依无效宣告请求人的请求，而是应当包括多种方式，例如行政机关发现授权专利存在不符合授权条件的，可以主动启动程序纠正不当授权；无效宣告请求人提出的无效宣告请求应当仅仅为提供线索之用，行政机关应当依据该线索主动审查专利权的授予是否恰当；程序的终止也不应以无效宣告请求人是否撤回其请求为依据。但是，根据现行《专利审查指南》的规定，目前的无效程序依无效宣告请求人的请求而启动，无效宣告请求人如果在专利复审委员会作出无效决定之前撤回其请求，除非属于《专利法实施细则》第72条规定的情形，一般情况下无效程序将终止。从这一点来看，目前的无效程序具有纠正不当授权的性质，但还不能被界定为纯粹纠正不当授权的程序。

二、双重属性下请求原则与依职权审查原则的关系及依职权审查原则的适用

鉴于现行法律框架下专利权无效程序呈现的这一双重属性，分别与这两种属性相对应的请求原则和依职权审查原则就成为无效程序中既相互矛盾、又相互依存的两项基本原则。考虑到目前我国确权与侵权纠纷解决机制采用"二元制"的基本制度设计，实践中启动无效程序又多源于存在现实或潜在的侵权纠纷；同时，随着国家知识产权发展战略的推进，全社会知识产权保护意识的增强，近年来专利侵权纠纷随专利申请量的增长呈大幅增长态势，各级法院案多人少的矛盾日益加剧，案件久拖不决引发社会公众强烈不满。在这种形势下，快速解决当事人之间就专利权有效性发生的争议应当成为无效程序最基本的任务，**因此，现行制度框架下，请求原则应当是根本，依职权审查原则应当作为请求原则的例外与补充。**

由于专利复审委员会行使依职权审查职能，多数情况下是发现专利权存在比无效宣告请求人提出的理由更为严重的缺陷；同时，从行政法角度讲，作为行政机关职权范围内可能会对当事人造成不利后果的例外

范围必须是清晰的，否则社会公众将无法预期到行政机关的处理结果。因此，《专利审查指南》对专利复审委员会可以依职权审查的范围应当作出明确的说明，对依职权审查范围的相关规定也应当作"法无明文授权不可为"的理解，需要尽量避免适用类推解释随意扩大专利复审委员会可以依职权审查的范围。在这一意义上，**对于《专利审查指南》第四部分第三章所列举的专利复审委员会在无效程序中可以依职权审查的七种情形，应当理解为是穷尽的列举，是"封闭式"的，超出这一范围的，专利复审委员会不应当行使依职权审查的职能。**

比如，在（2014）高行终字第 1135 号一案[①]中，涉案专利包括 7 项权利要求，其中权利要求 2—6 引用权利要求 1。无效宣告请求人提出的无效理由是：权利要求 1、2、4—6 不具备新颖性，权利要求 3、4、7 不具备创造性。专利复审委员会以权利要求 1—7 均不具备创造性为由宣告专利权全部无效。一、二审判决以针对权利要求 2、5 引入创造性的理由超出专利复审委员会可以依职权审查的范畴为由撤销了无效决定。

该案中，无效宣告请求人认为权利要求 3 不具备创造性。在依据请求原则审查权利要求 3 是否具备创造性时必然会涉及独立权利要求 1。在合议组认定权利要求 3 不具备创造性的前提下，如果不基于与权利要求 3 相同的理由引入权利要求 1 也不具备创造性的理由，就会得出权利要求 1 具备新颖性应予维持而权利要求 3 不具备创造性应予无效的结论，这一结论显然是荒谬的，因此，专利复审委员会依职权引入了权利要求 1 是否具备创造性的理由进行审查。一、二审法院也基于同样的考虑，认可了这一依职权行为的合理性。

但是，针对权利要求 2 和 5，无效宣告请求人仅认为其不具备新颖性。在审查权利要求 3、4、7 是否具备创造性时，无论如何不会涉及判断权利要求 2、5 的创造性的问题；即使合议组以"不具备新颖性必然不具备创造性"为基本逻辑引入创造性的理由，也是基于权利要求 2 和 5 的技术特征全部被对比文件所公开的事实，而不是与对比文件相比存

---

① 专利号为 201120242508.4 的实用新型专利，无效决定号为 WX21059，宣告专利权全部无效。一审判决号为（2013）一中知行初字第 2888 号，撤销无效决定，二审判决号为（2014）高行终字第 1135 号，维持一审判决。

在区别特征且所述区别特征是公知常识的事实。因此，权利要求 2、5 是否具备创造性不是审查无效宣告请求人提出的无效理由必须审查的内容，专利复审委员会引入该理由超出了《专利审查指南》规定的可以依职权审查的七种情形的范畴。

虽然在目前的制度框架下，就该案件依职权审查原则的适用，笔者更赞成一、二审法院的观点。但是，实践中确实有许多案件如（2014）高行终字第 1135 号案中所呈现的，根据在案证据和本领域的常识，已经能够得出专利权不应当被授予的结论，仅仅因为无效宣告请求人的疏忽或者经验不足，导致不得不维持一项明显不能被授权的专利权有效。如果保持目前《专利审查指南》规定的七种可以依职权的情形不变，并采用类似于（2014）高行终字第 1135 号一案中一、二审法院的观点，将会把专利复审委员会的审查范围严格限制在紧密围绕无效宣告请求人提出的具体理由和证据上，从而使得专利复审委员会的审查结果极度依赖于无效宣告请求人的技术水平和专利法律素养。如此就可能会出现前面所述那种不合理的结果，比如，即使无效宣告请求人提出的理由和证据可以破坏涉案专利的创造性，但由于其严重缺乏经验和技巧，仅主张了新颖性的无效理由，专利复审委员会也只能判定无效请求不能成立，继续维持明显不具有创造性的专利权。这无疑有悖于专利复审委员会纠正不当授权、维护公共利益的职责，同时也会增加社会成本。

纵观其他国家和地区的无效制度，有很多国家和地区都把依职权审查作为一项基本的原则，而不仅仅是请求原则的例外和补充。例如，《日本专利法》第 153 条规定：在无效审判中，审判部也可以就当事人或者参加人未提出的理由进行审理，但必须给与当事人陈述意见的机会。《韩国专利法》第 159 条规定，允许在审判中审查当事人或者参加人没有提出的理由，但不能对请求人没有提出请求的权利要求进行审查。《德国专利法》第 87 条明确规定，专利法院应当依职权调查案情事实，不以当事人陈述的事实和提供的证据为限。在这一点上表现尤为突出的是我国台湾地区，其"智慧财产法"第 75 条规定，"专利权责机关于举发审查时，在举发声明范围内，得依职权审酌举发人未提出之理由及证据，并应通知专利权人期限答辩；届期未答辩者，迳予审查"；其

"经济部智慧财产局""专利审查基准"中进一步规定，"举发制度虽属公众审查，惟专利制度兼具公益精神，为减少讼源及行政资源之浪费，本法明定举发审查采行职权原则"。

结合这些因素，笔者以为，通过修改《专利审查指南》，适当扩大专利复审委员会的依职权审查范围来调节无效程序两种属性的比重，只能起到"头痛医头，脚痛医脚"的临时作用，远不如启动顶层制度设计，通过增加专利授权后程序的多样化来解决这一问题来得更彻底。

三、《专利法实施细则》第72条的适用

根据《专利法实施细则》第72条的规定，在专利复审委员会对无效宣告请求作出审查决定之前，无效宣告请求人可以撤回其请求，无效程序终止。但是，如果专利复审委员会认为根据已经进行的审查工作能够作出宣告专利权无效或者部分无效的决定的，不终止审查程序。

实践中对于这一条款的争议在于，"撤回其请求"究竟是什么含义？是否包括放弃部分无效理由和证据的情形？比如在（2013）知行字第92号一案中，专利复审委员会认为，放弃部分无效理由相当于撤回了部分无效宣告请求，如果不将《专利法实施细则》理解为覆盖放弃部分无效宣告请求，就会出现放弃全部无效理由和证据，专利复审委员会可以依职权进行审查，但放弃部分无效理由和证据时，专利复审委员会则不可以依职权进行审查的不合理现象。最高人民法院对此理解未予支持，认为这一理解没有法律依据。这一争议，究其实质，是法律解释的问题。

法律解释，根据解释的主体区分，通常可以分为法定解释和学理解释。其中，法定解释是指特定的国家机关或其他有解释权的人对法律作出的具有法律约束力的解释。根据解释尺度的不同，通常可以分为字面解释、限制解释和扩充解释。其中，字面解释是指严格按照法律条文的通常含义解释法律，既不缩小，也不扩大；限制解释是指在法律条文的字面含义显然比立法原意广时，作出比字面含义窄的解释；而扩大解释是指在法律条文的字面含义显然比立法原意窄时，作出比字面含义广的解释。一般情况下，要遵从立法机关的法定解释，在没有法定解释时，

首先应遵从对于法条的字面解释。

根据《第三次专利法实施细则修改导读》中对于《专利法实施细则》第72条的说明，之所以在该条款中增加专利复审委员会依职权的情形，是因为"对于专利权人与无效宣告请求人达成和解而请求撤回无效宣告请求的案件，如果经审查发现已经能够作出宣告专利权无效或者部分无效的决定，而仅因为无效宣告请求人撤回而继续维持专利权有效，则这种有瑕疵的权利就会成为限制公众使用该技术的障碍。"[①] 从这一措辞方式来看，当时修改《专利法实施细则》第72条时，本意上只想规范无效宣告请求人撤回整个无效请求的情形，而无意囊括放弃部分无效理由和证据的情形；同时，从该条款的字面来看，"无效宣告请求人撤回其请求……的，无效宣告请求审查程序终止"，这里所谓"撤回其请求"，字面上应当也指的是撤回整个无效请求，否则如果包括所谓"撤回部分请求"，无效宣告请求的审查程序就不应当终止。因此，从立法解释和字面解释来看，《专利法实施细则》第72条规范的只是无效宣告请求人撤回整个无效请求的情形，并不包括放弃部分无效理由和证据的情形。专利复审委员会在该案中的理解确有扩大解释之嫌。

对于放弃部分无效理由和证据的情形，笔者以为，需要看《专利审查指南》对此是否有明确的规定。在《专利审查指南》第四部分第三章明确"对于请求人放弃的无效宣告请求的范围、理由和证据，专利复审委员会通常不再审查"[②] 的情况下，应当适用《专利审查指南》的相关规定，而不是比照《专利法实施细则》第72条对其作扩大化解释。

当然，确实如该案中专利复审委员会所解释的，之所以在《专利法实施细则》第72条中规定在放弃全部无效理由和证据的情况下专利复审委员会可以依职权进行审查，原因在于专利复审委员会担负着纠正不当授权的职能，那么，在无效宣告请求人放弃部分无效理由和证据的情况下，专利复审委员会也需要行使纠正不当授权的职能，为什么就不能依职权引入无效宣告请求人放弃的理由和证据呢？这确实是一个"五十

---

① 国家知识产权局条法司编，《专利法实施细则第三次修改导读》，知识产权出版社，第83页。

② 《专利审查指南》第四部分第三章第2.2节。

步"和"一百步"的问题。笔者认为，这个问题的解决只能依赖于程序设计和法律修改，不能依赖于对法律立法本意的曲解和扩张解释。

四、如何在不引发社会不满的情况下更好地行使纠正不当授权的行政职能

如前所分析，无效程序同时担载着纠正不当授权和解决当事人之间就专利权有效性所产生的争议两项任务，这两项任务对于专利复审委员会的要求，尤其是依职权审查尺度的要求是不一致的，前者要求专利复审委员会以职权主义为重，后者则要求专利复审委员会进行居间裁决，以当事人主义为重。这两种完全不同的价值观在某种程度上来讲是难以调和的，折衷的结果可能是——没有任何一方满意。

究其原因是制度设计使然。我国专利制度在专利授权后，针对授权瑕疵只有启动无效程序这一条解决途径，无论是专利权人对专利文件的修改需求，还是被控侵权人为了从根本上进行不侵权抗辩，抑或社会公众（包括专利局）发现授权专利存在瑕疵，都只能通过启动无效程序来解决。待解决问题的性质不同，对于专利复审委员会行使职权和确定审查范围的要求也会有差异，单纯一个无效程序难以满足不同的个性化需求。

笔者认为，设置不同的个性化程序来解决不同的问题也许是最好的解决方法，但是，因为这些程序都是针对授权后的专利，因此，在程序设计时需要考虑并避免不同程序之间的缠绕。美国、日本其实也利用这一思路来解决同样的问题。[1] 结合我国国情，可以考虑借鉴日本的成熟经验，在专利授权后设置两个程序：一个是典型的纠正不当授权的程序（以下称特别无效程序），另一个是典型的解决当事人之间就专利权有效性发生争议的居中裁决程序（以下称一般无效程序）。

（1）特别无效程序。

启动该程序的主体是专利局或者尚无侵权纠纷的社会公众（包括专

---

① 参见本章第六节。

利权人本人）。如果专利局在质检等过程中发现授权专利存在瑕疵，可以主动启动该程序；或者专利复审委员会在对一般无效程序案件的审查中发现专利存在应当依职权审查的缺陷，可以将相关理由和证据交由专利局启动特别无效程序。

特别无效程序中，专利复审委员会具有相对大的职权范围，包括可以检索、引入新的证据、引入新的理由等。特别无效程序启动后，如果同一专利权存在一般无效程序案件的，两者可以合并审查。

为避免特别无效程序与一般无效程序无限期缠绕，同时尽早解决专利的稳定性，可以对启动特别无效程序的时限予以限制，比如在专利授权后一定时间（如2年，具体时间段需进一步作实证研究）内。

（2）一般无效程序。

一般无效程序的启动限于侵权纠纷的当事人（侵权纠纷利害关系人）。社会公众在提出无效宣告请求时，需要选择启动特别无效程序还是一般无效程序。启动一般无效程序的，需要出具在地方局或者人民法院就侵权纠纷已经立案的受理通知书，否则按特别无效程序对待。

在一般无效程序中，专利复审委员会仅对无效宣告请求人提出的无效宣告的无效理由及其证据进行审查，审查结论不是维持专利有效或者宣告无效，而是无效宣告请求理由是否成立。

具体程序设计如表3所示。

表3　特别无效程序与一般无效程序的具体程序设计对比表

	特别无效程序	一般无效程序
目的	纠正不当授权	当事人之间就专利有效性的争议
请求人	专利局、任何社会公众	侵权纠纷的利害关系人
请求时间	专利授权后一定时间，如2年内	专利授权后任何时间
请求理由	任何无效理由	任何无效理由
审查方式	书面审理＋口头审理	口头审理
行政诉讼	以专利复审委员会为被告	以对方当事人为被告

总之，在现行制度框架下，专利权无效程序兼具纠正不当授权与解决专利权有效性纠纷的双重属性。在这一属性约束下，请求原则应当是

根本，依职权审查原则应当作为请求原则的例外与补充。针对依职权审查的现行规定，有两点需要明确：一，《专利审查指南》所列举的七种可以依职审查的情形应当是针对依职权审查范围的穷尽式列举，超出这一范围的，专利复审委员会不应当行使依职权审查的职能；二，《专利法实施细则》第 72 条规范的只是无效宣告请求人撤回整个无效请求的情形，并不包括放弃部分无效理由和证据的情形。无效宣告请求人放弃部分无效理由和证据的，应当适用《专利审查指南》的相关规定，而不是比照《专利法实施细则》第 72 条对其作扩大化解释。这一理解和适用，确实会出现诸多不合理的现象，但是这种不合理现象的解决，只能依赖于顶层程序变革。例如，可以考虑借鉴日本的成熟经验，在专利授权后设置两个程序：一个是典型的纠正不当授权的程序，即特别无效程序，另一个是典型的解决当事人之间就专利权有效性发生争议的居中裁决程序，即一般无效程序。

附录 第一部分各章节案例对照表

章节	编号	最高判决/裁定号	申请/专利号	复审/无效决定号	一审判决号	二审判决号
1.1	1	（2014）行提字第 17 号	03123304.X	WX14794	（2010）一中知行初字第 3093 号	（2011）高行终字第 1106 号
1.2	1	（2012）知行字第 59 号	03112761.4	WX14220	（2010）一中行初字第 2023 号	（2011）高行终字第 911 号
	2	（2011）知行字第 29 号	01107559.7	WX13794	（2010）一中行初字第 485 号	（2010）高行终字第 1234 号
	3	（2011）知行字第 91 号	200620154970.8	WX13991	（2010）一中行初字第 483 号	（2010）高行终字第 918 号
	4	（2011）行提字第 8 号	97108942.6	WX8113	（2006）一中行初字第 786 号	（2007）高行终字第 146 号
1.3	1	（2012）行提字第 29 号	01234722.1	WX13560	（2009）一中行初字第 2300 号	（2011）高行终字第 676 号
	2	（2013）知行字第 103 号	2006200477030	WX13862	（2010）一中行初字第 1837 号	（2011）高行终字第 842 号
	3	（2013）知行字第 104 号	2006200477045	WX13861	（2010）一中行初字第 1936 号	（2011）高行终字第 840 号

* 编辑注：1.1 指第一章的"一"层级。以下类推。

续表

章节	编号	最高判决/裁定号	申请/专利号	复审/无效决定号	一审判决号	二审判决号
1.3	4	（2012）知行字第 57 号	200510102984.5	WX12819	（2009）一中行初字第 1138 号	（2010）高行终字第 364 号
	5	（2012）知行字第 23 号	200320102652.3	WX14276	（2010）一中行初字第 1168 号	（2010）高行终字第 1422 号
	6	（2015）知行字第 7 号	200820139377.5	WX20200	（2013）一中知行初字第 2289 号	（2014）高行终字第 1126 号
	7	（2013）知行字第 109 号	99110929.5	WX16929	（2012）一中知行初字第 272 号	（2012）高行终字第 1076 号
	8	（2013）知行字第 110 号	99110929.5	WX13733	（2009）一中知行初字第 2684 号	（2010）高行终字第 383 号
	9	（2013）行提字第 17 号	01106125.1	WX13610	（2009）一中知行初字第 2215 号	（2012）高行终字第 293 号
1.4	1	（2010）知行字第 9 号	200420015152.0	WX12310	（2009）一中行初字第 487 号	（2009）高行终字第 1114 号
1.5	1	（2012）行提字第 24 号	02800004.8	WX14134	（2010）一中行初字第 1283 号	（2011）高行终字第 784 号
1.6	1	（2013）知行字第 31 号	99811707.2	FS 11964	（2008）一中行初字第 628 号	（2009）高行终字第 719 号
1.7	1	（2012）知行字第 75 号	9981249.8	WX13188	（2009）一中行初字第 1847 号	（2010）高行终字第 547 号
1.8	1	（2010）知行字第 53-1 号	00131800.4	WX11291	（2008）一中行初字第 1030 号	（2009）高行终字第 327 号
2.1	1	（2013）知行字第 67 号	200610061959.1	FS40583	（2012）一中行初字第 3315 号	（2013）高行终字第 998 号
	2	（2011）知行字第 68 号	200710120845.4	FS22835	（2010）一中行初字第 2703 号	（2011）高行终字第 473 号
	3	（2014）知行字第 73 号	200410027344.8	FS40616	（2012）一中行初字第 2341 号	（2013）高行终字第 671 号
2.2	1	（2015）知行字第 21 号	201110024602.7	FS58291	（2014）一中知行初字第 450 号	（2014）高行终字第 1227 号
3.1	1	（2010）知行字第 10 号	02100209.6	FS10155	（2007）一中行初字第 705 号	（2007）高行终字第 519 号
	2	（2015）知行字第 48 号	200910147641.9	FS42529	（2012）一中知行初字第 3061 号	（2013）高行终字第 53 号

续表

章节	编号	最高判决/裁定号	申请/专利号	复审/无效决定号	一审判决号	二审判决号
3.1	3	（2015）知行字第53号	201110056234.4	FS66342	（2014）一中知行初字第6105号	（2014）高行知终字第3328号
	4	（2010）知行字第11号	971183783	FS10945	（2007）一中行初字第1371号	（2008）高行终字第140号
	5	（2015）知行字第90号	200610137229.5	FS36836	（2012）一中知行初字第1300号	（2013）高行终字第271号
	6	（2013）知行字第44号	200510064778X	FS21594	（2010）一中知行初字第1425号	（2011）高行终字第67号
3.2	1	（2009）行提字第4号	99219875.5	WX3974	（2001）一中知初字第309号	（2002）高民终字第202号
4.1	1	（2014）知行字第119号	200510100795.4	WX19287	（2013）一中知行初字第2209号	（2013）高行终字第2257号
4.2	1	（2014）行提字第8号	96195564.3	WX13582	（2009）一中行初字第2710号	（2010）高行终字第1489号
4.3	1	（2011）知行字第71号	00126685.3	WX12482	（2009）一中行初字第687号	（2010）高行终字第785号
4.4	1	（2011）知行字第23号	02149132.1	FS15379	（2011）一中知行初字第728号	（2010）高行终字第857号
4.5	1	（2014）知行字第123号	200610075959.7	FS57456	（2013）一中知行初字第3711号	（2014）高行终字第1112号
	2	（2015）知行字第340号	200480026458.9	FS45152	（2013）一中知行初字第751号	（2013）高行终字第1602号
	3	（2015）知行字第342号	200580043628.9	FS45016	（2013）一中知行初字第604号	（2013）高行终字第1604号
4.6	1	（2014）行提字第8号	96195564.3	WX13582	（2009）一中行初字第2710号	（2010）高行终字第1489号
5	1	（2012）知行字第81号	98802322.9	WX13177	（2009）一中行初字第2001号	（2010）高行终字第642号
	2	（2015）知行字第223号	03103421.7	WX20220	（2013）一中知行初字第2268号	（2014）高行终字第1584号
6.1	1	（2012）知行字第13号	02122558.3	WX14143	（2010）一中知行初字第1404号	（2010）高行终字第1172号
	2	（2012）知行字第15号	200720033902.0	WX13158	（2009）一中行初字第1681号	（2010）高行终字第407号

续表

章节	编号	最高判决/裁定号	申请/专利号	复审/无效决定号	一审判决号	二审判决号
6.2	1	（2013）知行字第 57 号	95194418.5	WX16325	（2011）一中知行初字第 2028 号	（2012）高行终字第 1215 号
	2	（2015）知行字第 67 号	200920059107.8	WX19614	（2013）一中知行初字第 1702 号	（2014）高行终字第 2243 号
6.3	1	（2012）知行字第 3 号	01274761.0	WX14603	（2010）一中行初字第 2005 号	（2011）高行终字第 213 号
	2	（2014）知行字第 89 号	200420090400.8	WX18323	（2012）一中知行初字第 2252 号	（2013）高行终字第 1744 号
	3	（2011）知行字第 29 号	01107559.7	WX13794	（2010）一中行初字第 485 号	（2010）高行终字第 1234 号
6.4	1	（2015）知行字第 75 号	200710112701.4	FS44817	（2012）一中知行初字第 3654 号	（2013）高行终字第 1557 号
7	1	（2015）知行字第 158 号	200720142844.5	WX21304	（2013）一中知行初字第 3305 号	（2014）高行终字第 1198 号
8.1	1	（2012）行提字第 7 号	200520014575.5	WX13216	（2009）一中行初字第 1326 号	（2010）高行终字第 634 号
	2	（2011）知行字第 19 号	97216613.0	WX12613	（2009）一中行初字第 466 号	（2010）高行终字第 811 号
	3	（2014）知行字第 84 号	99800339.5	WX15158	（2011）一中知行初字第 1113 号	（2012）高行终字第 528 号
8.2	1	（2010）知行字第 13 号	99214371.3	WX8034	*	（2007）高行终字第 183 号
	2	（2014）知行字第 43 号	96194851.5	WX16394	（2011）一中知行初字第 2961 号	（2013）高行终字第 1759 号
	3	（2015）行提字第 12 号	200720183183.0	WX17922	（2012）一中知行初字第 1191 号	（2012）高行终字第 1455 号
8.3	1	（2014）知行字第 8 号	93100162.5	WX17265	（2012）一中知行初字第 1171 号	（2013）高行终字第 1465 号
	2	（2013）知行字第 77 号	200510000429.1	WX15409	（2011）一中知行初字第 675 号	（2011）高行终字第 1704 号
	3	（2012）知行字第 41 号	96111063.5	WX12712	（2009）一中行初字第 1371 号	（2010）高行终字第 566 号
	4	（2011）知行字第 86 号	01817143.5	WX12206	（2009）一中行初字第 83 号	（2010）高行终字第 751 号

* 作者注：由于资料所限，未能查找到相应的一审法院判决。

续表

章节	编号	最高判决/裁定号	申请/专利号	复审/无效决定号	一审判决号	二审判决号
8.4	1	（2011）行提字第 8 号	97108942.6	WX8113	（2006）一中行初字第 786 号	（2007）高行终字第 146 号
	2	（2015）知行字第 156 号	200710006408.X	FS41041	（2012）一中知行初字第 2947 号	（2013）高行终字第 37 号
	3	（2014）知行字第 29 号	200710151989.6	WX18566	（2012）一中知行初字第 3190 号	（2013）高行终字第 640 号
	4	（2015）知行字第 362 号	201010167896.4	FS72420	（2015）京知行初字第 7 号	（2015）高行知字第 1989 号
8.5	1	（2013）知行字第 31 号	99811707.2	FS11964	（2008）一中行初字第 628 号	（2009）高行终字第 719 号
	2	（2012）知行字第 41 号	96111063.5	WX12712	（2009）一中行初字第 1371 号	（2010）高行终字第 566 号
	3	（2012）行提字第 8 号	200420012332.3	WX12728	（2009）一中行初字第 911 号	（2009）高行终字第 1441 号
8.6	1	（2011）知行字第 19 号	97216613.0	WX12613	（2009）一中行初字第 466 号	（2010）高行终字第 811 号
	2	（2012）知行字第 15 号	200720033902.0	WX13158	（2009）一中知行初字第 1681 号	（2010）高行终字第 407 号
8.7	1	（2013）知行字第 115 号	03112085.7	WX16411	（2011）一中知行初字第 2552 号	（2012）高行终字第 744 号
	2	（2011）知行字第 86 号	01817143.5	WX12206	（2009）一中知行初字第 83 号	（2010）高行终字第 751 号
	3	（2015）知行字第 353 号	03805473.6	WX20640	（2014）一中知行初字第 885 号	（2014）高行终字第 1661 号
	4	（2015）知行字第 261 号	200610000601.8	WX19578	（2013）一中知行初字第 989 号	（2014）高行终字第 1454 号
	5	（2015）知行字第 262 号	200610000200.2	WX17576	（2012）一中知行初字第 1327 号	（2013）高行终字第 191 号
9.1	1	（2013）知行字第 102 号	2006200465885	WX13813	（2010）一中行初字第 1933 号	（2011）高行终字第 833 号
9.2	1	（2013）知行字第 3 号	94194707.6	WX13841	（2010）一中行初字第 535 号	（2010）高行终字第 1506 号
9.3	1	（2012）知行字第 4 号	93100008.4	WX11016	（2008）一中行初字第 440 号	（2009）高行终字第 647 号

续表

章节	编号	最高判决/裁定号	申请/专利号	复审/无效决定号	一审判决号	二审判决号
9.4	1	（2009）知行字第 3 号	93109045.8	WX9525	（2007）一中行初字第 922 号	（2008）高行终字第 451 号
9.5	1	（2014）行提字第 32 号	03112809.2	WX15243	（2010）一中知行初字第 5 号	（2012）高行终字第 1836 号
	2	（2010）知行字第 23 号	91100026.7	WX8713	（2007）一中行初字第 190 号	（2009）高行终字第 623 号
9.6	1	（2011）行提字第 13 号	200720128801.1	WX13091	（2009）一中行初字第 1356 号	（2010）高行终字第 500 号
	2	（2015）知行字第 171 号	200780001269.X	WX17492	（2012）一中知行初字第 953 号	（2013）高行终字第 123 号
9.7	1	（2014）行提字第 32 号	03112809.2	WX15243	（2010）一中知行初字第 5 号	（2012）高行终字第 1836 号
9.8	1	（2014）知行字第 34 号	02812609.2	WX18680	（2012）一中知行初字第 3286 号	（2013）高行终字第 577 号
10	1	（2014）行提字第 11 号	02803734.0	WX14538	（2010）一中知行初字第 2636 号	（2011）高行终字第 522 号
	2	（2014）行提字第 12 号	02803734.0	WX14542	（2010）一中知行初字第 2637 号	（2011）高行终字第 401 号
	3	（2014）知行字第 13 号	02803734.0	WX14543	（2010）一中知行初字第 2635 号	（2011）高行终字第 531 号
	4	（2015）知行字第 56 号	200720120561.0	WX20022	（2013）一中知行初字第 1442 号	（2013）高行终字第 2041 号
11.1	1	（2010）知行字第 53 号	00131800.4	WX11291	（2008）一中行初字第 1030 号	（2009）高行终字第 327 号
11.2	1	（2013）行提字第 21 号	02127848.2	WX15307	（2011）一中知行初字第 1139 号	（2011）高行终字第 1577 号
	2	（2010）知行字第 53 号	00131800.4	WX11291	（2008）一中知行初字第 1030 号	（2009）高行终字第 327 号
11.3	1	（2013）行提字第 21 号	02127848.2	WX15307	（2011）一中知行初字第 1139 号	（2011）高行终字第 1577 号
11.4	1	（2012）知行字第 94 号	200610145533.4	FS31558	（2011）一中知行初字第 2304 号	（2012）高行终字第 117 号
11.5	1	（2011）知行字第 54 号	00113917.7	FS20574	（2010）一中行初字第 1329 号	（2010）高行终字第 1117 号

续表

章节	编号	最高判决/裁定号	申请/专利号	复审/无效决定号	一审判决号	二审判决号
11.6	1	（2010）知行字第18号	96117491.9	WX9600	*	（2008）高行终字第308号
11.7	1	（2013）行提字第21号	02127848.2	WX15307	（2011）一知行初字第1139号	（2011）高行终字第1577号
11.8	1	（2010）知行字第53号	00131800.4	WX11291	（2008）一中行初字第1030号	（2009）高行终字第327号
11.9	1	（2010）知行字第53号	00131800.4	WX11291	（2008）一中行初字第1030号	（2009）高行终字第327号
12.1	1	（2012）行提字第20号	02123866.9	WX13327	（2010）一中行初字第1729号	（2011）高行终字第76号
	2	（2012）知行字第59号	03112761.4	WX14220	（2010）一中行初字第2023号	（2011）高行终字第911号
12.2	1	（2014）知行字第2号	200410047791.X	FS30895	（2011）一中行初字第2876号	（2012）高行终字第1486号
	2	（2014）知行字第123号	200610075959.7	FS57456	（2013）一中行初字第3711号	（2014）高行终字第1112号
12.3	1	（2014）知行字第1号	200610006562.2	FS31646	（2012）一中行初字第868号	（2012）高行终字第1316号
	2	（2015）知行字第173号	200710148482.5	FS47456	（2013）一中行初字第610号	（2013）高行终字第1756号
12.4	1	（2014）知行字第52号	200610069781.5	WX17452	（2012）一中行初字第761号	（2012）高行终字第1377号
	2	（2013）知行字第92号	200620074801.3	WX18967	（2012）一中行初字第3616号	（2013）高行终字第530号
	3	（2012）知行字第50号	200610035815.9	WX14933	（2010）一中行初字第3027号	（2011）高行终字第667号
	4	（2014）知行字第82号	98800051.2	WX14219	（2010）一中行初字第1885号	（2011）高行终字第1505号
12.5	1	（2009）行提字第4号	92106401.2	WX3974	（2001）一中行初字第309号	（2002）高民终字第202号
12.6	1	（2011）知行字第17号	03150996.7	WX14275	（2010）一中行初字第1364号	（2010）高行终字第1022号
12.7	1	（2013）行提字第20号	03123169.1	FS15603	（2009）一中行初字第937号	（2009）高行终字第1395号

* 作者注：由于资料所限，未能查找到相应的一审法院判决。

续表

章节	编号	最高判决裁定号	申请/专利号	复审/无效决定号	一审判决号	二审判决号
12.8	1	(2013) 行提字第 18 号	200430067996.5	WX15790	(2011) 一中知行初字第 831 号	(2011) 高行终字第 1624 号
	2	(2012) 行提字第 19 号	200410050135.5	WX14008	(2010) 一中行初字第 767 号	(2011) 高行终字第 267 号
	3	(2015) 知行字第 61 号	201030506103.8	WX20444	(2013) 一中知行初字第 2307 号	(2014) 高行终字第 1408 号
12.9	1	(2012) 知行字第 54 号	200510096351.8	WX16187	(2011) 一中知行初字第 2150 号	(2011) 高行终字第 1692 号
	2	(2012) 知行字第 55 号	200510096361.1	WX15312	(2011) 一中知行初字第 576 号	(2011) 高行终字第 1691 号
	3	(2012) 知行字第 56 号	200510096361.1	WX15314	(2011) 一中知行初字第 573 号	(2011) 高行终字第 1695 号
	4	(2015) 知行字第 27 号	200730147567.2	WX20983	(2013) 一中知行初字第 3557 号	(2014) 高行终字第 1221 号
12.10	1	(2013) 知行字第 68 号	200620046589X	WX13812	(2010) 一中行初字第 1936 号	(2011) 高行终字第 839 号
	2	(2011) 知行字第 54 号	00113917.7	FS20574	(2010) 一中行初字第 1329 号	(2010) 高行终字第 1117 号
	3	(2014) 行提字第 17 号	03123304.X	WX14794	(2010) 一中行初字第 3093 号	(2011) 高行终字第 1106 号
12.11	1	(2012) 行提字第 7 号	200520014575.5	WX13216	(2009) 一中行初字第 1326 号	(2010) 高行终字第 634 号
13.1	1	(2011) 行提字第 1 号	200630067850.X	WX13585	(2009) 一中行初字第 1797 号	(2010) 高行终字第 124 号
	2	(2010) 行提字第 3 号	01319523.9	WX8105	(2006) 一中行初字第 779 号	(2007) 高行终字第 274 号
	3	(2010) 行提字第 5 号	200630110998.7	WX13657	(2009) 一中知行初字第 2719 号	(2010) 高行终字第 467 号
	4	(2010) 行提字第 6 号	200730112575.3	WX13658	(2009) 一中知行初字第 2556 号	(2010) 高行终字第 448 号
13.2	1	(2013) 知行字第 56 号	200630130035.3	WX18221	(2012) 一中知行初字第 2014 号	(2013) 高行终字第 99 号
13.3	1	(2013) 知行字第 56 号	200630130035.3	WX18221	(2012) 一中知行初字第 2014 号	(2013) 高行终字第 99 号

续表

章节	编号	最高判决/裁定号	申请/专利号	复审/无效决定号	一审判决号	二审判决号
13.4	1	（2010）行提字第5号	200630110998.7	WX13657	（2009）一中知行初字第2719号	（2010）高行终字第467号
	2	（2010）行提字第6号	200730112575.3	WX13658	（2009）一中知行初字第2556号	（2010）高行终字第448号
13.5	1	（2014）知行字第4号	00333252.7	WX14261	（2010）一中知行初字第1242号	（2011）高行终字第1733号
总计	130